Peter Jackson/David Ashton
ISO 9000
Der Weg zur Zertifizierung

Peter Jackson/David Ashton

ISO 9000
Der Weg zur Zertifizierung

Die Deutsche Bibliothek – CIP-Einheitsaufnahme

Jackson, Peter:
ISO 9000 Der Weg zur Zertifizierung / Peter Jackson/David Ashton. – Landsberg/Lech : Verl.
Moderne Industrie, 1994
NE: Ashton, David:; Jackson, Peter: ISO 9000 Der Weg zur Zertifizierung; Ashton, David: ISO 9000 Der Weg zur Zertifizierung
  ISBN 3-478-34730-0

© Peter Jackson and David Ashton 1993
Kogan Page Limited, Großbritannien

Aus dem Englischen übersetzt von Beate Korn

© 1994 verlag moderne industrie, 86895 Landsberg/Lech
Alle Rechte, insbesondere das Recht der Vervielfältigung und Verbreitung sowie der Übersetzung, vorbehalten. Kein Teil des Werkes darf in irgendeiner Form (durch Fotokopie, Mikrofilm oder ein anderes Verfahren) ohne schriftliche Genehmigung des Verlages reproduziert oder unter Verwendung elektronischer Systeme gespeichert, verarbeitet, vervielfältigt oder verbreitet werden.
Umschlaggestaltung: Adolf Bachmann, 84571 Reischach
Satz: abc satz bild grafik, 86807 Buchloe
Druck: SV Komm. Druckerei GmbH, 80999 München
Bindung: Thomas Buchbinderei, 86165 Augsburg
Printed in Germany 340 730/06942501
ISBN 3-478-34730-0

Inhaltsverzeichnis

Vorwort 11

Teil I: QS-Prinzipien 13

1 Was ist Qualität, und wie erreicht man sie? 15
   1.1 Qualität und Bestleistung 15
   1.2 Ein neues Qualitätsverständnis 16
   1.3 Qualität als Erfüllung von Kundenbedürfnissen 18
   1.4 Qualität ist bezahlbar 20
   1.5 Warum Qualität anstreben? 21
   1.6 Qualität erzielen (und erhalten) 22
   1.7 Beachtung der Regeln 27
   1.8 QS-Systeme und die Erfüllung von Bedürfnissen 28

2 ISO 9000 – Die Norm für QS-Systeme 33
   2.1 Normen für Produkte und Normen bezüglich der Leistungsfähigkeit 33
   2.2 Normen und Beurteilung 35
   2.3 ISO 9000 – Die Norm 37
   2.4 ISO 9001 40
   2.5 ISO 9002 und 9003 53

3 Wollen Sie ISO 9000? 55
   3.1 Die Vorteile 55
   3.2 Die Nachteile 64
   3.3 Die Bedeutung von ISO 9000 67
   3.4 Die Kosten 71

4	Der Weg zur Zertifizierung – Ein Überblick	75
	4.1 ISO 9000 – Die wichtigsten Schritte	*75*
	4.2 Unternehmensberater und andere externe Unterstützung	*83*

Teil II: Ein Handlungsplan für ISO 9000 89

5	Projektplanung	91
	5.1 Der Projektleiter und sein Team	*91*
	5.2 Ressourcen	*96*
	5.3 Recherchen am Anfang	*96*
	5.4 Der Zeitplan	*98*
	5.5 Budgetplanung	*101*
6	Unternehmensanalyse	103
	6.1 Betriebsprozesse und unterstützende Aktivitäten	*103*
	6.2 Der Betriebsprozeß	*104*
	6.3 Das Werk	*107*
	6.4 Vertrieb und Marketing	*111*
	6.5 Design	*113*
	6.6 Distribution	*113*
	6.7 After-Sales	*116*
	6.8 Unterstützende Aktivitäten	*117*
	6.9 Handlungsplan für die Unternehmensanalyse	*118*
7	Überprüfung des Unternehmens	121
	7.1 Ziele der Überprüfung	*121*
	7.2 ISO 9000 im Betriebsprozeß	*122*
	7.3 ISO 9000 bei unterstützenden Aktivitäten	*133*
8	Entwicklung von Verfahren	141
	8.1 Was ist ein „Verfahren"?	*141*
	8.2 Verfahrensformate	*147*
	8.3 Von der Überprüfung zu den Verfahren	*151*
	8.4 Die Entwicklung von Verfahren	
	– Ein praxiserprobtes Beispiel	*156*
	8.5 Die Entwicklung von Verfahren für	
	das gesamte Unternehmen	*165*
9	Aufbau des Systems	167
	9.1 Die einzelnen Teile des Systems	*167*
	9.2 Lenkung der Dokumente	*169*
	9.3 Qualitätshandbuch	*180*
	9.4 Verfahrenshandbuch	*182*
	9.5 Qualitätsdokumentation	*186*

10 Implementierung 189
- 10.1 Die Verwaltung des QS-Systems 189
- 10.2 Interne Prüfung und Prüfer 192
- 10.3 Mitarbeiterschulung 209
- 10.4 Stichtag für die Einführung des Systems 212
- 10.5 Was tun, wenn Probleme auftreten? 214

11 Audit 225
- 11.1 Auswahl des Zertifizierungsinstituts 225
- 11.2 Konsolidierung 228
- 11.3 Prüfung am Schreibtisch 232
- 11.4 Prüfung vor Ort 234
- 11.5 Nach erfolgreich bestandener Prüfung 238

12 Die Vermarktung von ISO 9000 239
- 12.1 Eine Marketingstrategie 239
- 12.2 Öffentlichkeitsarbeit 242
- 12.3 Ein letztes Wort 246

Anhang: Akkreditierte Zertifizierungsorganisationen 249

Stichwortverzeichnis 255

In Erinnerung an
Stanley Gordon Ashton
1927-1992

Vorwort

Dieses Buch ist im Verlauf der gemeinsamen Arbeit der beiden Autoren bei der Implementierung von ISO 9000 entstanden.[1] Peter Jackson ist Geschäftsführer eines Dienstleistungsunternehmens, das sich 1991 dazu entschied, die Zertifizierung nach ISO 9000 anzustreben, und zwar in einer Branche, in der dies bislang noch kein anderes Unternehmen versucht hatte. David Ashton arbeitete als Unternehmensberater und unterstützte Unternehmen bei der Einführung eines QS-Systems, das die Forderungen von ISO 9000 erfüllen sollte.[2] Im Laufe ihrer gemeinsamen Arbeit gelangten beide zu der Ansicht, daß es einen Bedarf für einen praktischen Leitfaden zum Thema ISO 9000 gibt.

Dieses Buch ist das Ergebnis. Spezielle Vorkenntnisse oder Erfahrungen im Bereich der Qualitätssicherung werden nicht vorausgesetzt. Berücksichtigt werden sowohl die Bedürfnisse produzierender Unternehmen als auch von Dienstleistungsunternehmen – einer der beiden Autoren hat seine gesamte berufliche Laufbahn im Dienstleistungsbereich verbracht, während der andere über die Produktionstechnik zum Qualitätsmanagement gelangte.

---

1 Anmerkung der Übersetzerin: Im englischen Originaltext beschreiben die Autoren den Weg zur Zertifizierung nach der nationalen Norm für QS-Systeme, BS 5750. 1987 übernahm das International Office of Standardisation (ISO) die Richtlinien nahezu vollständig und gab sie als ISO-9000-Normenreihe heraus, von der in diesem Buch die Rede sein wird.

2 Anmerkung der Übersetzerin: Die Abkürzung QS steht für „Qualitätssicherung", was als Oberbegriff für alle qualitätsbezogenen Tätigkeiten verwendet wird. Diese Auslegung entspricht einer Auffassung, nach der „Qualitätsmanagement", ein ebenfalls in diesem Zusammenhang häufig anzutreffender Ausdruck, nur ein Teilbereich der Qualitätssicherung darstellt. Im deutschen Sprachgebrauch wird somit durch die Übersetzung des englischen „quality system" mit „QS-System" eine begriffliche Spezifizierung vorgenommen.

Obwohl es vor allem um die praktische Implementierung eines QS-Systems zur Erfüllung von ISO 9000 geht, ist auch ein gewisses Verständnis der zugrundeliegenden Prinzipien wünschenswert; diese werden in Teil I behandelt. Teil II enthält eine ausführliche praktische Anleitung und Beispiele, die auf viele verschiedene Unternehmen übertragbar sind.

Der Gebrauch von „er" und anderen Formen des maskulinen Genus dient ausschließlich der Vereinfachung. Leider gibt es keine neutrale Formulierung, und Umschreibungen wie „er oder sie" wirken immer ungeschickt. Natürlich gibt es absolut keinen Grund dafür, daß nicht Frauen die Haupttriebfeder der Einführung und Leitung eines QS-Systems sein sollten.

Die Autoren danken ihren jeweiligen Arbeitgebern – Business & Market Research und Dailey Associates – nicht nur für die Erlaubnis zur direkten oder indirekten Verwendung von Unterlagen, sondern auch dafür, daß sie eine gewisse Ablenkung vom Tagesgeschäft tolerierten.

Juni 1994   Peter Jackson
                                                                                                   David Ashton

QS-Prinzipien

Dieses Buch soll ein praktischer Leitfaden für Unternehmen sein, die eine Zertifizierung nach ISO 9000 anstreben. Bevor es jedoch zur konkreten Planung kommt, ist zunächst ein Verständnis der Prinzipien notwendig, die ISO 9000 und QS-Systemen im allgemeinen zugrunde liegen. Um diesen wichtigen Hintergrund geht es in den Kapiteln 1 und 2.

Mit diesen Informationen zu ISO 9000 muß der Leser dann entscheiden, ob durch diese Norm die Bedürfnisse seines eigenen Unternehmens erfüllt werden. Neben der Betrachtung der Vor- und Nachteile sowie der Relevanz von ISO 9000 überhaupt werden wir auch der Frage nachgehen, für welche Art Unternehmen diese Norm geeignet ist. Die wichtige Frage nach den mit der Einführung eines QS-Systems nach ISO 9000 verbundenen Kosten werden wir in Kapitel 3 behandeln. Am Ende von Teil I, in Kapitel 4, geben wir einen Gesamtüberblick über die Einführung des QS-Systems. Wie sehen die einzelnen Schritte auf dem Weg zum ISO-9000-Zertifikat aus? Die Einzelheiten hierzu bilden das zentrale Thema von Teil II, der einen Handlungsplan zur Erlangung des Zertifikats enthält.

1 Was ist Qualität, und wie erreicht man sie?

In diesem Buch geht es in erster Linie um ISO 9000, weniger um Qualität im allgemeinen. Da es sich bei ISO 9000 jedoch um eine Qualitätsnorm handelt, müssen wir uns in diesem ersten Kapitel damit beschäftigen, was unter dem Begriff „Qualität" im Zusammenhang mit einem Unternehmen zu verstehen ist und wie Qualität erzielt werden kann.

1.1 Qualität und Bestleistung

Im allgemeinen Sprachgebrauch ist der Begriff „Qualität" mit dem Erbringen von Bestleistungen verbunden:

- „Wir streben nach Qualität."
- „Auf dem Markt steht unser Unternehmen für Qualität."
- „Er ist der Qualität verpflichtet."
- „Dieses Produkt ist echte Qualität."

In diesem Sinne wird Qualität als absolut begriffen. Dies impliziert, daß sie entweder sehr schwierig zu erzielen ist oder das Reich einiger Auserwählter bleibt. Natürlich ist dieses Qualitätsverständnis ein lebendiger Teil unserer Kultur und wird es auch bleiben. In unserer täglichen Arbeit behindert es uns jedoch. Qualität im Sinne von Bestleistung führt zu nichts, sie hilft uns kein bißchen dabei, unser Unternehmen besser zu führen. Denken Sie über Aussagen wie die folgenden einmal nach:

- „Es wäre schön, wenn wir uns auf Qualitätsprodukte konzentrieren könnten, aber das können wir uns nicht leisten."

❏ „Wir bewegen uns auf dem Konsumgütermarkt. Die Produkte eines jeden Herstellers sind gleich, Qualität hat damit nichts zu tun."

Man hat uns gesagt, daß Qualität entweder nicht bezahlbar oder nicht notwendig sei. Die folgende Geschichte führt uns jedoch die Grenzen eines auf Bestleistung basierenden Qualitätskonzeptes anschaulich vor Augen.

Erfolgreiche Mängel
Ein wunderschönes neues Einkaufszentrum kämpfte ums Überleben. Aufgrund der allgemeinen Rezession kamen weniger Kunden als vorhergesagt worden war. Es gab nur eine Ausnahme: einen Ausschußware verkaufenden Keramikladen. Die zweite Wahl bekannter Markenartikel gab es hier zum halben Preis oder weniger. Dieser Keramikladen war das einzig florierende Geschäft im gesamten Einkaufszentrum. Auch der Hersteller dieser Markenartikel selbst war in Schwierigkeiten. Der einzige Produktionszweig, bei dem die Nachfrage die Lieferung überstieg, waren Ausschußartikel (die es jedoch aufgrund des hohen Qualitätsanspruchs der Fabrik in großen Mengen gab). Der Geschäftsführer verbittert: „Seit hundert Jahren ist dieses Unternehmen der Einhaltung höchster Qualität verpflichtet, doch wohin führt uns das? In den Bankrott! Die Leute wollen keine Qualität, sie wollen nur ein gutes Geschäft machen. Dazu ist ihnen jeder alte Pott recht, in den sie ihren Tee schütten können. Egal, ob die Farbe ab oder das Design längst überholt ist – Hauptsache, er kostet nur die Hälfte. Das einzige, was wir tun können, ist, die Ausschußrate zu erhöhen und die meisten unserer Becher und Tassen als ‚zweite Wahl' zu verkaufen."

Das Paradoxe an dieser Geschichte ist, daß das Bemühen um Qualität falsch zu sein scheint. Die Kunden übersehen viele der typischen Produktmerkmale, die in den Augen des Herstellers so hervorragend sind, solange nur der Preis niedrig genug ist. Darüber hinaus ist der einzig florierende Laden derjenige, der sich von diesem Qualitätsimage in aggressiver Weise mit billiger Massenware distanziert. In der Töpferei, die so vehement einen hohen Qualitätsstandard verfolgt, bleiben die unverkauften Qualitätsartikel in Mengen liegen – bei gleichzeitig steigender Nachfrage nach Ausschußware. Das alles spiegelt einige der grundlegenden Themen im Geschäftsleben wider, doch das Paradoxon selbst ist das Resultat eines falschen Qualitätsverständnisses. Ein praktikables und effizientes Qualitätskonzept löst einige der scheinbaren Widersprüchlichkeiten auf und weist möglicherweise auf eine wirksame Geschäftsstrategie hin, mit deren Hilfe sich die Probleme lösen lassen.

1.2 Ein neues Qualitätsverständnis

Ein neues Qualitätsverständnis verhindert, in die Falle der unerreichbaren Bestleistungen zu geraten, und konzentriert sich auf die Erfordernisse jener

Gruppe, von der jedes Geschäft ganz und gar abhängig ist – die Kunden. Eine anderes Beispiel hilft uns, unseren Bezugsrahmen zu verändern:

Die Geschichte zweier Armbanduhren

Hubert und Robert sitzen nach der Arbeit noch bei einem Glas Bier zusammen. Es wird Zeit, nach Hause zu gehen, und Hubert schaut auf seine Uhr (sie hat ein nicht zu übersehendes schweres, goldenes Uhrband).

„Das ist eine tolle Uhr, Hubert."

„Ja, es ist eine R***x. Ich habe sie seit ein oder zwei Jahren, und sie hat mich noch nie im Stich gelassen. Sie ist genau bis auf die Minute, zeigt Monat, Datum etc. an und braucht natürlich nicht aufgezogen zu werden."

An dieser Stelle blickt Hubert auf Roberts Uhr – eine C***o.

„Wie kannst du nur mit so einer Uhr leben, Robert. Ich würde mich schämen."

Robert ist über diese Äußerung keinesfalls verstimmt.

„Na ja, es ist vielleicht nicht ganz eine R***x, aber genau wie deine hat sie mich noch nie im Stich gelassen. Sie ist auch bis auf ein paar Sekunden im Jahr genau, und man braucht sie auch nicht aufzuziehen. Sie zeigt natürlich das Datum an, ganz zu schweigen von der Weckfunktion, sie enthält eine Stoppuhr und wenn ich will, kann ich sehen, wie spät es in Los Angeles ist. Sie hat mich ganze DM 25,- gekostet. Wie teuer war deine R***x, Hubert?"

„Oh, das Hundertfache davon, aber sie hält natürlich ein Leben lang."

Auch das beeindruckte Robert überhaupt nicht.

„Ja, das ist gut – aber unnötig für mich. Ich bin hoffnungslos vergeßlich, und die Chancen stehen gut, daß ich meine Uhr innerhalb der nächsten sechs Monate verlieren werde – mit Sicherheit innerhalb dieses Jahres. Deshalb reicht die Zwei-Jahres-Garantie für mich mehr als aus."

Hubert kichert in sein Bier.

„Wie immer, Robert, verstehst du das Ganze nicht. Meine Uhr macht eine wichtige Aussage – über mich, wer ich bin, und daß das Beste für mich gerade gut genug ist."

„Klar, Hubert, ich verstehe was du damit meinst. Ich weiß, du brauchst alle Hilfe, die du bekommen kannst..."

In dieser Geschichte geht es darum, daß sowohl Hubert als auch Robert beim Kauf ihrer Uhren Wert auf Qualität gelegt haben und das Gefühl haben, sie auch erhalten zu haben. Auf unterschiedliche Weise erfüllt die Uhr für DM 25,- ebenso wie die für DM 2500,- die an sie gestellten Ansprüche. Dabei ist es egal, ob sich diese lediglich auf die Funktionalität beziehen (Genauigkeit), auf die Lebensdauer oder ob die Uhr Vertrauen und psychologische Unterstützung bieten soll.

Die Erfüllung der unterschiedlichen Ansprüche verschiedener Kunden – das ist der Qualitätsbegriff, der diesem Buch und ISO 9000 zugrunde liegt.

1.3 Qualität als Erfüllung von Kundenbedürfnissen

Bei einem so verstandenen Qualitätsbegriff ist Qualität das Ziel eines jeden Unternehmens. Für jedes Unternehmen muß die Sicherung von Qualität eine zentrale Aufgabe darstellen, und es kann und muß sich darum bemühen, diese zu erfüllen.

Dieses Konzept ist sehr einfach, wenn es auch einige Zusammenhänge gibt, über die es nachzudenken gilt. Zunächst ist da die zentrale Ausrichtung auf die Kunden, die genau dort plaziert werden, wo sie hingehören – ins Herz des Unternehmens. Unternehmen unterscheiden sich auf jede erdenkliche Weise voneinander, aber alle sind von den Kunden und der Kontinuität ihrer Aufträge abhängig. Wie viele Unternehmen werden auf dem freien Markt ihre Kunden behalten, wenn sie deren Erfordernisse nicht erfüllen? Langfristig gesehen, kein einziges.

Die Kundenstruktur der einzelnen Marktsegmente ist nicht homogen. Es läßt sich eine Vielzahl kleinerer Gruppen mit jeweils gemeinsamen Erfordernissen abgrenzen. Qualität im Sinne der Erfüllung von Kundenbedürfnissen führt somit zur Entwicklung einer Palette von Produkten für eine Palette von Kunden. Auf vielen Märkten erkennen Unternehmen, daß es für sie praktisch unmöglich ist, die Bedürfnisse aller denkbaren Kunden zu erfüllen, und überlassen deshalb bewußt einige von ihnen kleineren Nischenanbietern. Alternativ dazu entscheidet sich das Unternehmen vielleicht selbst dazu, sich zu spezialisieren und auf die Bedürfnisse eines ausgewählten Kundensegmentes zu beschränken. In diesem Fall überschneidet sich das Bemühen um Qualität im Sinne der Erfüllung von Kundenbedürfnissen mit dem konventionellen Qualitätsverständnis im Sinne von Bestleistung. Dennoch sollten sich auch die größeren, auf den „Massenmarkt" ausgerichteten Anbieter der Sicherung von Qualität (Erfüllung von Kundenbedürfnissen) nicht weniger verpflichtet fühlen. Sie können gar nicht anders: Ein Unternehmen, das überleben will, muß der Qualität verpflichtet sein.

Doch zurück zum Einkaufszentrum, zum „Zweite-Wahl-Laden" und zum Keramikgeschirr: Das Qualitätsverständnis im Sinne einer Erfüllung von Kundenbedürfnissen sollte auf die Lösung des Problems hinweisen. Die Kunden des Ladens sind kostenbewußte Käufer (möglicherweise in einer von der Konjunkturkrise besonders betroffenen Stadt), die kleinere Mängel zugunsten eines geringeren Preises übersehen, obwohl es sehr unwahrscheinlich ist, daß diese Mängel wirklich bewußt wahrgenommen werden. Das Schaufenster mit Bergen von Geschirr vermittelt das beruhigende

Gefühl einer Einkaufsmöglichkeit, in der es „nicht so vornehm zugeht" (genau das, was der Schnäppchenjäger sucht). Alles in allem ist der „Zweite-Wahl-Laden" also erfolgreich bei der Erfüllung der Bedürfnisse seiner Kunden. Und was ist mit dem Geschäft des Herstellers selbst? Hier geht es möglicherweise darum, den Bedarf nach einer vielseitigeren Palette von Keramikartikeln zu erkennen, die zu einem dem jeweiligen Budget des Kunden angemessenen Preis vielleicht in anderen Geschäften verkauft werden könnten. Mit an Sicherheit grenzender Wahrscheinlichkeit wird es besser sein, das Angebot an teuer hergestellter Ausschußware zu verringern und die Ressourcen auf ein derartiges neues Produktspektrum zu lenken. Wenn diese Strategie erfolgreich ist, werden die Bedürfnisse der Kunden vielleicht sogar noch besser als im „Zweite-Wahl-Laden" erfüllt (mit angepaßten Preisen, aber makellosen Produkten), und der Umsatz wird sich in einigen der Läden mit hochwertigen Artikeln erhöhen. Wenn die Kunden ihre Bedürfnisse auf andere Weise befriedigt sehen, wird der „Zweite-Wahl-Laden" darunter zunächst leiden, doch es ist wahrscheinlich, daß die dort vorhandenen, innovativen Verkaufsideen erfolgreich umgeleitet werden. Und das alles nur aufgrund eines neuen Qualitätsverständnisses!

„Bedürfnisse" (wie in „Qualität als Erfüllung von Bedürfnissen") sind im weitestmöglichen Sinne zu verstehen, wie die nachfolgende Fallstudie veranschaulicht.

Das beste Heizgerät für Sportboote

Ein Unternehmensberater wurde von einem führenden Hersteller von gasbetriebenen Wasserheizgeräten für Sportboote um Unterstützung gebeten. Die Probleme – im Gegensatz zu deren Ursache und Lösung – lagen auf der Hand: Umsatzrückgang und immer geringer werdende Gewinnmargen. Eine kleine Marktstudie bestätigte jedoch die Ansicht des Unternehmens, daß die eigenen Produkte technisch marktführend und, so gesehen, hervorragend waren. Darüber hinaus ergab eine technische Untersuchung, daß sie wenig Treibstoff verbrauchten und alle Sicherheitsmerkmale aufwiesen. Es waren eben einfach Qualitätsprodukte. Die gleiche Marktstudie zeigte jedoch auch, daß die Bedürfnisse der Kunden in anderer Hinsicht nicht erfüllt wurden. Damit sie zur Innenausstattung der Kabinen paßten, benötigten die Schiffbauer (die Hauptzielgruppe) die Heizgeräte in einer Vielzahl verschiedener Farben, die Firma bot das Produkt jedoch nur in weiß an. Außerdem wollten die meisten Bootswerften aufgrund ihrer begrenzten Lagerkapazität keine Geräte auf Vorrat einkaufen, obwohl andererseits ein Fehlen des Wasserheizgerätes in der kritischen Phase den gesamten Zeitplan verzögern konnte. Die Untersuchung ergab beim Heizgeräteherstreller Probleme in seinem Auslieferungsverfahren. Das alles führte dazu, daß man sich, obwohl die technischen Eigenschaften der Heizgeräte allgemein anerkannt waren, in der Luxusklasse auf dem Bootsmarkt für den Einbau von preiswerteren, wenn auch weniger leistungsfähigen Heizgeräten entschied. Insgesamt offenbarte also eine umfassende Analyse der Kundenbedürfnisse die Gründe für die Probleme des Unternehmens und machte gleichzeitig Lösungsansätze deutlich.

Bedürfnisse beziehen sich somit auf die Gesamtheit aller Produktmerkmale oder Dienstleistungen, die für einen Kunden von Bedeutung sind. Einige von ihnen gehören vielleicht eher zu den inhärenten Produktmerkmalen und werden vom Kunden nicht explizit benannt; sie sind dennoch nicht weniger wichtig. Wenn wir einen Flug nach New York buchen, sehen wir es nicht als notwendig an, extra darauf hinzuweisen, daß das Flugzeug angemessen gewartet werden soll: Es gehört zu unseren impliziten Bedürfnissen, daß die Fluggesellschaft die entsprechenden Schritte unternimmt möge, um die Wahrscheinlichkeit, daß die Tragflächen abfallen, zu minimieren.

Das Konzept der Erfüllung von Kundenbedürfnissen bedeutet damit also die Herstellung von Produkten, die ihren Zweck erfüllen – eine weitere gebräuchliche und praktische Definition von Qualität.

Ob Kundenwünsche implizit oder explizit sind, ihre Erfüllung erfordert ihre vorherige Identifizierung. Um es noch einmal zu sagen, das Bemühen um Qualität heißt, dem Kunden eine zentrale Stellung im Unternehmen einzuräumen. Wenn wir ihm nicht nahe genug kommen, um seine Bedürfnisse zu verstehen, wie können wir dann jemals hoffen, sie erfüllen zu können? In Unternehmen, die auf Bestellung arbeiten, bedeutet das Gespräche und Abstimmung über die speziellen Bedürfnisse einzelner Kunden, während beim Verkauf ab Lager das Wissen um die Bedürfnisse der Kunden ein kontinuierliches Feedback durch Beobachtung der Kundenzufriedenheit oder durch Marktforschung erfordert oder einfach nur durch den täglichen Kontakt mit den Kunden erworben wird.

Die Erfüllung von Kundenbedürfnissen ist also eine dynamische Handlung. Sowohl Kunden als auch ihre Bedürfnisse verändern sich, und das muß der Lieferant erkennen. Falls das unternehmenseigene Innovationspotential mit der Geschwindigkeit solcher Veränderungen nicht zumindest Schritt hält, werden die Bedürfnisse irgendwann nicht mehr erfüllt, und Verluste sind vorprogammiert.

1.4 Qualität ist bezahlbar

Wenn wir Qualität als die Erfüllung von Kundenbedürfnissen definieren, dann muß sie bezahlbar sein, und dann ist es unsinnig zu behaupten, man könne sich Qualität nicht leisten. Wenn wir uns Qualität nicht leisten können, erfüllen wir per definitionem die Bedürfnisse unserer Kunden nicht und können uns genausogut damit abfinden, eines Tages den Käufer unseres

Unternehmens willkommen zu heißen. Entweder ändern wir unsere Produktionsmethoden, um uns Qualität „leisten" zu können, oder wir richten das Augenmerk auf eine andere Zielgruppe, deren Bedürfnisse wir erfüllen können.

Obwohl Qualität in den innersten Kern eines Unternehmens gehört, ist sie letzten Endes für uns nur eine Hilfestellung auf dem Weg des wirtschaftlichen Überlebens (durch die Erzeugung ausreichend hoher Erträge) und der Gewinnmaximierung. Die Bedürfnisse von Kunden werden nicht aus Uneigennützigkeit erfüllt, sondern weil das für den wirtschaftlichen Erfolg unbedingt notwendig ist. Daraus folgt somit, daß diese Bedürfniserfüllung auf der Basis geringster Kosten (oder einem Maximum an Gewinn) geschieht und daß das Bemühen um Qualität zwangsläufig kontinuierliche Designverbesserungen, Produktinnovationen und ein Maximum an Effizienz mit sich bringen muß. Das Bemühen um Kostenminimierung bedeutet jedoch nicht, dem Kunden in der Hoffnung, daß er die Defizite nicht bemerkt, weniger zu geben, als er erwartet. Langfristig wird er es wahrnehmen, und man wird mit den daraus unausweichlich entstehenden Konsequenzen konfrontiert. Minimierung von Kosten bedeutet nicht, an Qualität zu sparen, sondern Qualität auf möglichst effiziente Weise zu erzeugen.

Ein Mittel zur Minimierung der Kosten von Produktion und Lieferung besteht darin, etwas gleich beim ersten Mal richtig zu machen. Wird etwas nicht beim ersten Mal richtig gemacht, entstehen Fehler bzw. fehlerhafte Waren, die hohe Kosten hervorrufen, und das genau sind die Kosten, die innerhalb eines Unternehmens zusätzlich anfallen. Gewöhnlich erreichen einige der fehlerhaften Artikel den Kunden, und das Unternehmen muß die Kosten der Nachbesserung tragen. Und noch viel höher können die durch unzufriedene Kunden und langfristige Verkaufsrückgänge entstehenden Kosten sein.

1.5 Warum Qualität anstreben?

Es sollte mittlerweile klar geworden sein, daß dies eine rein rhetorische Frage ist. Bei jedem Geschäft müssen wir uns um Qualität bemühen. Wenn wir es versäumen, die Bedürfnisse unserer Kunden zu erfüllen, das heißt, Qualität zu liefern, werden sie früher oder später zur Konkurrenz wechseln. Qualität ist somit ein wichtiger Wettbewerbsfaktor. Wenn wir auf einem Markt erfolgreich bleiben und die eigenen Marktanteile erhalten wollen, müssen wir die Bedürfnisse unserer Kunden mindestens so gut erfüllen, wie es unsere Konkurrenz tut. Und wir gehen noch weiter: Wir müssen versuchen, diese Bedürfnisse besser als die Konkurrenz zu erfüllen.

Einige bezeichnen die bestmögliche Erfüllung von Kundenbedürfnissen – das Bemühen um Qualität – als „den Kunden erfreuen". Es geht nicht allein darum, daß Bedürfnisse überhaupt befriedigt werden, sondern um ihre Erfüllung derart, daß man von einer Zufriedenstellung des Kunden sprechen kann. Wenn uns das gelingt, bleibt uns nicht nur der Kunde treu, sondern er wird sogar aufhören, Alternativen auch nur in Betracht zu ziehen.

Dieses zusätzliche Stück auf dem Weg zur Erfüllung von Kundenwünschen zu gehen – den Kunden zu erfreuen – bedeutet für viele Unternehmen die Beachtung kleinster Details:

- Die Geräte zur Überwachung der Maschinen sind leicht zu bedienen.
- Die Verpackung läßt sich öffnen, ohne daß der Käufer eine Schere suchen muß.
- Der Bericht des Beraters ist auch auf dem Buchrücken betitelt (und ist deshalb im Bücherregal des Kunden leicht auffindbar).

Um solche Details geht es natürlich erst, nachdem viele andere Bedürfnisse (und im allgemeinen wesentlichere) erfüllt wurden. Dennoch ist es eine solche Differenzierung in den Randbereichen, die einen vom Wettbewerb abhebt.

1.6 Qualität erzielen (und erhalten)

Der traditionelle Qualitätsansatz konzentriert sich auf das Ergebnis. Er kann als „Polizeimethode" der Qualitätssicherung umschrieben werden. Manchmal assistiert dem Polizisten ein Verbündeter, der „Feuerwehrmann". Wir werden die Grenzen dieser Methode aufzeigen und eine wirkungsvolle Alternative für ein QS-System aufzeigen. ISO 9000 ist eine Norm für derartige QS-Systeme.

Der Qualitätspolizist

Das Prinzip der Arbeitsweise des Qualitätspolizisten zeigt Abbildung 1.1. Die Bemühungen des Qualitätspolizisten konzentrieren sich ganz und gar auf die Produkte zu dem Zeitpunkt, zu dem sie die Fabrik verlassen (oder das Büro eines Dienstleistungsunternehmens). Der Qualitätsstandard der

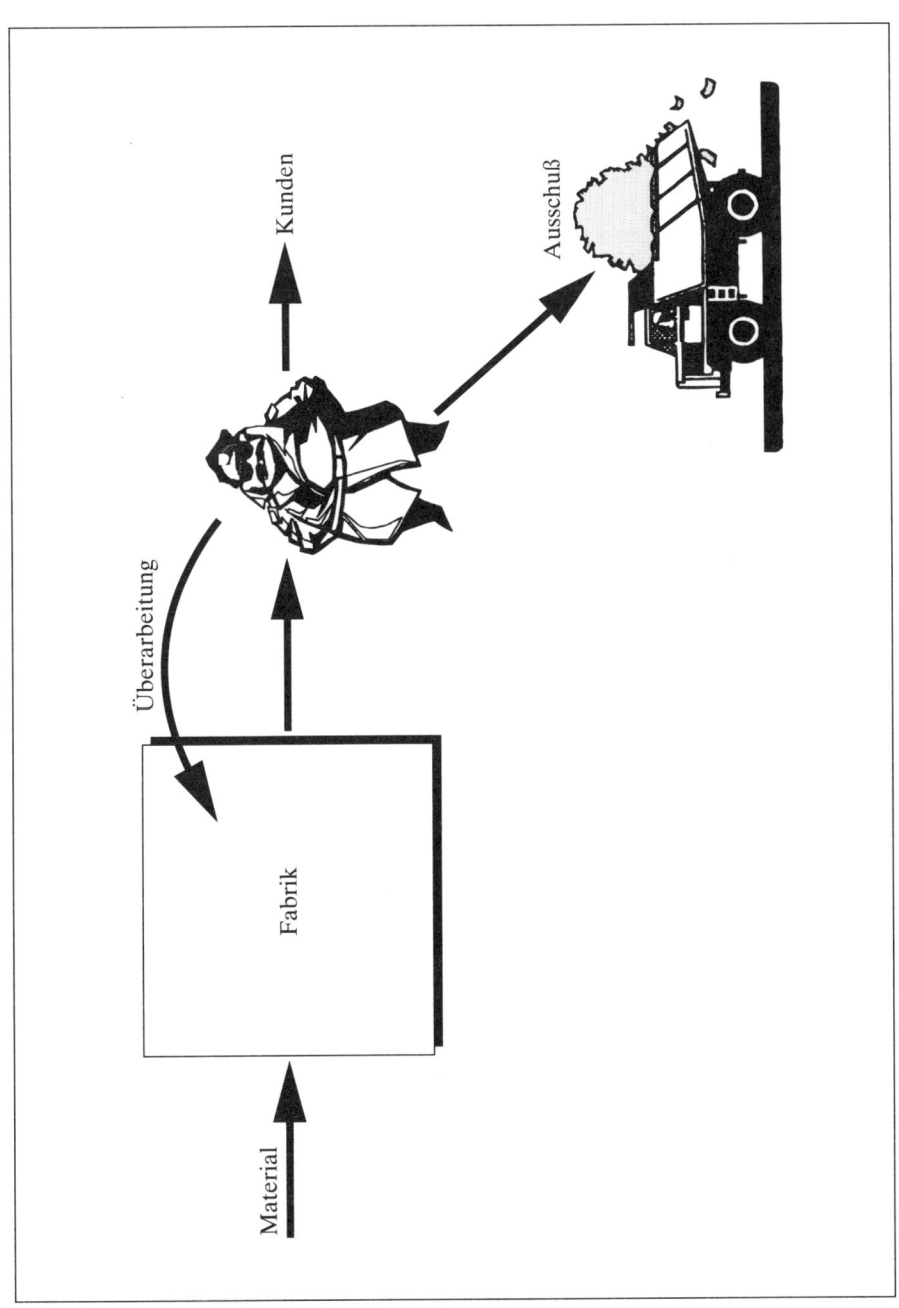

Abb. 1.1: Der Qualitätspolizist

Produkte steht fest, und die Waren werden daraufhin überprüft, ob sie mit diesem Standard konform sind. Diejenigen, die die Forderungen des Standards erfüllen, erreichen den Kunden; die anderen werden verschrottet oder überarbeitet. Was sich innerhalb der „Black box", die sich Firma nennt, abspielt, ist für den Polizisten nicht von Interesse.

Mit dieser Methode der Qualitätssicherung sind zwei Probleme verbunden: Einerseits wird Ausschuß zur Institution, und andererseits kann in bestimmten Unternehmen das Produkt (oder die Serviceleistung) hinsichtlich seiner (ihrer) Erfüllung der Kundenbedürfnisse nicht wirksam überprüft werden, *nachdem* es produziert wurde.

Das Problem der Institutionalisierung von Ausschußware ergibt sich zwangsläufig bei einer Qualitätskontrolle durch die Qualitätspolizei – die Feststellung von Ausschuß ist das Ergebnis der Abteilung für Qualitätssicherung, und ihre Existenz hängt von einer angemessenen Menge an Ausschuß ab. Wenn ein Werk keine fehlerhaften Produkte mehr produziert, wird die Qualitätskontrolle überflüssig. Es ist jedoch höchst unwahrscheinlich, daß dieser Fall eintritt, da jene, die Produktmängel ermitteln, außerhalb des Produktionsprozesses bleiben, und ohne ein Feedbacksystem hat das Werk keine Möglichkeit, aus Fehlern zu lernen. Natürlich bleibt der Qualitätspolizist in der Praxis nicht streng außerhalb der Fabrik, und gewöhnlich werden einige Versuche unternommen, Mängel zu beseitigen, bevor fehlerhafte Produkte das System vollständig durchlaufen. (Je später Produktmängel entdeckt werden, und hierzu gehört auch ihre Identifizierung nach dem Versand, desto höher sind die Kosten.) Abbildung 1.2 stellt einen modifizierten Ansatz zur Qualitätssicherung vor. Hier hat die Qualitätspolizei mehr Macht über die Vorgänge **im** Werk. Die Fabrik wurde in mehrere kleinere Einheiten aufgeteilt, in denen eine Qualitätskontrolle durchgeführt wird, bevor das Produkt in die nächste Phase weitergeleitet wird. Im Prinzip bleibt das Problem des institutionalisierten Ausschusses jedoch bestehen: Die Frage nach der Qualität wird noch immer außerhalb des Produktionsprozesses gestellt.

Das zweite Problem eines auf Polizisten basierenden QS-Systems besteht darin, daß die Produktkontrolle möglicherweise nicht effektiv genug ist, und Abweichungen von den Qualitätsanforderungen vielleicht nicht festgestellt werden. Das könnte man durch eine regelmäßige Überprüfung der Kontrollmethoden und vielleicht durch eine Überprüfung der Prüfer selbst in den Griff bekommen. Eine wirksame Qualitätssicherung durch Kontrollen nach der Produktion ist für viele Unternehmen jedoch nicht durchführbar.

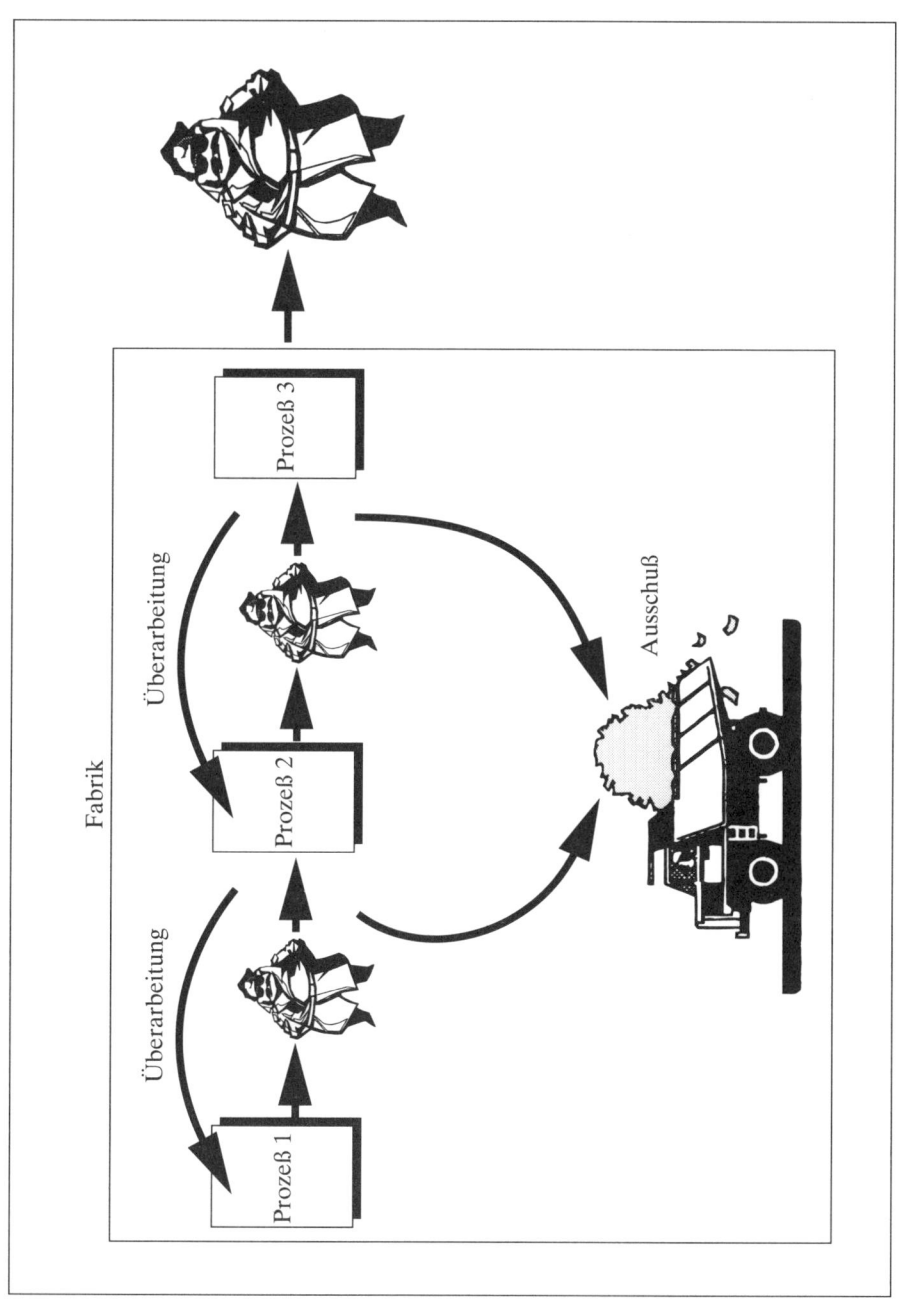

Abb. 1.2: Der Qualitätspolizist und seine Helfer

- In einem Restaurant beschränken sich unsere Forderungen nicht auf das Angebot gut schmeckender, eßbarer Nahrung. Wir wollen auch, daß der Kellner uns höflich behandelt. Tut er das nicht, ist der Schaden da, und selbst wenn ein Qualitätskontrolleur (in Form des Oberkellners) diese „Abweichung" feststellt, sind wir unzufrieden.
- Die Zufriedenheit mit einem Flug wird nicht dadurch verbessert, daß ankommende Flugzeuge daraufhin überprüft werden, ob sie einen Unfall hatten (oder dadurch, daß die Gründe für ein tödliches Unglück danach genauestens untersucht werden). Nein, wir wollen, daß vor Abflug alles getan wird, damit so etwas verhindert wird.
- Der Wert vieler beruflicher Dienstleistungen hängt von Meinungen ab, die auf der Basis fachlicher Fähigkeiten und ausreichend qualifizierter Mitarbeiter gebildet werden. Möglicherweise lautet der Rat eines Rechtsanwaltes, der DM 1.000,– kostet, nicht anders, als das, was der Nachbar von nebenan sagt – doch wem sollte man vernünftigerweise mehr vertrauen?

Allen diesen Beispielen ist ein Kennzeichen der Qualitätssicherung gemeinsam: Die Erfüllung von Kundenwünschen hängt vom Ergebnis einer Tätigkeit ab, die nach ihrer Ausführung nicht mehr angemessen überprüft werden kann.

Der Feuerwehrmann

Oft ist das Ansehen der Unternehmensführung abhängig von ihrer Fähigkeit, Brände zu löschen, und auf ihre Weise gehören Feuerwehrleute wohl zu den am härtesten arbeitenden und wertvollsten Mitgliedern mit den größten Ressourcen im Team des Unternehmens. Ihre Funktion in der Qualitätssicherung besteht darin, Probleme dann in Ordnung zu bringen, wenn sie entdeckt werden (durch den Qualitätspolizisten), und es sind ihre Fähigkeiten im Krisenmanagement, auf die sich ihr Ruf gründet. Der Feuerwehrmann ist derjenige, der immer die richtigen Worte findet, der das Produkt doch noch zum richtigen Termin liefert, was immer auch passiert, und sagt, er wird schon irgendwie alles regeln, „auch, wenn es mich die letzten Nerven kostet".

Zweifellos sind solche Helden unbezahlbar, wenn etwas schiefgeht, wie es letztendlich immer passieren kann. Viel von der Energie, die jedoch in eine solche Brandbekämpfung investiert wird, wäre bei weitem besser in der Brandvorsorge angelegt. Und darüber hinaus lieben viele Brandbekämpfer

Krisen so sehr, daß sie sich keine Mühe machen, sie im Vorfeld zu verhindern und die Bemühungen anderer zur Verbesserung sogar abblocken.

Das 250-Mark-Paket
Die Firma Scientos stellte Ersatzteile für wichtige medizinische Geräte her und hatte eine starke Position auf diesem Nischenmarkt. Obwohl hierfür Präzisionsarbeit benötigt wurde, waren die daran gestellten fachlichen Anforderungen nur gering. Der gute Ruf von Scientos basierte einzig auf ihrem Service, bereits einen Tag nach Bestellung zu liefern.
Dennoch stagnierte das Unternehmen, da nur wenige neue Kunden gewonnen wurden. Ein neuer Verkaufsleiter wurde eingestellt, und seine erste Aufgabe bestand darin, herauszufinden, warum im vorangegangenen Jahr nur so wenige neue Kunden gewonnen werden konnten. Die Antwort war schnell gefunden: Die Verkäufer wendeten so gut wie keine Zeit auf die Anbahnung neuer Geschäfte auf. Der neue Verkaufsleiter bestellte sie zu sich und erteilte ihnen einen strengen Verweis. Natürlich hatten die Verkäufer einige Entschuldigungen bereit: „Wir haben keine Zeit. Wir müssen unsere Kunden nicht nur besuchen, sondern wir müssen ihnen auch oft die Ersatzteile selbst liefern." Der Verkaufsleiter überprüfte diese Geschichte und fand sie im wesentlichen bestätigt.
Das Problem wurde bis vor den Vorstand getragen. Dieser verteidigte sich: „Ich hoffe, das ist keine Kritik an unserem Versandleiter. Dieses Unternehmen hat ihm viel zu verdanken. Er schafft es immer, das Ersatzteil in der versprochenen Zeit zum Kunden zu bringen."
„Oh ja, das tut er wirklich", sagte der Verkaufsleiter. „Und zwar macht er das, indem er wartet, bis Panik aufkommt, und dann springt er solange herum, bis einer der Verkäufer nachgibt und die Auslieferung übernimmt. Wenn das geschieht, zahlen wir statt DM 20,- für ein Paket DM 250, – an Verkaufszeit und Spesen, und es ist kein Wunder, daß wir keine Zeit haben, uns um neue Geschäfte zu kümmern."

1.7 Beachtung der Regeln

Das klingt nicht sehr aufregend. Doch in vielen Situationen setzen wir voraus, daß die Dinge funktionieren, weil es anerkannte Regeln gibt, die im Vorfeld das Auftreten von Problemen verhindern.

Wir erwarten, daß ein herannahendes Auto auf der rechten Straßenseite bleibt und nicht hin und her pendelt, wie es dem Fahrer gefällt. Fliegen ist ein noch besseres Beispiel für peinlich genaue Verfahren, die entwickelt wurden, damit unser unausgesprochenes Bedürfnis nach einer sicheren Reise erfüllt wird. Wir erwarten, daß die Besatzung weiß, was im Notfall zu tun ist und daß eine Katastrophe nicht nur durch die Geistesgegenwart des Kapitäns verhindert wird.

Dem entspricht im Geschäftsleben ein Qualitätssicherungssystem, d.h., eine Anzahl von anerkannten Verfahren, die ihre Wirksamkeit unter Beweis gestellt haben und die eingeführt wurden, um auf Veränderungen von Umfeldbedingungen reagieren zu können. Die Einführung eines wirksamen Qualitätssystems erhöht die Übereinstimmung mit den Bedürfnissen der Kunden und somit die Qualität.

1.8 QS-Systeme und die Erfüllung von Bedürfnissen

Im Gegensatz zum Polizeiansatz der Qualitätssicherung ist das Wirkungszentrum eines QS-Systems der Produktionsprozeß an sich und nicht sein Ergebnis. Wenn wir das Rezept richtig verstehen und den Koch entsprechend ausbilden, wissen wir, daß der Braten in Ordnung sein wird; dennoch müssen wir ihn vielleicht etwas abschmecken, bevor wir ihn servieren. Doch hierbei handelt es sich um einen nur noch sekundären Aspekt der Qualitätssicherung, denn wenn gut genug gekocht wird, kann das Abschmecken vielleicht ganz unterbleiben.

ISO 9000 ist eine Norm für ein solches QS-System und bezieht sich im Gegensatz zu vielen anderen Normen nicht auf ein bestimmtes Produkt. Sie ist auf jede Situation anwendbar, in der ein QS-System eingesetzt werden kann, und das bedeutet, wie wir noch nachweisen werden, auf fast jedes Unternehmen.

Ein QS-System wird eingeführt, nachdem die Prozesse, die in einem Unternehmen ablaufen, analysiert und die korrekten Verfahren – die dafür sorgen, daß die Bedürfnisse der Kunden erfüllt werden – ermittelt wurden. Diese Verfahren werden dann systematisiert und bilden das QS-System. Natürlich wird nicht gleich der erste Versuch zu einem perfekten QS-System führen. Tatsächlich ist es niemals perfekt, doch es wird kontinuierlich verbessert. Ein wichtiger Teil dieses Systems ist das Lernen aus Fehlern.

> **Kopf oder Zahl**
> Am Freitagnachmittag waren wir des Beraters, der das Qualitätsseminar leitete, ein wenig überdrüssig. Ich stellte ihm deshalb eine richtig schwierige Frage: „Vor zwei Wochen hatten wir eine dringende Bestellung, die an einen unserer größten Kunden raus mußte. Nachmittags um drei ging uns der Veredler aus. Sie wissen, was das bedeutete: Entweder hätten wir das Produkt ohne die letzte Bearbeitung ausliefern und auf das Geschrei des Kunden warten müssen, oder wir hätten ihm mitteilen müssen, daß wir nicht vor Montag mittag – bestenfalls – ausliefern würden, und wir wußten, daß das nicht ausreichen würde. Was hätten Sie also getan? Was nützt ein QS-System in einer echten Krise?"
> Als Profi antwortete er, ohne zu zögern: „Sie kennen Ihr Unternehmen und Ihren Kunden. Sie sind der Leiter, nicht ich. Ich bin kaum der Richtige, um Ihnen zu raten, welche dieser Alternativen den Kunden am wenigsten unzufrieden zurücklassen würde. Den-

noch: Ich würde dafür sorgen, daß wir aus diesem Fehler lernen, indem untersucht wird, warum der Veredler ausgegangen war und was wir hätten tun können, um das zu verhindern. Vielleicht brauchen Sie einen Veredler in Reserve oder ein anderes Behandlungsverfahren. Das müssen Sie selbst herausfinden. Genau das bedeutet, ein QS-System so zu nutzen, daß es langfristig die Qualität verbessert. Mit anderen Worten: Sie stellen im Rahmen Ihres QS-Systems einen Korrekturplan auf und wenden ihn wirksam an."

Ein funktionierendes QS-System ist somit mehr als nur eine Menge von Regeln zur Erzeugung von Qualität. Es ist allgemein bekannt, daß Probleme auftreten können, doch durch das System soll verhindert werden, daß sie ständig wiederkehren. Das wird durch Verfahren zur Problemerkennung (z.B. Auditierung), durch Untersuchung (z.B. Korrekturmaßnahmen) und langfristige Verbesserungen (gelenkte Verfahrensänderungen) erreicht.

Der in diesem Buch vorgestellte Ansatz für ein QS-System ist öffentlich dokumentiert. Jeder, der am Prozeß beteiligt ist, kann in einem Handbuch nachschlagen, um herauszufinden, was zu tun ist, um Kontinuität zu gewährleisten (obwohl er hierzu vielleicht qualifiziert sein oder über eine entsprechende Ausbildung verfügen muß – das QS-System ist kein Ersatz für Fähigkeiten). In sehr kleinen Unternehmen wird gute Qualität oft mit Hilfe eines informellen QS-Systems erreicht, das sich in den Köpfen der jeweiligen Mitarbeiter befindet; wahrscheinlich vor allem im Kopf des Firmenchefs, der hochgradig motiviert sein sollte, um seinen Kunden zu geben, was immer sie verlangen. Wenn jedoch das Unternehmen wächst – was es tun wird, wenn es sich der Qualität verpflichtet hat – bricht das informelle System zusammen. Einige wichtige Mitarbeiter tragen die Verantwortung für die Qualität, aber was passiert, wenn „der gute alte Herr Schmidt" in Urlaub ist? Und wenn darüber hinaus die Mitarbeiterzahl wächst, müssen alle in bezug auf Qualität in der gleichen Weise arbeiten, alle müssen an einem Strang ziehen.

Das Problem der zwei Schichten
Seit sechs Monaten war der neue Plattierer bei der Firma Frith Metal Finishing in Betrieb. Er machte einen erstklassigen Eindruck, und der Lieferant schien bei der Installation gründliche Arbeit geleistet zu haben. Ein ganzer Tag war in die Ausbildung des Bedieners und der anderen Mitarbeiter investiert worden. Dennoch war nicht alles in Ordnung, wie die hohe Anzahl an Reklamationen von Kunden deutlich machte. Die versprochene Qualität der Schlußveredelung wurde nicht erzielt; selbst die alte Maschine hatte bessere Ergebnisse erzeugt. Ein leitender Ingenieur des Lieferanten wurde um eine Untersuchung gebeten. Er kam um 9.00 Uhr am Montag morgen und war um 10.30 Uhr sicher, daß das Problem einfach zu lösen sei; die Maschine sei einfach nicht richtig eingestellt, und am Ende der Tagschicht zeigte ein Test, daß ihr Zustand jetzt in Ordnung war.
Am Dienstag morgen tauchte das Problem jedoch wieder auf, und der Ingenieur erkannte, daß die Ursachen die gleichen waren – falsche Einstellungen. Wieder war am Ende der Tagschicht das Ergebnis fast perfekt. Diesmal blieb der Ingenieur bei der

Nachtschicht anwesend und beobachtete, daß der Vorarbeiter dieser Schicht kam, die Maschine verstellte und dabei auf die „blöden Idioten" fluchte.

„Warum haben Sie die Einstellung verändert?" fragte der Ingenieur. „Natürlich um sie richtig einzustellen. Ich weiß, daß Sie uns, als die Maschine installiert wurde, gesagt haben, sie müsse für unser Material genau so eingestellt sein." Der Ingenieur bat darum, die Seite im Handbuch sehen zu dürfen, auf der die Einstellungen der Maschine beschrieben waren. „Welches Handbuch? Wir haben keins."

Der entscheidende Punkt dieser Geschichte ist, daß das Gedächtnis selten ausreicht. Wichtige betriebliche Verfahren müssen dokumentiert werden und allen, die sie benötigen, zugänglich sein. Und wenn Verfahren geändert werden, müssen wir sicher sein, daß alle im Gebrauch befindlichen Handbücher diese Revision enthalten. Ein wichtiger Aspekt eines QS-Systems und eine Forderung von ISO 9000 ist deshalb die präzise Dokumentation und die gezielte Lenkung der Dokumente.

Ein wirkungsvolles QS-System ist jederzeit transparent und zuverlässig: Wir wissen genau, welches Verfahren angewendet werden muß. Die Umwelt eines Unternehmens ist jedoch niemals statisch. Alles verändert sich. Wie wir bereits besprochen haben, sind die Kundenbedürfnisse fließend. Teilweise verändern sich die Erwartungen durch die Aktivitäten der Wettbewerber. Technische Innovationen ermöglichen die Erfüllung von Bedürfnissen auf neue und effiziente Weise, und alle Mitspieler – Kunden, Wettbewerber und unser Unternehmen selbst – werden durch die Makroökonomie beeinflußt. Deshalb müssen in ein QS-System dynamische Kräfte integriert werden, andernfalls wird es zu einem bürokratischen Hindernis, das der Anpassung entgegensteht und am Ende die Erfüllung von Kundenbedürfnissen verhindert: Es wäre gänzlich kontraproduktiv.

Das Bemühen um Qualität hört niemals auf, und die vorrangige Aufgabe einer Führungsmannschaft besteht darin, ein Zurückfallen in alte Gewohnheiten zu verhindern und „den Ball am Abhang" aufzuhalten. Abbildung 1.3 veranschaulicht dieses Konzept. Das QS-System ist der Bremskeil, der das Zurückrutschen verhindert, aber es muß seine Position verändern, wenn sich das Unternehmen weiter nach oben fortbewegt.

System und Verpflichtung

Zweifellos hat ISO 9000 etwas mit dem Sammeln von Pluspunkten zu tun. Das Zertifikat hat einen eigenen Wert, unabhängig von allem, was sich dahinter verbirgt. Die Einrichtung eines QS-Systems nur zum Zwecke der Zertifizierung ist jedoch Selbstbetrug. Ohne die notwendige Verpflichtung

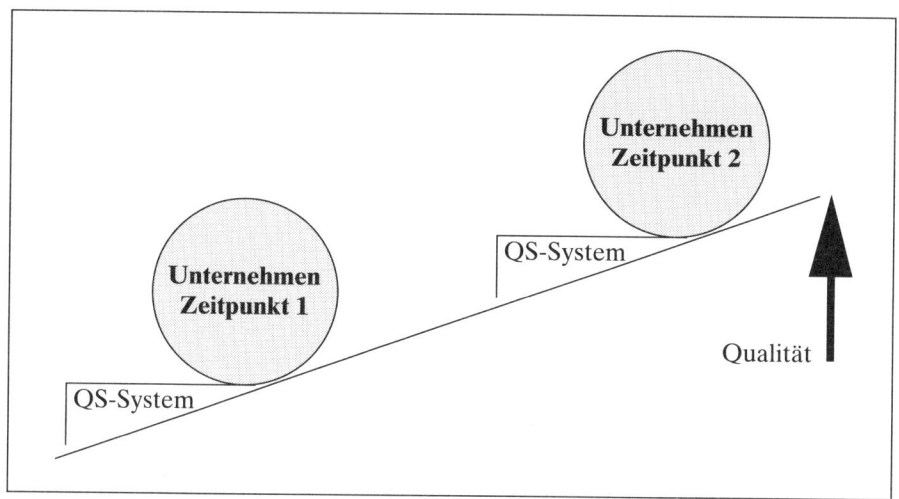

Abb. 1.3: Der Qualitätsabhang

zur Qualität wird das Unternehmen langfristig keinen Erfolg haben. Die Zertifizierung nach ISO 9000 vergrößert keinesfalls die Vermögenswerte eines zahlungsunfähigen Unternehmens, und eine mangelnde Verpflichtung gegenüber Qualität wird am Ende mit dem Konkurs bezahlt. Kurzfristig gesehen wird ein auf Lippenbekenntnissen basierendes QS-System das Audit vielleicht zunächst bestehen, was aber ist dann mit den Wiederholungsaudits? Ohne eine echte Verpflichtung zur Qualität wird das System von selbst auf ein Niveau absinken, das zur Aberkennung des Zertifikats führen wird.

Die Verpflichtung zur Qualität muß unternehmensweit sein und von oben gelenkt werden. Wenn die oberste Führungsebene nicht überzeugt ist, daß sie auf Qualität setzen muß, von wem soll man dann Sorge um die Bedürfnisse des Kunden erwarten? Ein QS-System ist wie ein neues Auto ohne Benzin: in jeder Hinsicht perfekt, aber es fährt nicht. Der Qualitätstreibstoff ist die Einstellung und die Motivation der Mitarbeiter, und jedes Unternehmen muß hierauf sein Augenmerk richten.

Dieses Buch sagt Ihnen, wie ein neues Auto zusammengebaut wird – ein QS-System. Der Leser sollte sich an anderer Stelle über Aspekte der persönlichen Qualitätsverpflichtung und Motivation informieren; dieser Gesichtspunkt wird im Rahmen dieses Buches weitgehend vorausgesetzt, aber er ist dennoch wichtig.

2 ISO 9000 – Die Norm für QS-Systeme

Nachdem wir im vorangehenden Kapitel die Begriffe „Qualität" und „Qualitätssicherung" eingeführt haben, können wir uns nun einer Norm für QS-Systeme zuwenden: ISO 9000.

In diesem Kapitel werden wir auf den Inhalt und Zweck von ISO 9000 eingehen. Die Anwendung und Relevanz der Norm sowie der Prozeß der Zertifizierung und Eintragung, d.h. „wie man das Zertifikat ISO 9000 erhält" werden in diesem Kapitel nur gestreift, da diese Themen an anderer Stelle in diesem Buch ausführlich behandelt werden (vgl. hierzu Teil II, Kapitel 5 bis 12). Zunächst soll der Begriff „Norm" jedoch näher bestimmt werden.

Eine Norm impliziert eine Spezifikation, an der etwas gemessen werden kann – sie dient der Ermittlung, ob die Forderungen erfüllt werden –, und Allgemeingültigkeit. Eine Norm ist innerhalb einer bestimmten Gemeinschaft anerkannt, dabei kann es sich um ein einzelnes Unternehmen handeln, eine Branche, ein Land oder die ganze Welt. Wenn etwas der Norm unserer Gemeinschaft entspricht, wissen wir, daß es die wie auch immer lautenden, als angemessen vereinbarten Spezifikationen erfüllt. Normen implizieren auch eine allgemein anerkannte Methode der Bewertung: Wir können feststellen, ob irgend etwas den Forderungen einer Norm entspricht.

2.1 Normen für Produkte und Normen bezüglich der Leistungsfähigkeit

Alle Normen sind in öffentlichen Dokumenten definiert. In der Mehrzahl handelt es sich um Produktnormen: Sie beschreiben Schlüsseleigenschaften für ein bestimmtes Produkt. Normen sind also in gewisser Weise Rezepte, sie können zur Herstellung eines Produktes herangezogen werden, das dann in den definierten Parametern genau dem Produkt eines anderen Herstellers entspricht, das ebenfalls nach dieser Norm hergestellt wurde. Für fast alle im Handel befindlichen Produkte gibt es eine Norm, wie beispielsweise:

❑ DIN 55222: Gesenkbiegepressen,
❑ DIN 2448: Nahtlose Stahlrohre,
❑ DIN 44539: Elektrische Haushaltskaffeebereiter.

Solche Normen sind nicht zuletzt deshalb von einem beachtlichen praktischen Nutzen, weil in einem Angebot, Auftrag oder Vertrag sowohl Käufer als auch Verkäufer ein Produkt unter Bezugnahme auf diese Norm definieren können. Der Käufer weiß mit Bestimmtheit, daß ein Produkt, das dieser Norm entspricht, die von ihm gewünschten technischen Anforderungen erfüllt. Ebenso kennt der Hersteller die technischen Schlüsselparameter, die sein Produkt erfüllen muß, damit seine Kunden zufrieden sind. Eine Norm spart somit sowohl dem Kunden als auch dem Verkäufer Arbeit, die er andernfalls für die Definition des Produktes aufwenden müßte; sie stellt für beide eine Basis zur Sicherung der Produktqualität dar.

Natürlich können Käufer und Verkäufer – was in der Praxis auch häufig geschieht – sich dazu entschließen, zusätzlich zu den in der Norm definierten Spezifikationen weitere aufzustellen und diese mit einer höheren Priorität als die in der DIN-Norm enthaltenen Eigenschaften zu versehen. Doch selbst in diesem Fall stellt DIN einen Rahmen dar, innerhalb dessen Verfeinerungen hinzugefügt werden können. Das Konzept einer solchen unabhängigen Bewertung der Erfüllung einer DIN-Norm soll nachfolgend kurz besprochen werden.

Im Prinzip kann ein Produkt anhand der jeweiligen Norm bewertet werden: Sie enthält ausreichende technische Details, mit deren Hilfe ermittelt werden kann, ob die definierten Eigenschaften vorhanden sind oder nicht. Als solches sagt diese Art Norm jedoch nichts darüber aus, wie das Produkt hergestellt werden sollte, um die Spezifikation zu erfüllen. Die Qualitätskontrolle hinsichtlich einer solchen Norm ist somit eine Aufgabe für den im vorherigen Kapitel beschriebenen „Qualitätspolizisten". Ein der DIN-Norm entsprechendes Produkt kann man mit viel oder wenig Effizienz herstellen, und dementsprechend entsteht viel oder wenig Ausschußware; und dabei erfüllt es vielleicht dennoch nicht einmal in allen Fällen die Bedürfnisse der Kunden (die vielleicht ein Produkt brauchen, das auf die eine oder andere Weise von den in der DIN-Norm beschriebenen Eigenschaften abweicht). Um derartige andere Anforderungen zu erfüllen, wurden Normen entwickelt, die nicht nur mit den Produkten, sondern auch mit der allgemeinen Leistungsfähigkeit zu tun haben.

Normen für Produkte und Normen für die Leistungsfähigkeit ergänzen sich eher, als daß sie zueinander in Konkurrenz stehen. Nehmen wir zum Beispiel die Straßensicherheit: Die Form und die Funktion von Autos auf der Straße haben Einfluß auf die Normen für die allgemeine Sicherheit. Die Hersteller neuer Autos gewährleisten auf vielfältige Weise, daß die Fahrzeuge anerkannte Sicherheitsstandards erfüllen – die Bremsen sind in der Lage, ein Fahrzeug zu stoppen, die Lenkung ist präzise, die Sicherheitsgurte funktionieren usw. Regelmäßige Kontrollen (TÜV) beziehen sich ebenfalls auf Sicherheitsnormen; sie sorgen dafür, daß die Sicherheitseigenschaften eines Autos in wichtigen Bereichen nicht unter ein tolerierbares Niveau absinken. Wenn derartige Produktnormen auch wichtig sind, so können sie dennoch nicht allein die allgemeine Sicherheit auf den Straßen gewährleisten. Noch fahren Autos nicht selbständig, und wir bestehen auf Normen bezüglich der Leistungsfähigkeit des Fahrers und auf ein angemessenes Kontrollsystem – den Führerschein.

ISO 9000 ist eine solche internationale Norm für den Nachweis dieser Leistungsfähigkeit. Als Norm für QS-Systeme macht sie Aussagen darüber, wie ein Produkt oder ein Service hergestellt wird, und nicht, was hergestellt wird. Mit ganz unterschiedlichen Produktionsmethoden können zwei Firmen ähnliche Produkte herstellen, die beide entsprechende DIN-Normen erfüllen. Zwei andere Firmen stellen vielleicht zwei völlig verschiedene Dinge her, doch beide verwenden ein vergleichbares System zur Maximierung der Qualität ihrer Erzeugnisse. ISO 9000 ist eine anerkannte Norm für ein solches QS-System, und beide Firmen könnten sie trotz der Unterschiedlichkeit ihrer Geschäftstätigkeit erfolgreich erfüllen.

2.2 Normen und Beurteilung

Wie gesagt, jede Norm hat auch etwas mit Beurteilung zu tun: die Ermittlung der Übereinstimmung mit der Norm. Eine Norm, die nicht überprüft werden kann, ist in der Praxis wertlos. Wozu brauchen wir Normen, wenn wir nicht feststellen können, ob sie erfüllt werden?

Es gibt drei Arten der Beurteilung: durch den Urheber, durch den Abnehmer und durch einen Dritten. Handelt es sich um ein Produkt, kann der Lieferant einfach behaupten, der angebotene Artikel erfülle eine offizielle Norm. Offensichtlich ist der Wert einer solchen Behauptung begrenzt. Der Käufer kann zu Recht annehmen, daß eine solche Behauptung der Objektivität entbehrt, da es nicht im Interesse des Lieferanten sein kann, zuzugeben, daß ein Produkt nicht den Forderungen einer Norm entspricht. Das heißt jedoch nicht, daß eine solche Behauptung immer wertlos ist. Tatsächlich ist sie Teil eines Handels in gutem Glauben: Wir vertrauen oft und richtigerweise auf die Ehrlichkeit des Lieferanten. Im Notfall können Forderungen mit Hilfe des Kaufvertrages gesetzlich eingeklagt werden.

Bei der Kontrolle durch den Abnehmer bewertet der Kunde durch geeignete Hilfsmittel, ob das ihm angebotene Produkt den Normen, die er als Kunde verlangt, entspricht. Entweder testet er das Produkt vor dem Kauf, oder er prüft, falls es sich um eine Leistungsnorm handelt, die im Unternehmen des Lieferanten verwendeten Verfahren. Eine solche Prüfung ist wirkungsvoll, da die beiden, die bei einer geschäftlichen Transaktion die wichtigste Rolle spielen (Käufer und Verkäufer), beteiligt und zufrieden sind.

Eine solche Beurteilung durch den Kunden kann jedoch teuer und unbequem sein. Falls ein Unternehmen mehrere Kunden mit dem gleichen Produkt beliefert, die alle die Sicherheit der Normerfüllung gewährleistet haben wollen, müssen die gleichen Tests mehrfach durchgeführt werden, wobei die Kosten mit der Anzahl der Kunden zu multiplizieren sind. Geht es um eine Leistungsnorm, wird der gleiche Prozeß der gründlichen Unternehmensprüfung mehrfach durchlaufen. Ständig ist irgendeine Gruppe von Prüfern im Haus, und die Produktionskosten steigen aufgrund der damit verbundenen Unterbrechungen oder weil die Mitarbeiter sich mit „störenden" Besuchern beschäftigen müssen.

Die Kontrolle durch einen Dritten wird durch eine unabhängige Einrichtung vorgenommen, von der man annimmt, daß der Kunde ihre Autorität anerkennt: Weil ein Produkt beispielsweise durch den TÜV oder eine ähnliche Einrichtung geprüft wurde, wird die Einhaltung der relevanten Norm vorausgesetzt. Es ist darüber hinaus wahrscheinlich, daß ein Unternehmen, das eine solche Prüfung bestanden hat, für Kunden als Lieferant in Betracht kommt. Prüfungen durch Dritte sind deshalb wertvoll für ein Unternehmen.

Alle Normen lassen sich durch Dritte überprüfen, und das schließt auch die ISO 9000 mit ein. Ein Unternehmen wird nach ISO 9000 zertifiziert, indem es sich von einem anerkannten Prüfer überprüfen läßt und einer regelmäßigen Wiederholungsprüfung durch die gleiche Kontrollinstanz zustimmt.

Diese Zertifizierungsstellen werden in Deutschland wiederum von der Trägergemeinschaft für Akkreditierung GmbH (TGA) akkreditiert und in angemessenen Zeitabständen überwacht.[1]

Ein Unternehmen, das sein QS-System bezüglich der Erfüllung von ISO 9000 überprüfen lassen möchte, kann aus einer Vielzahl von Zertifizierern auswählen. Hierzu gehört beispielsweise der TÜV-Cert e.V., die Deutsche Gesellschaft zur Zertifizierung von Qualitätsmanagementsystemen mbH (DQS) oder die DEKRA AG, um nur einige zu nennen.[2] Es gibt auch einige nichtakkreditierte Prüfer, die ihre Dienste anbieten, und auch diese können in Betracht gezogen werden. Wir werden jedoch auf dieses Thema in Kapitel 11 noch ausführlicher eingehen.

2.3 ISO 9000 – Die Norm

Die internationale Norm für QS-Systeme, ISO 9000, hat ihren Ursprung in der britischen Norm BS 5750 und damit in der Versorgung des Militärs. Aufgrund der Sensibilität dieser Produkte und der Probleme, die der Einsatz fehlerhafter Produkte mit sich brachte, konzentrierte man sich auf die Herstellungsverfahren der Produkte und auf die QS-Systeme der jeweiligen Lieferanten. Sowohl auf nationaler als auch auf internationaler Ebene (NATO) wurden Normen für geeignete QS-Systeme mit korrespondierenden nationalen Normen für Kooperations- und Allianzpartner entwickelt. Auf diesem Wege haben sich Normen etabliert und wurden überall in der Industrie bekannt, was zu einer steigenden Nachfrage nach etwas Vergleichbarem außerhalb des Verteidigungsbereiches und schließlich zur BS 5750 führte. Die 1987 überarbeitete Norm ist umfangreicher und wurde nicht zuletzt durch die Übernahme des ISO in Form der internationalen ISO 9000 zu einer heute allgemein anerkannten Norm für QS-Systeme.

BS 5750 wurde nicht nur entwickelt, um auch Aktivitäten außerhalb des militärischen Bereichs abzudecken, sondern sie sollte auch universell anwendbar sein. ISO 9000 ist deshalb auf die QS-Systeme aller Handelsorganisationen (und auch auf einige Unternehmen, die keinen Handel betreiben) anwendbar. Sie ist somit nicht nur für Hersteller relevant, sondern auch für Anbieter

---

1 Anmerkung der Übersetzerin: Dem TGA entspricht in Großbritannien der „National Accreditation Council for Certification Bodies" (NACCB), auf den sich die Autoren im Originaltext beziehen.
2 Eine Liste akkreditierter QS-Zertifizierer findet sich in Anhang 1.

von Dienstleistungen. Ein Dienstleistungsunternehmen wird sich jedoch durch die Lektüre der ISO 9000 kaum ermutigt fühlen. Die Sprache an sich, viele Fachausdrücke und Voraussetzungen sind eindeutig eher auf den Hersteller als auf den Dienstleister zugeschnitten. Selbst Hersteller außerhalb technischer Branchen haben vielleicht das Gefühl, daß man bei der Formulierung der Norm nicht gerade ihre Geschäftätigkeit im Sinn hatte. Dennoch soll ISO 9000 universell anwendbar sein, und in der Praxis können die auf die Herstellung bezogenen Elemente der Norm in allen Fällen so angepaßt werden, daß diese Norm sogar an die Situation der meisten dienstleistungsorientierten Unternehmen angepaßt werden kann.

Bis jetzt haben wir von ISO 9000 immer als von einer Norm gesprochen. Tatsächlich aber handelt es sich um eine ganze Normenreihe, die in unterschiedlichen Dokumenten, ISO 900x, veröffentlicht wurde. Sie sind in Abb. 2.1 „Die ISO-9000-Normenreihe" aufgelistet.

Die einzelnen Teile der Norm gliedern sich in zwei Gruppen: die Forderungen an das QS-System selbst – ISO 9001, 9002, 9003, 9004 – und die Leitlinien zur Auswahl der relevanten QS-Norm. Ein Unternehmen, das sich um die Zertifizierung entsprechend der Norm bemüht, entscheidet sich für eine Prüfung nach nur einem Teil der Normenreihe (obwohl es für verschiedene Standorte, Bereiche oder Aktivitäten des Unternehmens möglich ist, sich um eine Zertifizierung nach verschiedenen Bereichen zu bemühen), und wenn eine Beurteilung durchgeführt wird, erfolgt diese nach diesem Teil. Der Erfolg oder Mißerfolg des Audits hängt davon ab, daß die in ISO 9001, 9002, 9003 oder 9004 beschriebenen Qualitätsanforderungen erfüllt werden.

Die zweite Gruppe, vertreten durch ISO 9000, besitzt einen anderen Status. Es handelt sich hierbei um Leitlinien und Ratschläge; sie enthält keine zu erfüllenden QS-Forderungen.

Der Leser, der sich dazu entschließt, sich um die Zertifizierung nach ISO 9000 zu bemühen, benötigt zumindest eine Ausgabe (etwa zehn Seiten umfassend) des für sein Unternehmen relevanten Teils der Norm, ISO 9001, 9002, 9003 oder 9004. Welcher dieser Teile jeweils relevant ist, werden wir noch kurz besprechen. Unternehmen, die mit Software zu tun haben, sollten auch ISO 9003 berücksichtigen: „Leitfaden für die Anwendung von ISO 9001 auf die Entwicklung, Lieferung und Wartung von Software." Über die Wichtigkeit einer Durchsicht der jeweils anderen Teile läßt sich streiten, obwohl ein wenigstens kurzes Überlesen nicht schaden wird.

Qualitätsmanagement und Qualitätssicherungsnormen – Leitfaden zu Auswahl und Anwendung	ISO 9000
Darlegung von Qualität in: Design/Entwicklung, Produktion, Montage und Kundendienst	ISO 9001
Qualitätssicherungssysteme – Modell zur Darlegung der Qualitätssicherung in Produktion und Montage	ISO 9002
Qualitätssicherungssysteme – Modell zur Darlegung der Qualitätssicherung bei der Endprüfung	ISO 9003
Qualitätsmanagement und Elemente eines QS-Systems – Leitfaden	ISO 9004
Qualitätsmanagement und Elemente eines QS-Systems – Leitfaden für Dienstleistungen	ISO 9004 Teil 2

Abb. 2.1: Die ISO-9000-Normenreihe

In allen Industrieländern gibt es eine nationale Norm für QS-Systeme, die mit ISO 9000 kompatibel ist. Abb. 2.2 (S. 41) gibt einen Überblick über die entsprechenden nationalen Normen für Qualitätssicherung.

Bisher sind wir noch nicht auf die Unterschiede zwischen den einzelnen Teilen von ISO 9000 eingegangen. Die grundsätzlichen Abweichungen voneinander sind sehr schnell genannt: ISO 9002 und 9003 entsprechen der ISO 9001, wobei jedoch einige Forderungen aus der ISO 9001 weggelassen wurden. Im speziellen geht ISO 9002 nicht auf die Forderungen für Design und den Kundendienst ein; ISO 9003 verzichtet auch auf einige andere Gesichtspunkte, die wiederum in ISO 9002 zu finden sind (vgl. zu den Einzelheiten nochmals Abb. 2.1). ISO 9004 stellt einen übergeordneten Leitfaden für Qualitätsmanagement und die möglichen Elemente eines QS-Systems dar.

Über die Auswahl der in dieser Norm beschriebenen QS-Elemente und den Umfang, in dem sie übernommen werden, entscheidet die Unternehmensführung. Genau wie ISO 9000, bei der es sich um einen Leitfaden zur Auswahl und Anwendung der Normen zu Qualitätsmanagement und Qualitätssicherung handelt, kann also auch 9004 nur zusammen mit einer der Normen ISO 9001 bis 9003 angewendet werden.[3]

Welcher Teil der ISO-9000-Normenreihe auf ein spezielles Unternehmen anzuwenden ist, hängt von der jeweiligen Geschäftstätigkeit ab. ISO 9001 ist eindeutig von Unternehmen zu wählen, deren Produktionsprozesse Designelemente enthalten. Auf den Inhalt und die Forderungen dieses Teils der Norm werden wir im folgenden ausführlich eingehen.

2.4 ISO 9001

ISO 9001 definiert die Norm und die Forderungen für ein QS-System in zwanzig Unterpunkten im Absatz 4, unter 4.1 bis 4.20 (die Abschnitte 0 bis 3 enthalten im wesentlichen eine Einleitung). Die beiden Forderungen, durch die sich dieser Teil der Norm von den anderen unterscheidet, sind *4.4 Designlenkung* und *4.19 Kundendienst*. Von diesen beiden ist wohl *Designlenkung* der wichtigere Aspekt, und wenn es nur deshalb ist, weil Kundendienst zwangsläufig etwas mit Design zu tun hat: Kundendienst kann erforderlich werden, weil Designarbeiten durchgeführt werden, nicht aber umgekehrt.

Die Bedeutung von Design in ISO 9001 stimmt sehr mit der im allgemeinen Sprachgebrauch überein. Bei einer Firma, deren Aktivitäten etwas mit Design zu tun haben, geht es um die Herstellung eines Produktes, das definierte Kundenbedürfnisse erfüllt:

❏ Ein Architekt entwirft ein Haus, um die räumlichen Bedürfnisse seiner Kunden zu erfüllen.
❏ In einem Softwarehaus wird ein Programm geschrieben, um spezielle Anforderungen an den Umgang mit Informationen zu erfüllen.
❏ Ein Kranbauer entwirft für eine bestimmte Fabrik einen Spezialkran.
❏ Ein Unternehmensberater entwirft ein Beratungsprogramm, um bestimmte Probleme eines Kunden zu lösen.

---

[3] Anmerkungen der Übersetzerin: Die Ausführungen im englischen Originaltext beziehen sich auf BS 5750, Teil 1 bis 3. Die Numerierung und Gliederung in Unterteile ist nicht ganz mit der ISO-900x-Serie identisch; inhaltlich stimmen jedoch BS 5750 Teil 1 mit ISO 9001, Teil 2 mit 9002 und Teil 3 mit 9003 überein. ISO 9004 entspricht BS 5750, Teil 0/0.2, das Pendant zu ISO 9000 ist BS 5750, Teil 0/0.1.

Land	Darlegung für Design/Entwicklung, Produktion, Montage und Kundendienst	Darlegung für Produktion und Montage	Darlegung für die Endprüfung
International	ISO 9001: 1987	ISO 9002: 1987	ISO 9003: 1987
Australien	AS 3901	AS 3902	AS 3903
Österreich	OE NORM-PREN 29001	OE NORM-PREN 29002	OE NORM-PREN 29003
Belgien	NBN X 50-003	NBN X 50-004	NBN X 50-005
China	GB/T 10300.2-88	GB/T 10300.3-88	GB/T 10300.4-88
Dänemark	DS/EN 29001	DS/EN 29002	DS/EN 29003
Finnland	SFS-ISO 9001	SFS-ISO 9002	SFS-ISO 9003
Frankreich	NF X 50-131	NF X 50-132	NF X 50-133
Deutschland	**DIN ISO 9001**	**DIN ISO 9002**	**DIN ISO 9003**
Niederlande	NEN-ISO 9001	NEN-ISO 9002	NEN-ISO 9003
Ungarn	MI 18991-1988	NI 18992-1988	NI 18993-1988
Indien	IS: 10201 Part 4	IS: 10201 Part 5	IS: 10201 Part 6
Irland	IS 300 Part 1/ISO 9001	IS 300 Part 2/ISO 9002	IS 300 Part 3/ISO 9003
Italien	UNI/EW 29001-1987	UNI/EN 29002-1987	UNI/EN 29003-1987
Malaysia	MS 985/ISO 9001-1987	MS 985/ISO 9002-1987	MS 985/ISO 9003-1987
Neuseeland	NZS 5601-1987	NZS 5602-1987	NZS 5603-1987
Norwegen	NS-EN 29001: 1988	NS-ISO 9002	NS-ISO 9003
Südafrika	SABS 0157: Part I	SABS 0157: Part II	SABS 0157: Part III
Spanien	UNE 66 901	UNE 66 902	UNE 66 903
Schweden	SS-ISO 9001: 1988	SS-ISO 9002: 1988	SS-ISO 9003: 1988
Schweiz	SN-ISO 9001	SN-ISO 9002	SN-ISO 9003
Tunesien	NT 100.19-1987	NT 100.20-1987	NT 110.21-1987
Großbritannien	BS5750: Teil 1:	BS5750: 1987: Teil 2:	BS5750: 1987: Teil 3:
USA	ANSI/ASQC 091	ANSI/ASQC 092	ANSI/ASQC 093
UDSSR	40.9001-88	40.9002-88	
Europäische Norm (EN)	EN 29001	EN 29002	EN 29003

Abb. 2.2: Internationale Normen für QS-Systeme

Bei allen diesen Beispielen werden zunächst die Forderungen eines bestimmten Kunden spezifiziert, und dann wird ein Produkt oder eine Dienstleistung entworfen, die sie erfüllt. Ebenso jedoch werden Produkte oder Dienstleistungen für Kunden entworfen, die erst beim Verkauf in Erscheinung treten. Volvo hat die 850er-Serie nicht entworfen, um die speziellen Forderungen eines bestimmten Menschen zu erfüllen, sondern dieser

Mensch gehört zufällig zu dem Teil der autokaufenden Bevölkerung, dessen Bedürfnisse durch ein solches Auto erfüllt werden. Diese Art Design ist offenbar im produzierenden Gewerbe weit verbreitet. In derartigen Fällen gehört der Designprozeß selbst nicht zum Vertrag, der mit dem Kunden abgeschlossen wird; der Kunde entscheidet sich lediglich zum Kauf, weil das fertige Produkt seine Anforderungen erfüllt. Aus diesen Gründen werden sich Unternehmen, die ab Lager liefern, eher für ISO 9002 als 9001 entscheiden. ISO 9002 ist dort angebracht, wo die Betriebsprozesse keine Designelemente enthalten und wo statt dessen der Kunde seine Produkt- oder Dienstleistungswünsche präzise definiert. Ein Auftragsarbeiten ausführendes Ingenieurbüro erhält beispielsweise genaue Pläne für das herzustellende Objekt, zusammen mit einer Material- und Produktionsanweisung. Der Kunde erwartet, daß das Produkt genauso ist, als wäre es in seinem eigenen Unternehmen oder von einem anderen Lieferanten gefertigt worden. In diesem Fall ist ISO 9002 eher angebracht als ISO 9001.

Unserer Meinung nach ist die Anordnung der zwanzig Unterpunkte in Abschnitt 4 von ISO 9001 nicht sehr leserfreundlich. In Abbildung 2.3 haben wir sie deshalb so angeordnet, daß sie leichter zu erfassen sind. Der Leser muß sich jedoch bewußt machen, daß diese Neugestaltung von uns und nicht von der ISO ist.

Die zwanzig Unterpunkte der Qualitätsforderung nach ISO 9001 sind in Abbildung 2.3 in drei Hauptblöcke gegliedert. Der mittlere Block, bestehend aus neun Punkten, enthält unserer Meinung nach den Kern der Forderungen, da sie sich auf das beziehen, was im *Betriebsprozeß* selbst geschieht. Dieser Begriff umfaßt im wesentlichen drei Elemente: die Inputs, den Prozeß (das, was mit ihnen geschieht) und die Outputs (das Resultat, das der Kunde erhält). Die Punkte im linken und rechten Block bezeichnen mehr unterstützende als Kernfunktionen, doch jeder einzelne von ihnen ist genauso wichtig wie die einzelnen Punkte im mittleren Block. Zur Erfüllung der Norm muß ein QS-System nachweisen, daß es die Forderungen unter *Lenkung des QS-Systems* und *Unterstützende Aktivitäten* ebenso umfassend erfüllt wie die unter *Betriebsprozeß*.

Wir werden nun den Inhalt der Forderungen diskutieren und beginnen mit denjenigen, die wir unter *Betriebsprozeß* aufgeführt haben. Wie bereits gesagt, sollte ein Leser, der sich direkt am Entwurf eines QS-Systems, das ISO 900x erfüllen soll, beteiligen möchte, sich zum gegebenen Zeitpunkt die Norm selbst besorgen und sie lesen.

Unterstützende Aktivitäten

Qualitätsressourcen
- 4.6 Beschaffung
- 4.11 Prüfmittel
- 4.18 Schulung

Qualitätsdaten
- 4.8 Identifikation und Rückverfolgbarkeit von Produkten
- 4.16 Qualitätsaufzeichnungen
- 4.20 Statistische Methoden

Betriebsprozeß

Vertrieb & Marketing
- 4.3 Vertragsüberprüfung

Design
- 4.4 Designlenkung

Werk
- 4.9 Prozeßlenkung
- 4.10 Prüfungen
- 4.7 Vom Auftraggeber beigestellte Produkte
- 4.12 Prüfung & Prüfstatus
- 4.13 Lenkung fehlerhafter Produkte

Distribution
- 4.15 Handhabung, Lagerung, Verpackung u. Versand

After-Sales
- 4.19 Kundendienst

Lenkung des QS-Systems

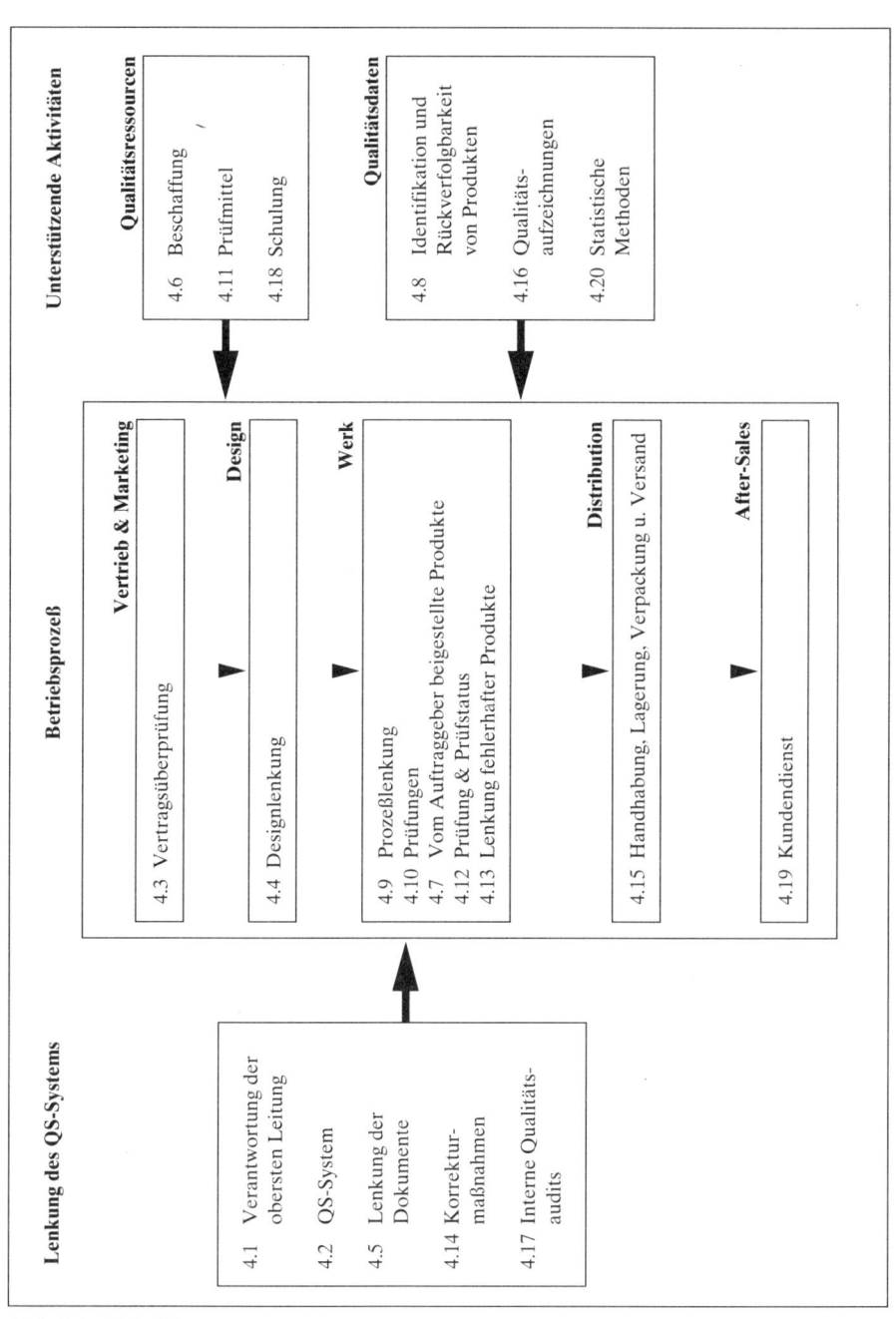

- 4.1 Verantwortung der obersten Leitung
- 4.2 QS-System
- 4.5 Lenkung der Dokumente
- 4.14 Korrekturmaßnahmen
- 4.17 Interne Qualitätsaudits

Abb. 2.3: ISO 9001

4.3 Vertragsüberprüfung
In Kapitel 1 haben wir Qualität als die Erfüllung von Kundenbedürfnissen definiert. Es liegt auf der Hand, daß wir diese Bedürfnisse kennen müssen, um sie erfüllen zu können. Es geht also um die Überprüfung, ob die Bedürfnisse im Vertrag in geeigneter Weise festgelegt und dokumentiert sind (inklusive der Anforderungen, die vom Angebot abweichen oder solche, die erst während der Vertragslaufzeit entstehen) und ob der Lieferant die Fähigkeit zu ihrer Erfüllung besitzt. Was eine solche Beschreibung von Anforderungen konkret enthalten und in welcher Weise sie dokumentiert sein sollte, ist von Unternehmen zu Unternehmen verschieden.

In Unternehmen, die auf Bestellung arbeiten oder Auftragsarbeiten ausführen (z.B. im Druck- und im Baugewerbe oder in vielen Dienstleistungsunternehmen), geht deshalb die Vertragsüberprüfung dem Design oder jeglicher Produktion voran und paßt somit logisch in die in Abbildung 2.3 dargestellte Abfolge. In Unternehmen jedoch, die ab Lager liefern, würde die Überprüfung von Verträgen erst nach der Produktion des Produktes oder der Erbringung der Dienstleistung vorgenommen und auf diese Weise ermitteln, ob die vorhandenen Produkte, so wie sie aus dem Lager kommen, die Anforderungen erfüllen. In Abbildung 2.3 würde in diesem Fall der innere Kasten *4.3 Vertragsüberprüfung* zwischen *4.15 Handhabung etc.* und *4.19 Kundendienst* angeordnet.

Ein letzter Punkt ist, daß die Vertragsüberprüfung nach der Erstellung des Vertrages oder des Angebotes erfolgt, und somit auch nach dem Marketing. Hierbei handelt es sich um Aktivitäten, die nicht explizit in ISO 9000 behandelt werden. Auch andere, für das Überleben eines Unternehmens wichtige Aktivitäten werden in ISO 9000 nicht behandelt. Die auffälligste Auslassung stellt das Rechnungswesen dar. Das bedeutet nicht, daß Bereiche wie Vertrieb und Rechnungswesen keine Qualitätsdimension besitzen – ganz im Gegenteil. Doch diese wird offiziell in der Norm und im Audit für ISO 9000 nicht behandelt, das heißt, ein Unternehmen wird in diesen Bereichen nicht geprüft.

4.4 Designlenkung
Designlenkung ist eine besonders wichtige Forderung von ISO 9001, weil sich dieser Teil der Norm durch die Einbeziehung von Designlenkung und Kundendienst von ISO 9002 unterscheidet. Nach einer angemessenen Festlegung der Kundenforderungen (in einem nach Auftrag arbeitenden Unternehmen werden sie durch die Vertragsüberprüfung oder kurz danach festgelegt) müssen Designarbeiten durch qualifiziertes Personal durchge-

führt werden, dem geeignete Hilfmittel zur Verfügung stehen müssen, um die Forderungen des Kunden erfüllen zu können. Die hiermit konkret verbundenen Tätigkeiten unterscheiden sich, wie bei allen Forderungen der Norm, sehr nach Art des Unternehmens. Die benötigten Qualifikationen für die Planung eines Kernreaktors unterscheiden sich natürlich von den Fähigkeiten, die für die Vorbereitung eines Fragebogens in einem Marktforschungsunternehmen benötigt werden.

Zu den Forderungen der Designlenkung gehört auch die Notwendigkeit der Überprüfung des fertigen Produktdesigns (und die Erstellung der Kriterien für eine solche Verifizierung) sowie die Überprüfung der Ergebnisdokumente. Ist einmal ein Plan erstellt, ist es wichtig, daß genau dieser eine Plan auch verwendet wird und nicht ein früherer, überholter Entwurf. Das führt zur Notwendigkeit einer Lenkung der Dokumente und Entwicklung von Verfahren zu ihrer Identifizierung.

Die nächsten vier Forderungen von ISO 9000 kann man sich zur Produktion gehörig vorstellen: Was genau wird bei der Herstellung eines Produktes oder der Erbringung einer Dienstleistung getan, um die Erfüllung der Kundenforderungen sicherzustellen?

4.9 Prozeßlenkung
Die in dieser Überschrift zum Ausdruck gebrachte Forderung bedeutet, daß die Prozesse selbst unter kontrollierbaren Bedingungen durchgeführt werden. Das umfaßt auch die Dokumentation dessen, wie die Prozesse durchzuführen sind, und die Erstellung geeigneter Arbeitsanweisungen für alle an den Prozessen und ihrer Lenkung Beteiligten. Befindet sich beispielsweise die Betriebstemperatur des Schmelzofens im Rahmen der korrekten Grenzwerte? Wurden die Feuermelder an den Stellen installiert, die in den Plänen angegeben sind? Nach welchen Kriterien wird festgelegt, ob das Ergebnis akzeptabel ist oder nicht?

Besondere Erwähnung sollen hier die Forderungen für „spezielle" Prozesse finden. Hierunter verstehen wir Prozesse, deren Ergebnisse durch nachträgliche Qualitätsprüfungen und vor Auslieferung an den Kunden nicht in vollem Umfang verifiziert werden können. In diese Kategorie gehören viele Dienstleistungsaktivitäten.

4.10 Prüfungen
Durch Prüfungen wird ermittelt, ob die Inputs für den Prozeß, die Outputs in Form von Ergebnissen und die dazwischenliegenden Arbeiten der einzelnen

Stadien die Forderungen erfüllen. Inputs können beispielsweise eingekaufte Rohstoffe sein. Eine besondere Art des Inputs ist ein vom Auftraggeber selbst geliefertes Produkt, wie beispielsweise ein Bauteil, das nun fertiggestellt werden soll.

Dieser Aspekt wird in einem gesonderten Unterpunkt der Norm abgedeckt – *4.7 Vom Auftraggeber beigestellte Produkte.* In diesem Fall enthält die Forderung eine angemessene Prüfung. Sie weist darüber hinaus auf die Notwendigkeit der Gewährleistung hin, daß es sich bei dem weiterverarbeiteten Produkt tatsächlich um das vom Auftraggeber beigestellte Produkt handelt. Weiterhin ist darauf zu achten, daß es, während es sich in unserer Obhut befindet, nicht beschädigt wird. Im Wortlaut der Norm handelt es sich beim „Lieferant" um das Unternehmen, das sich um die Zertifizierung bemüht, das sind also „wir", während der Auftraggeber unser Kunde ist.

Es muß darauf hingewiesen werden, daß es sich bei diesen Prüfungen um eine ausdrückliche Forderung der Norm handelt, auch wenn die Funktionalität eines wirksamen Systems von diesen Prüfungen unabhängig ist. Der „Qualitätspolizist" sollte eine immer geringere Rolle spielen und in einer idealen Welt gänzlich überflüssig werden.

4.12 Prüfstatus / 4.13 Lenkung fehlerhafter Produkte
Bei der Durchführung von Qualitätsprüfungen müssen wir die Input- und Outputprodukte kennen und wissen, welche Produkte während des Prozesses geprüft werden. Ebenso müssen wir wissen, welche Prüfmittel angewendet werden. Das fertige Produkt müssen wir als die Norm erfüllend kennzeichnen, bevor es an den Kunden versandt wird. Wir müssen außerdem aufführen, daß die entsprechenden Prüfungen durchgeführt wurden. Stempel, Etiketten und Standort im Fertigungsbereich können zusammen mit verschiedenen Aufzeichnungen als brauchbare Methoden zur Erfüllung dieser Forderungen eingesetzt werden.

Werden im Rahmen der Produktprüfung Produkte ermittelt, welche die festgelegten Qualitätsforderungen nicht erfüllen, so sind diese so zu kennzeichnen, daß sie nicht mit den anderen, fehlerfreien Produkten durcheinander gebracht werden. Geeignete Methoden zur Erfüllung dieser Forderung nach Lenkung nichtkonformer Produkte sind Markierungen und die Aufbewahrung in speziellen Bereichen, bevor sie nachbearbeitet oder verschrottet werden *(4.13).*

Die nachfolgenden letzten beiden Forderungen, die wir ebenfalls mit in die Gruppe des Produktionsprozesses aufgenommen haben, beziehen sich auf den Umgang mit unserem fertigen Qualitätsprodukt.

4.15 Handhabung, Lagerung, Verpackung und Versand

Diese Forderung betrifft die Notwendigkeit, das Produkt, nachdem es die Produktionsstätte verlassen hat und bevor es zum Kunden gelangt, in angemessener Weise aufzubewahren. Es muß so behandelt, im Werk transportiert, vor dem Versand gelagert und für den Versand verpackt werden, daß es weder beschädigt noch beeinträchtigt wird. Letzteres begrenzt möglicherweise die Aufbewahrungszeit des Produktes im Regal.

Die Methoden zur Erfüllung dieser Forderung hängen natürlich von der Art des Produktes ab: Das Anheben von Bausand durch eine mechanische Schaufel ist für dieses Produkt angemessen, jedoch nicht für einen Großrechner. Bei verschiedenen Dienstleistungen ist die Berücksichtigung dieser Forderungen vielleicht einfach nicht realistisch: Wie sollen wir beispielsweise den Bericht eines Unternehmensberaters behandeln (mit Skepsis)? Ein wichtiger Punkt besteht somit darin, daß – während alle Forderungen der Norm in Verbindung mit einem bestimmten Unternehmen sorgfältig berücksichtigt werden müssen – einige von ihnen möglicherweise praktisch nicht anwendbar sind.

4.19 Kundendienst

Trotz der Tatsache, daß es sich um einen Unterpunkt handelt, durch den sich ISO 9001 von 9002 unterscheidet: „Sofern Kundendienst vertraglich vereinbart ist ...", ist er nur in wenigen Situationen anwendbar. Wurde Kundendienst vereinbart, muß sichergestellt werden, daß er in der geforderten Weise durchgeführt wird. Es besteht keine zu erfüllende Forderung, wenn keine derartige Vereinbarung vertraglich getroffen wurde.

Wir wollen jedoch darauf hinweisen, daß einige Unternehmen sich möglicherweise dazu entschließen, in ihr QS-System etwas einzubauen, das dem Kundendienst sehr nahekommt, wenn auch nicht in vertraglich festgelegter Form. Das können zahlreiche Formen der Kundenpflege nach dem Kauf sein. Mehr als um die formalen Forderungen sollte sich ein Unternehmen, das sich um die Zertifizierung nach ISO 9000 bemüht, vor allem um die kritischen Aspekte einer langfristigen Kundenzufriedenheit sorgen. In dieser Hinsicht geht es bei der Erteilung des Zertifikates um mehr als nur um das Sammeln von Pluspunkten.

Die verschiedenen, unter der Überschrift *Unterstützende Aktivitäten* zusammengefaßten Forderungen der Norm gehören nicht zum Produktionsprozeß; sie werden für die erfolgreiche Einführung des QS-Systems benötigt und lassen sich in zwei Untergruppen aufteilen: Qualitätsressourcen und Qualitätsdaten.

Drei Forderungen – die Punkte *4.6, 4.11* und *4.18* – gewährleisten, daß die für die Produktion verwendeten Ressourcen den Qualitätsansprüchen genügen. *4.6 Beschaffung* enthält Verfahren zur Sicherstellung, daß die für den Produktionsprozeß beschafften Materialien die Forderungen erfüllen. Die unter diesem Punkt aufgeführten Einzelheiten betreffen die Auswahl und Bewertung von Materialien (hier wird der Begriff „Unterlieferant" verwendet), die Dokumentation des Beschaffungsprozesses, damit die Lieferanten wissen, was wir brauchen, um die an uns gestellten Forderungen erfüllen zu können, und die Überprüfung, daß die beschafften Materialien den Forderungen entsprechen.

Die unter *Beschaffung* aufgeführten Forderungen, und darauf müssen wir hinweisen, verlangen nicht, daß wir ganz von vorne anfangen und Lieferanten, mit denen wir bereits seit Jahren absolut zufrieden waren, ab heute peinlich genau kontrollieren. Die Tatsache, daß wir mit ihnen zufrieden waren, sollte sie für die Aufnahme in eine genehmigte Lieferantenliste (die im allgemeinen ein Element in einem geeigneten Beschaffungsverfahren darstellt) mehr als qualifizieren. Ebensowenig müssen unsere Lieferanten selbst durch ISO 9000 zertifiziert sein. Um jedoch sicherzustellen, daß wiederum *deren* Lieferanten unseren Forderungen genügen, können wir einen Nachweis über ihr QS-System fordern, und ISO 9000 ist vielleicht der beste Weg für sie, uns diese Bestätigung zu geben.

Wenn wir Prüfungen des Produktionsprozesses durchführen, müssen wir sicher sein, daß jedes hierzu verwendete Instrument oder Gerät korrekte Ergebnisse liefert. Ein Mikrometer muß beispielsweise präzise Daten liefern, wenn wir messen wollen, ob sich unser Bauteil innerhalb des geforderten Toleranzbereiches befindet.

Im Unterpunkt *4.11 Prüfmittel* geht es um die Erfüllung dieser Forderung der Norm. Er enthält Verfahren zur Auswahl entsprechender Geräte zum Prüfen, Kalibrieren und Überprüfen ihrer Präzision sowie zur Sicherstellung, daß sie einer geeigneten Norm entsprechen. Die Anwendung dieser Forderung in einem Dienstleistungsunternehmen kann möglicherweise problematisch sein.

Die dritte Gruppe der Qualitätsressourcen betrifft *4.18 Schulung*. Selbst die weitestgehend automatisierte Fabrik ist darauf angewiesen, daß die Mitarbeiter über die Ausbildung verfügen, die sie zur Erfüllung ihrer Tätigkeit benötigen. In einigen Unternehmen ist die Qualität der Ergebnisse nahezu völlig von den Fähigkeiten der beteiligten Mitarbeiter abhängig. Jedes Unternehmen, das sich Qualität verpflichtet fühlt, muß sich um das Thema Schulung intensiv kümmern und sie planen.

ISO 9000 verlangt schriftliche Aufzeichnungen als Beleg für die Durchführung aller Tätigkeiten zur Sicherung der Qualität. In allen Unterpunkten der Norm, die wir oben besprochen haben, wird auf die Notwendigkeit einer schriftlichen Dokumentation extra hingewiesen. Es gibt auch Forderungen für Qualitätsdaten, da sie ein Instrument zur Identifizierung von Produkten darstellen. Diese müssen mit Hilfe von Aufzeichnungen durch den gesamten Produktionsprozeß hindurch zurückverfolgbar sein, wobei die Beurteilung von Qualitätsdaten durch die Anwendung statistischer Methoden unterstützt werden soll.

Über ein bestimmtes Produkt (oder eine Produktart oder, bei bestimmten Dienstleistungen, ein Projekt) können wir nur Qualitätsaufzeichnungen führen, wenn wir es identifizieren können. Die Forderungen von *4.8 Identifikation und Rückverfolgbarkeit von Produkten* lassen sich durch die physikalische Beschriftung von Produkten, wie zum Beispiel durch Kennzeichnung der Maschine durch eine einmalig vergebene Nummer, erfüllen. Wir können dann die Qualitätsaufzeichnungen prüfen, die sich auf dieses spezielle Produkt beziehen. Andere Produkte lassen sich nicht auf diese Weise kennzeichnen, wie zum Beispiel große Lieferungen an Mehl. Dennoch: Mit Hilfe von Aufzeichnungen können wir eine Produktart speziellen Prozessen zuordnen. Wir wissen zum Beispiel, daß das am 1. März an die Bäckerei gelieferte Mehl aus einem bestimmten Silo stammt, dessen Mehl am 12. Februar durch die dritte Schicht gemahlen wurde.

Um von Nutzen zu sein, müssen Qualitätsaufzeichnungen in Akten systematisch abgelegt, über einen angemessenen Zeitraum aufbewahrt (als Kriterium hierfür kann die Produktlebensdauer dienen), ständig aktualisiert werden und in handlicher Form vorliegen. Sie müssen nicht auf Papier vorliegen, elektronische Daten sind eine Alternative. Diese Forderungen sind in *4.16 Qualitätsaufzeichnungen* näher beschrieben.

Beim Lesen von ISO 9001 erscheinen die Forderungen, die sehr kurz nur in *4.20 Statistische Methoden* spezifiziert werden, merkwürdig und fehl am

Platze. Das Ganze wird verständlich, sobald man begreift, daß die Anwendung statistischer Daten entweder eine wichtige Rolle spielt (wie bei Philip Crosby) oder sogar den zentralen Kern (wie bei Edward Deming)[4] großer „Qualitätsschulen" bildet.

Das Konzept läßt sich auch auf die philosophische Betrachtungsweise zurückführen, daß wir nur das wissen, was wir messen können.

Der Zyniker zieht vielleicht in Betracht, daß diese scheinbar unnötige Einbeziehung statistischer Methoden in die Norm ein Zugeständnis an die Beteiligung einiger der Großen bei der Abfassung der Norm war. Das wäre jedoch verfehlt, denn selbst die einfachsten Statistiken können ein wirksames Instrument der Qualitätskontrolle sein, und es sind für viele der statistischen Hilfsmittel nicht mehr als einige der rudimentärsten numerischen Fähigkeiten notwendig. Als Beispiel hierfür mögen Aufzeichnungen über die Anzahl von Maschinenausfällen dienen, die über einen bestimmten Zeitraum hinweg angefertigt und grafisch dargestellt werden. Auf das gleiche Blatt verzeichnet man dann die jeweils verwendeten Materialien. So sind wir vielleicht in der Lage zu zeigen, daß nur einige wenige Materialien mehr als eine bestimmte Anzahl Maschinenausfälle verursachen. Möglicherweise können wir das Problem dann bis zu einem bestimmten Lieferanten zurückverfolgen und darüber nachdenken, wie ein Qualitätsfehler in der Beschaffung behoben werden kann.

Ein QS-System enthält die Verfahren, die im Rahmen des Produktionsprozesses und zu seiner Unterstützung angewendet werden. Aus einem anderen Blickwinkel muß ein QS-System entsprechend den Veränderungen der Umfeldbedingungen dokumentiert, überprüft und aktualisiert werden. Es werden auch Mechanismen zur Aufdeckung von Mängeln benötigt, die entweder in der Art der Anwendung des Systems oder in seinen Inhalten begründet sind. Dieser Aspekt eines QS-Systems wird in ISO 9001 in fünf Unterpunkten behandelt, die wir unter *Lenkung des QS-Systems* zusammengefaßt haben.

---

[4] Deming und Crosby gehören zu den bekanntesten „Qualitätsgurus". Jeder von ihnen hat seine eigene Philosophie und Methodik, doch das Ergebnis ihrer Arbeit (und der Arbeit anderer wie Juran und Feigenbaum) besteht in der Schlüsselposition, die sie der Qualität eingeräumt haben. Ironischerweise hatte Deming, obwohl er selbst Amerikaner ist, seinen größten Einfluß in Japan, wo er sich des Ansehens eines Nationalhelden erfreut. Crosbys Ruhm basiert auf Büchern wie „Quality is Free" und „Quality Without Tears".

Ein QS-System passiert nicht einfach. Ein wirkungsvolles System einzuführen und zu erhalten ist eine wichtige Führungsaufgabe. An der Spitze des Unternehmens muß eine strategische Entscheidung in bezug auf die Qualität getroffen, eine Qualitätspolitik formuliert werden.

Im allgemeinen handelt es sich dabei um eine Aussage von etwa einer Seitenlänge, aus der das System folgt. Es müssen auch die Verantwortlichkeiten für die Einführung jedes einzelnen Teils des QS-Systems festgelegt werden; hierbei handelt es sich im allgemeinen um eine Person mit Koordinationsaufgaben (der Beauftragte der obersten Leitung). Besondere Beachtung bedarf auch die Verantwortung für die Prüfung. Schließlich muß die Arbeit eines QS-Systems regelmäßig geprüft und Entscheidungen über notwendige Veränderungen getroffen werden. Alle diese Forderungen sind in ISO 9001 unter *4.1 Verantwortung der obersten Leitung* enthalten.

Der mit *4.2 QS-System* überschriebene Unterpunkt der Norm (eigenartig formuliert, da es sich bei dem Ganzen um eine Norm für Qualitätssicherungssysteme handelt) wäre wohl besser benannt, wenn er den Begriff „dokumentiert" enthielte. Die hier zum Ausdruck gebrachte Forderung ist zweifach: Einerseits muß das System selbst dokumentiert werden, andererseits soll die Dokumentation beschreiben, wie ein solches System einzuführen ist. Im allgemeinen ist das „Wie" in einem Verfahrenshandbuch enthalten.

Es wird verlangt, daß auch das Dokument, in dem das QS-System beschrieben ist, gelenkt wird: *4.5 Lenkung der Dokumente*. Dieser Abschnitt enthält auch ein Genehmigungsverfahren für den Inhalt, die Zugänglichkeit von aktuellen Handbuchversionen für alle am Prozeß Beteiligten und Verfahren für die Veränderung/Aktualisierung der Dokumente oder Teile davon nach ihrer Verabschiedung (wiederum durch ein gelenktes Verfahren).

Überall geht mal etwas schief. Wie streng das QS-System auch immer sein mag, wie hoch das Fabrikationsniveau ist oder der Ausbildungsstand und die Motivation des Personals – es werden dennoch Probleme auftreten. Diese Probleme zeigen sich im Ergebnis: Die Produkte entsprechen nicht den Qualitätsforderungen. In den Forderungen der Norm unter Punkt *4.14 Korrekturmaßnahmen* werden Verfahren zur Erkennung fehlerhafter Produkte beschrieben, zur Untersuchung ihrer Ursache und zur Verhinderung ihrer Wiederholung. Letzteres führt möglicherweise zur Notwendigkeit von Veränderungen des QS-Systems selbst, welche in einer Überprüfung durch die

Unternehmensleitung (*4.1*) überdacht und anhand der Bestimmungen für die Lenkung von Dokumenten (*4.5*) realisiert werden müßten.

Schließlich besteht eine Forderung darin, daß aufgedeckte Mängel nicht nur behoben werden, sondern durch *4.17 Interne Qualitätsaudits* aktiv aufgespürt werden sollen. Solche Audits müssen systematisch durchgeführt werden (nach einem festgelegten Zeitplan und einer bestimmten Methode) und führen vielleicht zu Korrekturmaßnahmen, Wiederholung des Audits und Veränderungen. Interne Audits spiegeln die Arbeit externer Auditoren wider (deren Berichte zur ISO-9000-Zertifizierung führen) und sind deshalb ein wichtiger Teil des Anerkennungsverfahrens. Sie können, was noch viel entscheidender ist, ein wichtiges Instrument für die Qualitätsverbesserung und somit für den wirtschaftlichen Erfolg sein.

Normen wie ISO 9000 wurden als statisch kritisiert. Man sagt, sie gewährleisten die Beibehaltung eines bestimmten Qualitätsstandards und verhindern im Grunde den dynamischen Prozeß einer Qualitätsverbesserung. Unserer Ansicht nach tritt ein solches Problem nur dann auf, wenn ein QS-System schlecht eingeführt wurde, wenn man sich um ISO 9000 nur bemüht hat, um die Zertifizierung zu erreichen. Ein effizientes QS-System enthält auch eine dynamische Qualitätsverbesserung. Das Qualitätsdreieck in Abbildung 2.4 repräsentiert einen wirkungsvollen Motor zur Verbesserung der Qualität.

Durch interne Qualitätsaudits werden Mängel aufgedeckt, die im Rahmen des Verfahrens für Korrekturmaßnahmen untersucht werden und zu Empfehlungen für Veränderungen führen. In einer Überprüfung durch die oberste Leitung werden die Empfehlungen betrachtet, Veränderungen des QS-Systems verabschiedet und umgesetzt. Die geänderten Verfahren werden wiederum geprüft, und, falls noch immer Mängel aufgefunden werden, wiederholt sich der Prozeß.

Wir haben jetzt alle Forderungen von ISO 9001 besprochen. Es sollte deutlich geworden sein, daß die Norm als solche allgemeiner Natur ist und auf alle diejenigen Geschäftsbereiche angewendet werden kann, die ein Designelement enthalten (wir werden diesen Punkt an anderer Stelle weiter ausführen). Sie muß jedoch interpretiert und entsprechend umgesetzt werden, wenn sie die besonderen Forderungen und Umstände eines bestimmten Unternehmens erfüllen soll. Die Norm definiert, welche Elemente ein effizientes QS-System enthalten muß, doch sie kann als solche nicht selbst befolgt werden. Fast im gesamten weiteren Teil dieses Buches geht es um die Entwicklung eines geeigneten QS-Systems, welches die Forderungen der

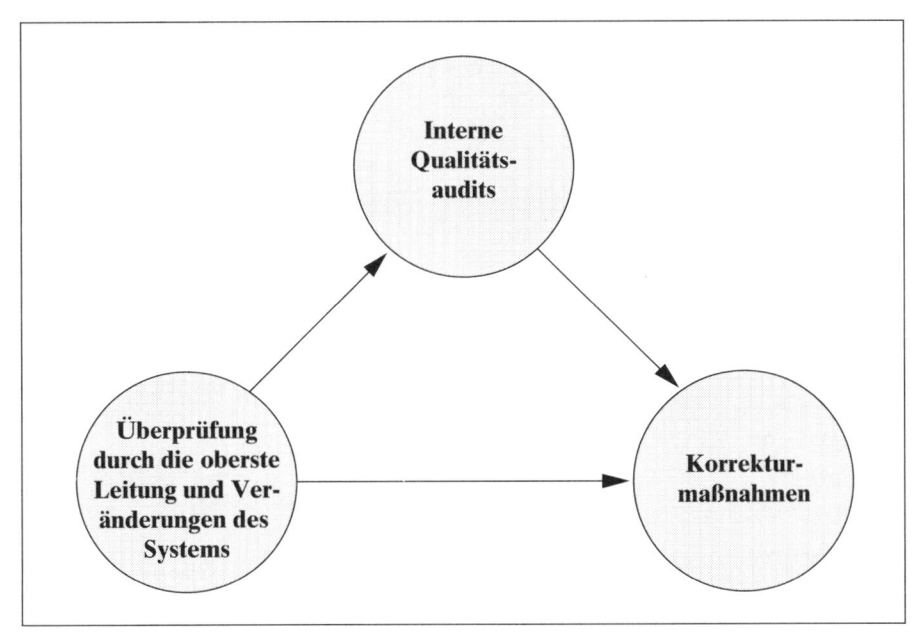

Abb. 2.4: Das Qualitätsdreieck

Norm erfüllt. Bevor wir jedoch dieses Kapitel abschließen, müssen wir kurz die Teile von ISO 9000 betrachten, die auf Organisationen ohne Designelement anwendbar sind.

2.5 ISO 9002 und 9003

Abbildung 2.5 listet die Unterpunkte von ISO 9001, 9002 und 9003 nochmals zusammen mit ihrer jeweiligen Bezifferung auf. Weder in ISO 9002 noch 9003 sind Forderungen enthalten, die nicht auch in 9001 zu finden sind. Es werden jedoch einige der Forderungen aus ISO 9001 ausgelassen (wobei wiederum in 9003 mehr ausgelassen werden als in 9002).

Wie bereits erwähnt, beziehen sich die Unterschiede zwischen ISO 9001 und 9002 nur auf zwei Bereiche, von denen die Designlenkung der wichtigere ist. ISO 9002 gilt für Organisationen, in denen entweder keine designbezogenen Tätigkeiten ausgeübt werden oder die den Designprozeß bewußt ausklammern und sich um die Zertifizierung nach ISO 9002 bemühen. Innerhalb des gesamten Buches konzentrieren wir uns auf ISO 9001 und 9002, obwohl wir aus Gründen einer kürzeren Formulierung oft einfach von ISO 9000 sprechen werden. Hiervon ausgenommen sind nur Diskussionen zu den unterschiedlichen Forderungen für Organisationen mit oder ohne Designelement. ISO 9003 gilt für einen relativ speziellen Anwendungsbereich und ist nur für eine begrenzte Zahl von Unternehmen geeignet (im Vergleich zu ISO 9001 und 9002 besitzen nur wenige die Zertifizierung nach ISO 9003). Aus diesem Grund haben wir uns entschieden, ISO 9003 nicht gesondert zu kommentieren.

Anforderung	ISO 9000 – Bezifferung der Absätze		
	9001	9002	9003
Verantwortung der obersten Leitung	4.1	4.1	4.1
QS-System	4.2	4.2	4.2
Vertragsüberprüfung	4.3	4.3	
Designlenkung	4.4		
Lenkung der Dokumente	4.5	4.4	4.3
Beschaffung	4.6	4.5	
Vom Auftraggeber beigestellte Produkte	4.7	4.6	
Identifikation und Rückverfolgbarkeit von Produkten	4.8	4.7	4.4
Prozeßlenkung	4.9	4.8	
Prüfungen	4.10	4.9	4.5
Prüfmittel	4.11	4.10	4.6
Prüfstatus	4.12	4.11	4.7
Kontrolle fehlerhafter Produkte	4.13	4.12	4.8
Korrekturmaßnahmen	4.14	4.13	
Handhabung, Lagerung, Verpackung und Versand	4.15	4.14	4.9
Qualitätsaufzeichnungen	4.16	4.15	4.10
Interne Qualitätsaudits	4.17	4.16	
Schulung	4.18	4.17	4.11
Kundendienst	4.19		
Statistische Methoden	4.20	4.18	4.12

Abb. 2.5: ISO 9001, 9002 und 9003

3 Wollen Sie ISO 9000?

Dieses Kapitel soll dem Leser bei der Beantwortung der Frage helfen, welchen Wert eine Zertifizierung nach ISO 9000 für sein Unternehmen hat. Wir beschreiben die wichtigsten Vorteile, betrachten aber auch die Nachteile. Im Anschluß diskutieren wir die Relevanz von ISO 9000: Für welche Unternehmen und Organisationen ist es sinnvoll, eine Zertifizierung in Betracht zu ziehen?

3.1 Die Vorteile

In Kapitel 1 haben wir die allgemeinen Vorteile von Qualität und QS-Systemen beschrieben. ISO 9000 ist nicht gleichbedeutend mit QS-System. Ein Unternehmen kann sich die mit der Einführung eines QS-Systems verbundenen Vorteile sichern, ohne die Zertifizierung nach ISO 9000 zu besitzen. Viele tun genau das.

Wir glauben jedoch, daß mit ISO 9000 Vorteile verbunden sind, die über den allgmeinen Nutzen eines QS-Systems und einer Effizienzverbesserung des Systems hinausgehen. Es sind diese speziellen Vorteile von ISO 9000, auf die wir uns konzentrieren wollen.

Die Vorteile sind sowohl externer als auch interner Art. Zunächst zu den externen Vorteilen. Das stärkste Argument für ein Unternehmen zugunsten einer Zertifizierung nach ISO 9000 besteht darin, daß sie vielleicht für den Erhalt größerer Aufträge notwendig werden wird.

Die größten Unternehmen (und das sind auf allen Märkten die größten Kunden) besitzen fast ausnahmslos offizielle QS-Systeme und zunehmend auch die Zertifizierung nach ISO 9000. Die Überwachung von Zulieferern ist in jedem QS-System ein wichtiges Element, und es gibt eine steigende Tendenz, den Geschäftsverkehr auf die Zulieferer einzugrenzen, die ihrerseits den Nachweis über ein effizientes QS-System erbringen können. Oftmals läßt sich das für Zulieferer einfach mit der Forderung nach einer ISO-9000-Zertifizierung übersetzen. Denjenigen, die sie nicht besitzen, wird unterstellt, daß sie Qualität nicht ernst nehmen. Die Forderung nach einer Zertifizierung für Zulieferer beschränkt sich nicht auf die Beschaffung von materiellen Produkten, sondern gilt auch für Dienstleistungen.

Wir können keine Geschäfte mehr mit Ihnen machen, Herr Schmidt

Peter Schmidt war Qualität immer verpflichtet gewesen, und mit den Jahren hatte sich das bezahlt gemacht. Schmidt-Technik produzierte hochspezialisierte Bauteile, und die Investitionen, die Schmidt sowohl in Geräte als auch in Mitarbeiter tätigte, verschaffte ihm eine führende Position auf einem Nischenmarkt. Der bei weitem größte Kunde war eine kürzlich privatisierte, gemeinnützige Gesellschaft, die ausschließlich von Schmidt beliefert wurde.

Schmidt wurde zu einem Besuch bei Thomas Klein eingeladen, dem Einkäufer für den Bereich Technik der Gesellschaft. Soweit Schmidt bekannt war, gab es keine Probleme mit den Produkten oder der Lieferung. Tatsächlich war er erst im vergangenen Jahr von genau diesem Einkäufer einer anderen größeren Gesellschaft empfohlen worden. Dennoch fühlte er sich etwas unbehaglich. Klein schien nicht so umgänglich wie sonst zu sein, und dann waren da noch diese Briefe, in denen nach Einzelheiten über Schmidts QS-System gefragt wurde. Und Schmidt wußte, wenn er eine Schwachstelle hatte, so war es dieser Papierkram. Was soll's, warum fragen sie nach dem QS-System, wenn seine hervorragende Qualität ein Inbegriff in der gesamten Branche war? Vielleicht waren die Briefe nur ein Überbleibsel der übertriebenen Bürokratie vor der Privatisierung.

Die Besprechung ließ sich gut an; die allgemeinen Nettigkeiten über Ehefrauen, Kinder, Hunde, Golf und die Nachfrage nach der letzten Lieferung von Schmidt deuteten darauf hin, daß es in diesem Bereich kein Problem gab. Doch dann kam Klein zum Hauptthema dieses Treffens. „Ich will ehrlich sein, Herr Schmidt. So wie die Dinge stehen, werde ich Ihnen über den Juli hinaus keine weiteren Aufträge mehr erteilen können."

„Aber es gab doch keinerlei Reklamationen Ihrerseits, und ich bin sicher, daß wir über Geld reden können, wenn Sie andere Angebote haben." „Tja, Queros brennt darauf, Geschäfte mit uns zu machen, und kann alle unsere Forderungen erfüllen. Ich habe meine Zweifel, ob dies wirklich zutrifft. Dennoch werde ich keine andere Wahl haben. Sehen Sie sich das an, das kam von ganz oben." Klein schob ein Schreiben mit der Überschrift „Lieferanten und ISO 9000" über den Schreibtisch. „In sechs Monaten darf ich nur noch bei Lieferanten kaufen, die eine Zertifizierung nach ISO 9000 besitzen. Die einzige Ausnahme davon wäre der Fall, daß keiner der verfügbaren Anbieter ISO 9000 besitzt. Queros hat es. Soweit ich unsere Abteilung für Qualitätssicherung verstanden habe, haben Sie auf sämtliche ihrer Anfragen nicht geantwortet."

Das zugkräftigste Argument für die Bemühung um ISO 9000 besteht somit darin, daß ein Unternehmen ohne Zertifizierung nicht mehr länger in der

Lage sein wird, einige seiner größten Kunden zu beliefern. ISO 9000 kann der Preis sein, der gezahlt werden muß, um einen wesentlichen Anteil der Geschäftsbeziehungen zu erhalten. Es kann eine Bedingung für das Überleben sein. Selbst in unserer Geschichte über Peter Schmidt erhält der Zulieferer eine faire Warnung. Dennoch dauert es ab Stichtag im allgemeinen etwa ein Jahr, bis einem Unternehmen die Zertifizierung erteilt wird, vorausgesetzt, alles läuft planmäßig. Die von Großkunden vorgegebene Zeit reicht vielleicht nicht aus. Darüber hinaus ist es für Sie besser, nach Ihrem eigenen Zeitplan zu arbeiten, als den eines anderen einhalten zu müssen. Die Initiative selbst zu ergreifen bedeutet auch, sich konkrete Marketingvorteile zu sichern.

Natürlich muß der Leser berücksichtigen, was in seiner Branche geschieht, wenn er die Wahrscheinlichkeit, mit der ISO 9000 schon für die Unterbreitung von Angeboten offiziell benötigt wird, abschätzt. Nach Ansicht der Autoren gibt es nur wenige Industriezweige, die von ISO 9000 unberührt bleiben werden. Selbst die größten Kunden sind jedoch dahingehend eingeschränkt, daß sie von ihren Zulieferern ISO 9000 nicht verlangen können, wenn keiner der verfügbaren Anbieter das Zertifikat besitzt. Wenn kein Unternehmensberater nach ISO 9000 zertifiziert ist, fällt es schwer anzuordnen, daß nur zertifizierte Büros beauftragt werden dürfen. Bei einer Bewertung der potentiellen Notwendigkeit von ISO 9000 sollte man deshalb einerseits auf Anzeichen bei Kunden achten und andererseits beobachten, ob der Wettbewerb diesen Weg einschlägt. Einmal in Bewegung geraten, kann sich das Antriebsmoment schnell vergrößern. Im Bereich der Unternehmensberatung hat sich in England beispielsweise die Situation innerhalb von zwei Jahren von einem faktisch nicht vorhandenen Interesse an der ISO-9000-Zertifizierung für sich selbst (natürlich haben die Berater die Zertifizierung oft und gerne ihren Kunden empfohlen) dahingehend gewandelt, daß viele Beratungsunternehmen nun darum kämpfen, so schnell wie möglich zertifiziert zu werden.

Sich um ISO 9000 zu bemühen, weil Sie dazu gezwungen sind, muß negativ bewertet werden. Wenn ein Unternehmen diese Norm widerwillig akzeptiert, weil die Kunden es von ihm verlangen, hat es gute Chancen, daß es nicht in den Genuß der mit einem QS-System verbundenen Gesamtvorteile kommt. Es gibt jedoch auch eine positive Kehrseite der Medaille: Wenn Kunden ISO 9000 fordern, ist es sehr wahrscheinlich, daß neue Aufträge als Folge einer erfolgreichen Zertifizierung folgen. In einfachster Form bedeutet das Aufträge von Kunden, die bereits eine Politik „Nur-ISO-9000-Beschaffung" verfolgen. Hierdurch kann ein kleines Unternehmen in die Lage versetzt werden, den Sprung von einer Belieferung entsprechend kleiner Unternehmen hin zu Großunternehmen zu schaffen. ISO 9000 führt vielleicht nicht nur zu mehr Aufträgen, sondern zu einer anderen Kategorie von Geschäften und leitet möglicherweise eine Zeit rapiden Wachstums ein. Ein Möbelhersteller, für den die Autoren als Berater tätig waren, hatte jahrelang versucht, Produkte an eine große Gesellschaft zu liefern – doch ohne Erfolg. Mit der ISO-9000-Zertifizierung wurde das Unternehmen in die Liste der genehmigten Lieferanten aufgenommen und erhielt innerhalb eines Jahres Bestellungen, die seinen Umsatz verdoppelten. Die Kosten für ISO 9000 wurden somit in weniger als einem Jahr wieder ausgeglichen, und das ist absolut nichts Ungewöhnliches. Leider werden diese Begebenheiten nicht so oft berichtet wie die Fälle, in denen etwas schiefgeht.

Zusätzliche Aufträge ergeben sich nicht nur durch große Kunden, bei denen die Zertifizierung nach ISO 9000 eine offizielle Forderung an Zulieferer ist. ISO 9000 verbessert fast immer das Qualitätsniveau eines Unternehmens, und da alle Käufer Qualität suchen, hat das einen positiven Einfluß auf die Geschäfte. Wenn sich in einer Branche (bisher) erst wenige Wettbewerber um ISO 9000 bemüht haben, heben sich die Besitzer des Zertifikates positiv als führend in Fragen der Qualität von den Mitbewerbern ab. In unserer eigenen Branche sind wir vielleicht der erste, der die Zertifizierung erhält. Daraus ergeben sich große Marketingchancen, die so schnell wie möglich ausgenutzt werden sollten, da andere schon bald aufholen werden. Allgemein gilt, daß die Früchte von ISO 9000 nur geerntet werden können, wenn ein Unternehmen seinen neuen Status aktiv bekannt macht. ISO 9000 zu erhalten kostet Geld und Mühe, und wenn man das Zertifikat erst einmal besitzt, sollte die Erwähnung in der Öffentlichkeit, in der Werbung, in Direktmarketingbriefen an die Kunden und auch in Angeboten zu einer zentralen Marketingaufgabe werden.

Eine weitere Quelle zusätzlicher Aufträge durch die Zertifizierung nach ISO 9000 sind Unternehmen in anderen Ländern des europäischen Binnenmarktes und im Ausland allgemein. Ein international anerkannter Qualitätsstandard verkleinert Barrieren. Beim Einkauf bei einem entfernt ansässigen Zulieferer kann Qualität eine ganz besonders ernste Angelegenheit sein. Oft hängt viel davon ab, wie die Fähigkeit eines Lieferanten zur Erfüllung von Forderungen bewertet wird, und das ist zwangsläufig mit Unsicherheiten behaftet, wenn der Lieferant aus einem anderen Land stammt. Das Festhalten an einem anerkannten Qualitätsstandard trägt zur Verringerung dieser Unsicherheiten bei. Auch wenn Großbritannien bislang führend hinsichtlich der Anzahl der zertifizierten Unternehmen ist, so vergrößert sich ihre

Anzahl europaweit zusehends. Genau wie in Großbritannien beginnen große Unternehmen überall damit, eine Politik der „Nur-ISO-9000-Beschaffung" zu betreiben; ihre Partner in Deutschland, Frankreich oder Italien bestehen gleichermaßen auf dem Nachweis eines effizienten QS-System bei ihren Lieferanten. ISO 9000 bedeutet somit eine potentielle Verbesserung der Chancen auf dem internationalen Markt.

Wie wir an früherer Stelle ausgeführt haben, geht es in diesem Kapitel mehr um die Vorteile von ISO 9000 als um QS-Systeme allgemein. Dennoch können die externen Vorteile von ISO 9000 praktisch nicht von den allgemeinen Vorteilen eines QS-Systems getrennt werden. Wie wir nachweisen werden, hilft ISO 9000 dabei, ein QS-System fest in einem Unternehmen zu etablieren; die Norm unterstützt eine zufriedenstellende Funktionsweise des Systems. Ein effizientes QS-System führt zu einer Verbesserung der Qualität, und verbesserte Qualität führt am Ende zu mehr Aufträgen. Das ist unter dem Strich der bei weitem wichtigste langfristige Vorteil von ISO 9000.

Bevor wir zu den internen Vorteilen übergehen, wollen wir auf einen weiteren Punkt hinweisen: ISO 9000 kann nur dann zu Vorteilen führen, wenn die Kunden die Bedeutung dieser Norm kennen. Im allgemeinen wird diese Bedeutung in Business-to-Business-Märkten (bei dem Kunden handelt es sich ebenfalls um ein Unternehmen oder eine Organisation und nicht um einen privaten Endkunden) verstanden, wenn auch oft nicht in allen Einzelheiten. Außerhalb von Business-to-Business-Märkten, in der breiten Öffentlichkeit, ist ISO 9000 noch nicht so bekannt, und somit sind die Vorteile durch den Besitz des Zertifikates nur gering. Ein Lebensmittelhändler braucht sich keine Sorgen darüber zu machen, daß die Kunden nicht mehr bei ihm kaufen, wenn er kein ISO-9000-Zertifikat in seinem Schaufenster aushängt. Tut er es jedoch, wird der Zustrom an zusätzlichen Kunden vermutlich dennoch nur unbedeutend sein, obwohl einige Einzelhandelsgüter das ISO-9000-Zertifikat tatsächlich aufweisen: Einer der Autoren entdeckte es beispielsweise (fälschlicherweise) auf einem Küchenschrank, doch es hatte keinen Einfluß auf potentielle Kunden. Dennoch überrascht die Palette eigentlich „untypischer" Firmen, die sich um die Zertifizierung nach ISO 9000 bemüht haben: zum Beispiel Ärzte, Zahnärzte und Schulen. Generell werden es eher die internen als die externen Vorteile sein, die dabei angestrebt wurden, doch es ist möglich, daß selbst dort, wo die Kunden nur ein geringes Wissen in bezug auf ISO 9000 haben, die erhaltene Auszeichnung positiv vermittelt werden kann und als Symbol für die Verpflichtung zur Qualität verstanden wird. Dem gewöhnlichen Konsumenten geht es ebensosehr darum, „Qualität" zu kaufen, wie den meisten Einkäufern von technischen oder industriellen Gütern.

Nun zu den internen Vorteilen von ISO 9000. Die üblichen internen Vorteile haben alle etwas damit zu tun, etwas von Anfang an richtig zu machen: die Ausschußmenge und Anzahl der zu überarbeitenden Produkte verringern, weniger Ausfallzeiten bei Zeitdruck haben und menschliche Frustration verhindern. Verbesserungen und Einsparungen dieser Art können für ein Unternehmen einen massiven Vorteil bedeuten; sie werden jedoch nur erzielt, wenn das QS-System wirksam ist – und ISO 9000 ist ein Standard für wirksame Systeme.

ISO 9000 ist zunächst ein Symbol der Verpflichtung. Ein Unternehmen für die Zertifizierung vorbereiten ist keine einfache Angelegenheit, wie wir im restlichen Verlauf des Buches noch zeigen werden. Es ist zwangsläufig mit erheblichen Kosten verbunden. Ebenso bringt es ISO 9000 mit sich, daß fremde Auditoren das Unternehmen besuchen, um festzustellen, ob das QS-System vollständig befolgt wird. Für ein Unternehmen, das sich um ISO 9000 bemüht, reichen Lippenbekenntnisse über Qualität nicht aus, denn dann wird es die Prüfung nicht bestehen. Außerdem betrifft die Prüfung für ISO 9000 das gesamte Unternehmen und alle Mitarbeiter. Die Bemühung um ISO 9000 enthält einige somit wichtige Botschaften an alle:

❏ Qualität betrifft jeden.
❏ Wir alle sind dem QS-System verpflichtet.
❏ Wenn es nicht funktioniert, werden wir es ändern – nicht ignorieren.

Das betrifft nicht nur die Fertigung, sondern auch die Führungskräfte – bis ganz nach oben. Das ist wichtig, weil in einigen kleinen Unternehmen Qualitätsprobleme dadurch auftreten können, daß entweder der Chef oder ein Mitarbeiter bestimmte Verfahren ignoriert.

> **Schön, aber ich wollte es in Grün...**
> Tideswell Controls fertigte nach Auftrag Bauteile für Klimaanlagen, und bei der vorhandenen Vielzahl an Gestaltungsvarianten war es wichtig, daß Kunden ihre Wünsche präzise definierten. Der Besitzer des Unternehmens, Paul, hatte eine ausführliche Checkliste aufgestellt, um sicherzugehen, daß jede mögliche Forderung berücksichtigt und spezifiziert wurde. Diese Liste wurde vom Verkäufer ausgefüllt, wanderte dann zur Designabteilung und wurde als Checkliste auch im Werk verwendet. Paul war kein Tyrann, doch jedem Verkäufer passierte es nur einmal, daß er vergaß, das Kundenanforderungsformular auszufüllen.
> Im allgemeinen war Paul bei großen Bestellungen persönlich eingebunden, und einige wurden sogar nur von ihm selbst bearbeitet. Er war sehr erfreut, als er einen neuen Auf-

trag für eine Fabrik in Derby erhielt. Mit einer Stückzahl von 33 war es der größte zusammenhängende Auftrag, den er je erhalten hatte. Paul besprach alle Einzelheiten mit dem Kunden und erteilte persönlich sowohl dem Designteam als auch dem Produktionsleiter die nötigen Anweisungen. Natürlich füllte er kein Designformular aus, das tat er nie. Das war auch nicht nötig, schießlich hatte er das Formular entwickelt und kannte den Inhalt auswendig.

Als die Produktion fast beendet war, wurde der Kunde zu einem Besuch nach Tideswell eingeladen, um einige der Geräte zu sehen. Die ersten fünf wurden am Empfang aufgebaut, das dunkelblaue Emaille spiegelblank poliert. Nach einem kurzen Blick runzelte der Kunde die Stirn. „Ja, sie scheinen in Ordnung zu sein, aber wissen Sie, ich wollte sie in Grün. Sie waren bei uns im Werk und haben selbst gesehen, daß alle unsere Getriebe standardmäßig grün sind. Es ist absolut unmöglich, daß nur die Gehäuse blau sind."

Ein Neuanstrich war nicht einfach. Schlimmstenfalls würden alle Bauteile wieder auseinandergebaut werden müssen. „Sieh' nicht mich so an, Paul", sagte der Leiter der Abteilung für die Schlußbearbeitung. „Blau ist unsere Standardfarbe, und alles wird blau, falls es auf dem Formular nicht anders angegeben ist."

Mit ISO 9000 würde jeder, Paul eingeschlossen, den Vertragsüberprüfungsteil im QS-System befolgen müssen. Nur weil er der Chef ist und das System entwickelt hat, ist er von der Einhaltung des Verfahrens nicht ausgeschlossen. Es ist nicht nur der Chef, der auf etwas besteht, sondern auch das System.

Mitteilung an das Werk

Andreas war der aufsteigende Stern am Geschäftshimmel. Mit Leichtigkeit machte er nicht nur die besten Geschäfte, sondern seine Designs waren erstklassig. Seine Fehler? Tja, wie viele wirklich helle Köpfe konnte er ein kleines bißchen arrogant sein, oder er bemerkte einfach nicht, daß nicht jeder eine so schnelle Auffassungsgabe hatte wie er selbst. Das QS-System verlangte, daß Arbeitsanweisungen an das Werk schriftlich zu erteilen waren. Andreas erstellte diese Anweisungen zwar, doch sie enthielten nicht genügend Einzelheiten, und er konnte etwas schroff sein, wenn er um ausführlichere Erklärung gebeten wurde. „Mach' einfach so weiter damit, Anne", pflegte er der Werksleiterin dann zu sagen. Manchmal führte das zu Problemen und Fehlern, doch Anne, die Ehrfurcht vor Designern hatte, stand hinter ihm und brachte alles wieder in Ordnung.

Weil das QS-System nach ISO 9000 entwickelt wurde, gehörten interne Qualitätsaudits zur Routine. Ein Fall, in dem eine von Andreas' barschen Anweisungen zu Fehlern geführt hatte, wurde aufgedeckt und dem Leiter der Qualitätssicherung berichtet (der gleichzeitig einer der älteren Vorstandsmitglieder war). Es wurde Anweisung zur Durchführung einer Korrekturmaßnahme erteilt, und Andreas erhielt die Aufgabe, das Problem zu untersuchen. Er mußte erkennen, daß der Fehler auf ihn selbst zurückzuführen war und gestand seinen Fehler in seinem Bericht ein.

Der Leiter der Qualitätssicherung war jedoch nicht zufrieden und rief Andreas herein. „Sie haben zwar das Problem ermittelt, aber ganz ehrlich, ich bin sicher, daß Anne es schon vorausgesehen hatte. Die Frage ist: Wie verhindern wir, daß das nochmal passiert? Erzählen Sie mir nicht, daß Sie sich noch mehr bemühen, sich zu bessern." Am Ende einigte man sich darauf, daß das QS-System dahingehend geändert werden sollte, daß mangelhafte Arbeitsanweisungen zur Berichtigung an den Verfasser der Anweisung zurückgegeben werden sollten, bevor mit der Arbeit begonnen würde.

Andreas vergaß seine guten Vorsätze jedoch bald wieder und schickte erneut Anweisungen, die genauere Einzelheiten vermissen ließen. Anne schickte sie nun zur Korrektur an ihn zurück. Andreas ärgerte sich, konnte Anne aber nicht verantwortlich machen. „Das liegt an ISO 9000. Man wird jetzt einfach immer erwischt," beklagte er sich, als er beim Abendessen zu Hause saß. „In Zukunft werde ich wohl einfach mehr Zeit für diese dummen Anweisungen aufwenden müssen."

Dieser Aspekt einer Trennung von Tätigkeiten und bestimmten Personen hilft auch bei anderen Personalproblemen. Probleme bezüglich einer erbrachten Leistung können nicht mehr nur durch die persönliche Meinung einer Führungskraft bewertet werden, sondern in bezug auf eine Norm, die als fair und objektiv anerkannt wird. Leistungsprobleme können auch aus der Hierarchie herausgenommen und quer durch das gesamte Unternehmen behandelt werden.

In unserem Beispiel erhielt Anne durch das QS-System die Möglichkeit, Korrekturmaßnahmen zu ergreifen, um das Problem anzugehen; das System stellte einen Mechanismus bereit, mit dessen Hilfe Probleme wirklich gelöst werden konnten, ohne daß es eine persönliche Angelegenheit von Andreas gegen Anne wurde.

Ein ISO-9000-QS-System ist auch ein Instrument zur Überprüfung von Führungskräften. Ohne ein offizielles Verfahren besteht die Überprüfung von Führungskräften aus Chefs, die Anweisungen erteilen, und Angestellten, die springen. Im schlimmsten Falle werden Anweisungen als persönliche Launen angesehen, die von oben ohne erkennbaren Grund aufgezwungen werden. Sie werden vielleicht befolgt, aber das nur widerwillig. Mehr Zeit wird dann jedoch oft darauf verwendet, ein tyrannisches Regime zu sabotieren. Hier bedeutet ein offizielles System eine entscheidende Verbesserung. Jetzt werden Dinge getan, weil sie im Handbuch stehen, und jeder weiß, was von ihm erwartet wird. Dennoch wird es auch weiterhin Anweisungen geben, die als lästig und als Launen der Geschäftsführung empfunden werden. Willkür wird zwar verringert, aber sie ist immer noch vorhanden.

Demgegenüber ist ein QS-System durch ISO 9000 legitimiert. Die Forderungen des Systems werden jetzt nicht mehr als Launen des Geschäftsführers betrachtet, sondern als notwendig zur Erfüllung einer anerkannten Norm. Wer kann jetzt noch gegen das System argumentieren?

Obwohl ISO 9000 in dieser Hinsicht ein Instrument zur „Überwachung" von Führungskräften ist, fördert die Norm zusätzlich vernünftige und angenehme Führungsformen. Insbesondere wird durch die Forderung nach gelenkten

Veränderungsverfahren die aktive und konstruktive Beteiligung der Mitarbeiter gefördert. Wenn das System funktionieren soll, müssen alle verstehen, daß sein Zweck die Maximierung von Qualität ist; sie müssen ermutigt werden, durch Veränderungen an der Lösung von Problemen mitzuwirken.

Ein System nach ISO 9000 muß das Dreieck aus Prüfung, Korrektur und Überprüfung durch das Management umsetzen, das wir in Kapitel 2 vorgestellt haben. Es ist ein wirkungsvolles Instrument zur Lösung von Problemen. Ein weiterer interner Vorteil von ISO 9000 besteht somit darin, daß man Problemen ins Gesicht sehen und sie lösen muß. Es gibt in jedem Unternehmen die Tendenz, auszubessern, sich zu arrangieren und sich auf kurzfristige Ziele zu konzentrieren. Da kann kommen, was will – wir müssen das Produkt „raus- und das Geld hereinbekommen" (oder Entsprechendes in einer nichtgeschäftlichen Umgebung). Doch durch dieses Schuften schränken wir unsere Visionen ein. Wir heben niemals unsere Köpfe, um einen Blick auf längerfristige Ziele zu werfen, und, noch bevor wir es bemerken, sind unsere 20 Jahre im Unternehmen Jahre, in denen wir dieselben Fehler wiederholt haben. Ein QS-System, das entwickelt wurde, um die Forderungen von ISO 9000 zu erfüllen, zwingt uns dazu, Probleme zu erkennen und sie zu lösen – so lange, bis sie nicht mehr existieren, und somit dazu, einen auf Langfristigkeit ausgerichteten Standpunkt einzunehmen.

Schließlich besteht ein letzter Vorteil darin, daß ein QS-System nach ISO 9000 einen Rahmen für ein erfolgreiches Wachstum kleinerer Unternehmen bereitstellt. Ein Unternehmen beginnt vielleicht mit nur wenig mehr als mit einem einzigen Mitarbeiter. Das Qualitätsniveau ist hoch, da der Eigentümer seinem Erfolg verpflichtet ist und nicht nur alles sehr gut überschaut, sondern auch selbst alles sehr gut macht. Mit dem Erfolg kommen die Mitarbeiter, die zu Beginn jedoch nicht viel mehr sind als Hilfskräfte, die unter der ständigen Überwachung des Eigentümers arbeiten. Jedoch selbst mit dem größten Engagement und den längsten Arbeitstagen erkennt der Eigentümer langsam, daß er nicht überall zur gleichen Zeit sein kann. Wenn er weg ist, um Aufträge zu akquirieren, ist er gezwungen, seine Mitarbeiter sich selbst zu überlassen. Früher oder später führt das zu einer Krise. Die Qualität läßt nach, und den Mitarbeitern wird mangelndes Engagement vorgeworfen. Eine Lösung ist vielleicht die Anstellung von besser qualifizierten Mitarbeitern, doch wer will schon für jemanden arbeiten, der bekannt dafür ist, mit nichts zufrieden zu sein?

Zum richtigen Zeitpunkt besteht die Lösung für ein gelenktes Wachstum in der Einführung eines QS-Systems. ISO 9000 ist eine Norm, die, sofern sie erfüllt wird, die Effizienz des Systems gewährleistet und zusammen mit dem Unternehmen wachsen kann. Noch immer trägt das Unternehmen das persönliche Etikett des Eigentümers, doch jetzt haben die Mitarbeiter ihren eigenen Spielraum. Durch ihre Einbeziehung wird Qualität zu einer unternehmensweiten Angelegenheit und ist nicht länger nur von der Antriebsenergie des Besitzers abhängig. Wenn alle an einem Strang ziehen, kann der Eigentümer seine Energie auf das konzentrieren, was wirklich seinen Interessen und Fähigkeiten entspricht.

Weiterhin können sich neue Mitarbeiter mit Hilfe des Systems leicht einfügen, ihre Fähigkeiten voll entfalten und ihre eigene Verpflichtung zur Qualität einbringen. Umgekehrt werden höher qualifizierte Mitarbeiter angesprochen, und alle diese Faktoren ermöglichen und stimulieren ein erfolgreiches Wachstum des Unternehmens. Natürlich muß sich das System im Laufe der Zeit verändern, um neuen Umständen und Bedingungen im Unternehmen gerecht zu werden, doch in einem nach ISO 9000 entworfenen System ist diese Dynamik vorgesehen.

3.2 Die Nachteile

ISO 9000 bringt auch potentielle Nachteile mit sich, die es zu betrachten gilt, bevor die Entscheidung zur Einführung eines Systems getroffen wird. Zuerst und vor allem müssen die Kosten beachtet werden, die es gegen die Vorteile abzuwägen gilt.

Ein Unternehmen, das den Sprung von einem Zustand ohne offizielles QS-System direkt zu ISO 9000 macht, wird einen Kulturschock erleben. Dieser wird ganz besonders akut in kleinen Unternehmen sein, in denen sich Führungsaufgaben im wesentlichen beim Eigentümer konzentrieren. Wie wir bereits besprochen haben, besteht ein wesentlicher Vorteil von ISO 9000 darin, daß alle, von ganz oben bis ganz unten in der Hierarchie, dem System verpflichtet und bereit sein müssen, die Verfahren auch dann zu befolgen, wenn es unbequem ist.

Den größten Veränderungen sieht sich vielleicht der Chef gegenüber: Er muß sich möglicherweise von einem absoluten Herrscher hin zu einem konstitutionellen Monarchen entwickeln. Er ist durch die Vorschriften genauso gebunden wie der Lehrling. In größeren Unternehmen sieht sich möglicherweise die gesamte Führungsetage diesem Problem ausgesetzt. Sie können nicht länger „Fürsten" sein, die auf ihren eigenen Lehngütern herrschen. Wenn Sie, verehrter Leser, wie es vielleicht der Fall sein wird, Eigentümer einer kleinen Firma und gewohnt sind, zu tun und zu lassen, was Sie wollen, wie werden Sie dann damit fertig, wenn einer Ihrer Mitarbeiter Korrekturen anregt, die auf ein Problem verweisen, das von Ihrem Schreibtisch stammt? Können Sie das ertragen? Wenn nicht, ist ISO 9000 nichts für Sie.

Als wichtigster Nachteil von ISO 9000 wird oft die Bürokratie bezeichnet. Einige sehen ISO 9000 fälschlicherweise als nichts anderes als die Summe der damit verbundenen Formulare an. Wir müssen akzeptieren, daß dieser Vorwurf ein Körnchen Wahrheit enthält. Eine der Forderungen dieser Norm ist die Anfertigung von Aufzeichnungen, wie zum Beispiel bei *4.16 Qualitätsaufzeichnungen*, und das hat im allgemeinen etwas mit Formularen zu tun. Es ist jedoch schwer, sich irgendeinen Betriebsprozeß vorzustellen, der ein gleichbleibend hohes Niveau ohne irgendeine Form von Aufzeichnungen aufrechterhalten kann. Sie werden oft nur in kleinen schwarzen Büchern vorgenommen, von denen nur wenige Personen etwas wissen, und wenn diese weg sind, hören die Aufzeichnungen auf. Und schlimmer noch: Sie werden nur vereinzelt und zufällig vorgenommen. Wenn Aufzeichnungen benötigt werden, sollten sie präzise und vollständig sein. Das erreicht man am besten, wenn die Formulare gut durchdacht sind und es ein System zur Überprüfung der tatsächlichen Anfertigung der Aufzeichnungen gibt. Wenn Aufzeichnungen keinen sinnvollen Zweck erfüllen, sollten sie weder gemacht noch aufbewahrt werden. Der Prozeß der Entwicklung eines QS-Systems für ISO 9000 wird eine kritische Prüfung der vorhandenen Aufzeichnungen mit sich bringen. Es ist sehr wahrscheinlich, daß einige Einträge in dem Umfang weggeworfen werden, wie neue dazukommen. Es ist sogar möglich, daß die Gesamtmenge der für die Aufzeichnungen aufgewendeten Aktivitäten sich verringert.

Sicher, ein ISO-9000-System kann zu einer massiven Steigerung des Formular-Ausfüllens führen, doch wenn das der Fall ist, gibt es ein Problem in der Gesamtgestaltung des Systems. Die Norm verlangt nicht, daß bestimmte Formulare als Teil des Systems aufbewahrt werden – das kann sie nicht, weil sie nur einen Standard darstellt, an dem einzelne Systeme gemessen werden (vgl. das nachfolgend beschriebene Beispiel „Die dritte Kopie"). Die Formulare (oder andere entsprechende Aufzeichnungen, wie beispielsweise Computerdateien) in Ihrem System sollten wichtig für die erfolgreiche Abwicklung Ihrer eigenen Prozesse sein; sollte das nicht der Fall sein, sollten sie weggeworfen werden. Es gibt gute Gründe für eine regelmäßige kritische Überprüfung aller Formulare innerhalb des Systems.

Ein anderer möglicher Nachteil von ISO 9000 besteht darin, daß es zum reinen Befolgen von Vorschriften degenerieren kann. Im schlimmsten Fall kann ein QS-System einzig zu dem Zweck eingeführt werden, die Prüfung von ISO 9000 zu bestehen, ohne jeden Versuch, eine wirkliche Verbesserung der Qualität zu erzielen.

Kopie Nr. 3
Ein Unternehmensberater war dabei, das Einkaufssystem eines Unternehmens hinsichtlich seiner Funktionsweise zu überprüfen und bat um Einsicht in die aktuellen Auftragsformulare. Sie bestanden aus vier Einzelteilen: einem Deckblatt und drei Kopien.
„Was wird mit den einzelnen Kopien gemacht?" fragte er.
„Das Original geht natürlich zum Lieferanten. Die erste Kopie erhält die Warenannahme und die zweite wird in der Bestellakte abgelegt."
„Und die dritte Kopie?"
„Oh, die geht zu Frau Müller."
Kurze Zeit später fragte der Berater Frau Müller nach dem Aufbewahrungsort für ihre Kopie des Bestellformulars.
„Na ja, ich habe keinen Platz, um meine Kopien abzulegen. Wenn sie beginnen, sich zu stapeln, werfe ich sie weg."

Es wird oft viel Erfindungsgeist darauf verwendet, den Betriebsprozeß dem System anzupassen, statt umgekehrt. Dieses Problem taucht nur auf, weil entweder das Motiv für die Bemühung um ISO 9000 falsch ist oder weil nicht genügend Überlegung oder Zeit in den Entwurf des Systems investiert wurde. Vielleicht hat das Insistieren eines größeren Kunden den Ausschlag gegeben, doch es ist besser (und wahrscheinlich nicht viel teurer), den Weg von Anfang an zu gehen, ein effizientes System zu entwickeln und dann von den Vorteilen zu profitieren. Wandeln Sie eine auferlegte Belastung in ein Ventil für eine echte, positive Veränderung um.

Falls das System den Erfordernissen des Unternehmens nicht entspricht, falls Vorschriften dauernd umgangen werden, wurde es vor allem falsch geplant. Und wessen Fehler ist das? Jedenfalls nicht der der ISO; die Norm bietet eine enorme Flexibilität, die es erlaubt, ein System so zu planen, daß es an nahezu jede Situation angepaßt werden kann. Einen Teil der Verantwortung können Sie vielleicht dem Unternehmensberater anlasten, der große Teile des Systems plante, aber wer überließ ihn denn sich selbst? Berater können eine wichtige Rolle spielen, doch es sollte vor allem eine unterstützende Rolle sein. Es obliegt Ihrer Verantwortung, ein ISO-9000-System Ihren individuellen Bedürfnissen anzupassen. Wenn es Ihrer Meinung nach nicht funktioniert, verändern Sie es. Tun Sie das nicht, werden Ihnen die meisten Vorteile und langfristig auch das Zertifikat verlorengehen. Ein schlecht geplantes System kann nicht aufrechterhalten werden, und die unabhängigen

Auditoren werden so viele Abweichungen feststellen, daß die Zertifizierung rückwirkend aberkannt wird.

Das führt uns zu einem letzten Nachteil, den es zu bedenken gilt. Externe Auditoren sind ein echtes „Ärgernis". Sie verbrauchen Ihre Zeit, erschrecken die Mitarbeiter und stecken – um es auf den Punkt zu bringen – ihre Nase in Ihre Geschäfte. Und noch schlimmer: Sie müssen sie bezahlen. Das ist alles richtig. Dennoch benötigt ein System wie ISO 9000 eine Überprüfung durch unparteiische, unabhängige Dritte – und wenn Sie das wirklich nicht akzeptieren können, vergessen Sie die ganze Sache.

Darüber hinaus kann eine Prüfung durch einen unabhängigen Auditor unter Umständen ständigen Besuchen von Kunden vorzuziehen sein, die Ihre Verfahren begutachten (und vielleicht auch nach Wegen suchen, Ihren Preis zu drücken). Und zum Schluß: Warum sollten Sie irgend etwas vor den Prüfern verstecken wollen? Sie haben die Auditierungsfirma ausgewählt, und das System gehört schließlich Ihnen; alles, was die Auditoren tun, ist zu überprüfen, ob Sie wirklich das tun, von dem Sie behaupten, daß Sie es tun. Es stimmt, die Prüfer müssen sicherstellen, daß Ihr System den Forderungen der Norm entspricht. Doch sobald Sie diese Hürde genommen haben, sind die einzigen Maßstäbe, nach denen Sie von ihnen beurteilt werden können, diejenigen, die Sie selbst gesetzt haben.

3.3 Die Bedeutung von ISO 9000

Eine ziemlich verbreitete Ansicht zu ISO 9000 besagt, daß es generell und für andere Unternehmen eine gute Sache ist. Es ist vielleicht eine sehr gute Sache für unsere Lieferanten, aber nicht für uns. Oder unser Geschäft ist einzigartig, und ISO 9000 wurde nicht geschrieben, um die Erfordernisse unserer sehr speziellen Organisation zu erfüllen. Auch haben wir nichts mit den technischen Betriebsprozessen zu tun, die man bei der Abfassung der Norm offenbar im Sinn hatte.

Wir Autoren sind im Verlauf unserer jeweiligen Laufbahn als Berater immer nur auf Unternehmen gestoßen, die (entsprechend den Aussagen ihrer Besitzer oder Geschäftsführer) einzigartig, speziell und absolut unverständlich für jeden waren, der nicht sein ganzes Leben mit dem Mysterium der jeweiligen Geschäftstätigkeit verbracht hat. („Wollen Sie damit sagen, daß Sie keinerlei Erfahrung in der Herstellung von linksdrehenden Handbohrern mit ausgefallenen Griffen ... haben?") Das stimmt alles, aber ebenso sind alle Unternehmen in gewissem Sinne gleich. Zumindest gibt es bei allen einen Input, sie alle tun etwas mit diesem wie auch immer gearteten Input und erzeugen einen Output für Kunden, deren Bedürfnisse erfüllt werden müssen, wenn das Unternehmen florieren soll.

Wenn wir zurück zu Abbildung 2.3 in Kapitel 2 gehen, werden Sie sich daran erinnern, daß wir die den Betriebsprozeß betreffenden Forderungen als Kern von ISO 9000 bezeichnet und den anderen Forderungen eine unterstützende (aber wichtige) Rolle beigemessen haben. Jeder Betriebsprozeß läßt sich als Folge von Input-Prozeß-Output kennzeichnen. Durch die Einführung eines QS-Systems, das die Forderungen von ISO 9000 erfüllt, soll gewährleistet werden, daß die Inputs einem festgelegten Standard entsprechen (z.B. durch den Beschaffungsprozeß), daß der Prozeß selbst gelenkt abläuft und daß der Output hinsichtlich seiner Konformität mit den Forderungen überwacht wird.

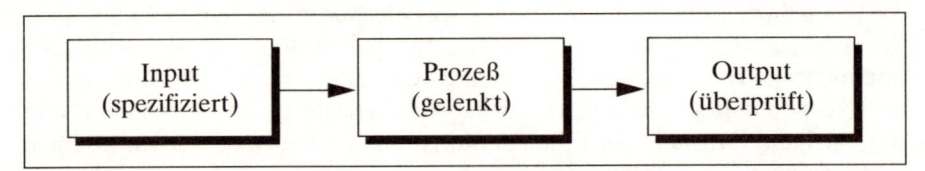

```
┌─────────────┐     ┌─────────────┐     ┌─────────────┐
│   Input     │ ──▶ │   Prozeß    │ ──▶ │   Output    │
│(spezifiziert)│    │  (gelenkt)  │     │ (überprüft) │
└─────────────┘     └─────────────┘     └─────────────┘
```

Abb. 3.1: Der Betriebsprozeß

Es ist schwierig, sich ein Unternehmen vorzustellen, das nicht in das Muster „Input-Prozeß-Output" paßt. Abbildung 3.2 gibt drei Beispiele, in denen bestimmte Inputs, Prozesse und Outputs dargestellt werden. Die Beispiele reichen von einem Unternehmen, das mit der Sprache der Norm eher vertraut sein wird (Schmiede), bis hin zu einem, das von der technischen Industrie weit entfernt ist. In allen existiert jedoch der Ablauf Input-Prozeß-Output, und die entsprechenden Forderungen von ISO 9000 lassen sich anwenden, um die Qualität in jeder der drei Phasen des Betriebsprozesses zu maximieren.

Natürlich gibt es in großen Unternehmen eine Vielzahl von Inputs-Prozessen-Outputs, doch wenn ausreichend Zeit für eine Analyse vorhanden ist, läßt sich diese Komplexität angemessen darstellen, und die Anwendung von ISO 9000 wird einfacher zu verstehen.

Demnach sind alle Unternehmen einzigartig, und deshalb werden ihre QS-Systeme einzigartig sein. Selbst innerhalb derselben Branche wird es eine Vielzahl an Varianten geben, um den unterschiedlichen Inputs Rechnung zu

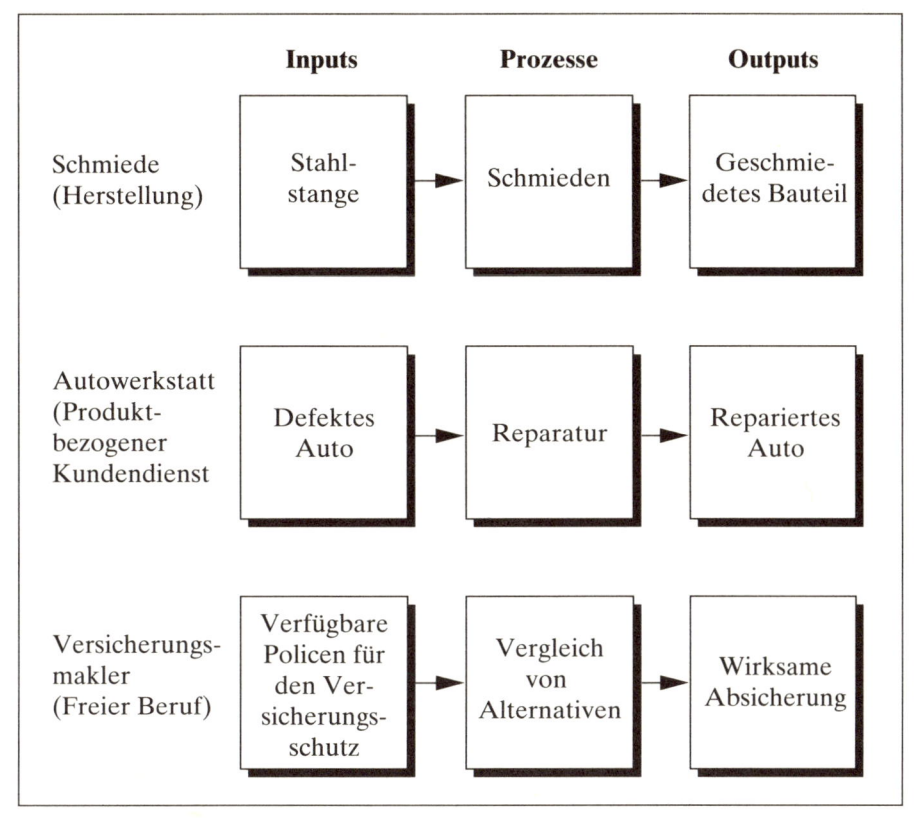

	Inputs	**Prozesse**	**Outputs**
Schmiede (Herstellung)	Stahlstange	Schmieden	Geschmiedetes Bauteil
Autowerkstatt (Produktbezogener Kundendienst)	Defektes Auto	Reparatur	Repariertes Auto
Versicherungsmakler (Freier Beruf)	Verfügbare Policen für den Versicherungsschutz	Vergleich von Alternativen	Wirksame Absicherung

Abb. 3.2: Betriebsprozesse

tragen, in der Art und Weise, wie die Prozesse ausgeführt werden, sowie in der Vielzahl der Outputs. Alle Unternehmen verfolgen durch die Einführung ihrer eigenen Systeme jedoch das gleiche Qualitätsziel. Inwiefern sie hierfür geeignet sind oder nicht, läßt sich anhand von ISO 9000 nachprüfen.

Gehen wir nochmals zurück zu Abbildung 2.3 in Kapitel 2: Wenn wir akzeptieren, daß die Forderungen der Norm, die im Kasten „Betriebsprozeß" enthalten sind, auf alle Unternehmen angewendet werden können, weil sie sich auf Abfolgen aus Input-Prozeß-Output beziehen, dann ist die universelle Anwendbarkeit der unterstützenden Tätigkeiten noch leichter nachzuvollziehen. Wenigstens zwei der drei Quellen für Qualität – Beschaffung und Schulung – existieren in allen Unternehmen, und in den meisten besteht ein Bedarf an Prüfmitteln. Die Forderungen, die wir als „Qualitätsaufzeichnun-

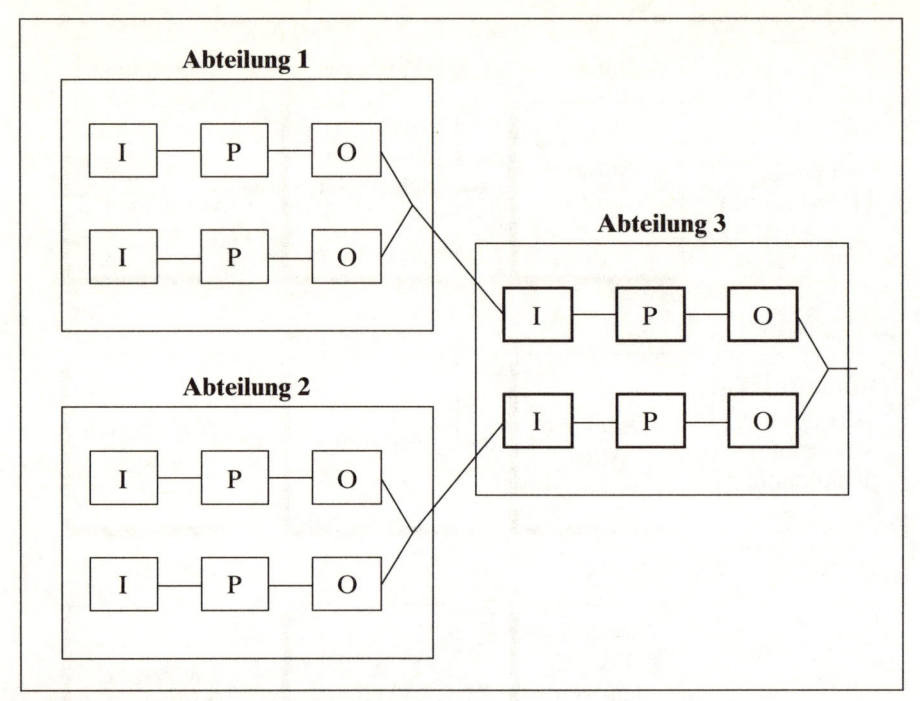

Abb. 3.3: Ein komplexer Betriebsprozeß

gen" und „Lenkung des QS-Systems" klassifiziert haben, entstehen aus dem QS-System selbst; sie sind generell unabhängig von der jeweiligen Geschäftstätigkeit.

Das alles sind theoretische Argumente für die universelle Anwendbarkeit von ISO 9000. Darüber hinaus gibt es den empirischen Beleg in Form der Vielzahl unterschiedlicher Unternehmen, die jetzt bereits für die Erfüllung dieser Norm zertifiziert wurden. Tatsächlich ist es schwierig, irgendeine Branche zu finden, in der es keine ISO-9000-Firmen gibt. Weiterhin beschränkt sich das Interesse nicht allein auf Handel und Industrie. Zu den anderen Arten von Organisationen, die entweder für ihre Zertifizierung bekannt sind oder von denen man weiß, daß sie über ISO 9000 nachdenken, gehören Bereiche in der Bundes- und den Landesregierungen, Ärzte und Einrichtungen im Gesundheitswesen, Schulen und in England sogar eine Polizeistaffel (in der Zeitschrift „Independent" hieß es am 9. April 1992, daß die Polizeiwache Notting Hill der Metropolitan Police derzeit Scotland Yard um grünes Licht für einen Antrag auf ISO 9000 bittet).

Als letztes, bevor wir das Thema „Die Bedeutung von ISO 9000" abschließen, wollen wir noch darauf hinweisen, daß, obwohl im Prinzip jede Organisation einen Antrag auf Zertifizierung nach ISO 9000 stellen kann, einige diesen Prozeß einfacher finden werden als andere. Besondere Probleme können in sehr kleinen Unternehmen auftreten (Firmen, die aus nur einem Mitarbeiter bestehen, können sich nicht selbst intern prüfen; vielleicht könnten sie zu diesem Zweck jedoch mit ähnlichen Firmen, mit denen sie nicht im Wettbewerb stehen, kooperieren) oder in jedem Unternehmen, dessen Geschäftsführung keine Zeit für eine strategische Planung erübrigen kann – andererseits gehört die Entwicklung von Strategien zu den Aufgaben jeder erfolgreichen Führungsmannschaft.

3.4 Die Kosten

Da die Unterschiede zwischen den einzelnen Prüfstellen sehr groß sein können, ist es uns nicht möglich, allgemeingültige Zahlen für die Nettokosten einer Zertifzierung nach ISO 9000 anzuführen. Ein weiteres Problem besteht darin, daß die zu einem bestimmten Zeitpunkt angegebenen Zahlen schnell überholt sein können. Die Kosten müssen für jeden einzelnen Fall neu ermittelt werden. Abb. 3.4 gibt einen Überblick über die generell anfallenden Kosten und berücksichtigt dabei ebenso den Wert der durch ISO 9000 erzielbaren Gewinne. Natürlich muß bei jeder derartigen Kostenrechnung ein bestimmter Zeitraum zugrunde gelegt werden. Einige der Kosten fallen nur einmalig an (z.B. Beratung und Audit), während andere Kosten kontinuierlich entstehen. Gewinne entstehen im allgemeinen fortlaufend.

Kosten	DM	Gewinne	DM
Auditkosten		Wert der Umsatzsicherung	
Kosten für Beratung und Schulung		Wert zusätzlicher Umsätze	
		Wertzuwachs der Produkte	
Arbeitszeitkosten		Kostenersparnis durch Effizienzerhöhung	
Kosten für Marketing u.ä.			

Abb. 3.4: Kosten für ISO 9000

Kosten für Audits entstehen durch die Gebühren für den unabhängigen externen Auditor (vgl. Kapitel 11) sowohl für das erste Audit als auch für die nachfolgenden Überprüfungsaudits (z.B. ein- oder zweimal pro Jahr). Die Gebühren basieren auf Faktoren wie Art und Komplexität des Unternehmens, Anzahl der Mitarbeiter und ob mehr als ein Standort auditiert wird. Wie wir später beschreiben werden (Kapitel 11), sollten Angebote und Preise von mehreren potentiellen Auditoren eingeholt werden, bevor ein Vertrag unterschrieben wird; die Kosten können stark voneinander abweichen.

Die meisten Unternehmen, die sich um ISO 9000 bemühen, kaufen Fachwissen entweder in Form der Beraterdienste oder in Form externer Schulungsprogramme ein. In jedem Fall werden die damit verbundenen Kosten von dem gewünschten Expertenwissen abhängen.

Beratungs- und Schulungskosten fallen im großen und ganzen nur einmal an, und zwar am Anfang, obwohl eine kontinuierliche Weiterbildung oder wenigstens die Ermittlung von Weiterbildungsbedürfnissen eine Forderung aus ISO 9000 darstellt.

Die Kosten für die von den Mitarbeitern einmalig aufzubringende Arbeitszeit beziehen sich auf die umfangreichen Arbeiten im Rahmen der Planung und Einführung des Systems; die Kapitel in Teil II sollen dem Leser bei der Durchführung realistischer Berechnungen eine Hilfestellung bieten. In kleineren Firmen kann die Gesamtsumme dieser Arbeitszeiten in einer Größenordnung von etwa 100 Arbeitstagen liegen, und die Kosten würden davon abhängen, wie hoch die Zeit der beteiligten Mitarbeiter zu bewerten wäre (basierend nicht nur auf ihrem Gehalt, sondern auf allen Verlusten, die dadurch entstehen, daß andere Arbeiten liegenbleiben). Es entstehen auch längerfristige Personalkosten (z.B. durch die Zeit, die für Audits, Korrekturen und die Überprüfung durch die oberste Leitung aufgewendet werden muß sowie für die kontinuierliche Verwaltung des QS-Systems). In kleineren Firmen kann es schwierig sein, diese Zeit von anderen Führungsaufgaben zu trennen, während in größeren Unternehmen möglicherweise neue Mitarbeiter speziell für den Bereich Qualitätssicherung eingestellt werden. Um es nochmal zu sagen: Eine qualifizierte Schätzung der Kosten muß für jeden Fall individuell durchgeführt werden.

Wie wir an früherer Stelle bereits erwähnt haben, muß eine Firma, die die Urkunde für ISO 9000 erhalten hat, ihr frisch zertifiziertes QS-System bekanntmachen, was einige Kosten für das Marketing mit sich bringen wird. Vielleicht müssen Geschäftspapiere und Verkaufsunterlagen neu gedruckt oder Aktivitäten für die Veröffentlichung der Zertifizierung geplant werden.

Langfristig werden die Kosten wahrscheinlich gering sein, da Marketingaktivitäten sowieso durchgeführt werden. Schließlich entstehen durch das System vielleicht Druckkosten für Dokumente und Unterlagen, die direkt mit dem QS-System zu tun haben.

Auf der Seite der Gewinne steht zunächst die Sicherung des Umsatzes, der andernfalls vielleicht eines Tages verlorengegangen wäre. Um diese Zahl zu errechnen, schlagen wir vor, daß der Leser seine zehn größten Kunden nimmt und für jeden von ihnen mit einer Zahl zwischen eins und zehn die Wahrscheinlichkeit festlegt, mit der dieser Kunde in einem Zeitraum von, sagen wir, zwei Jahren auf ISO 9000 besteht. Diese Wahrscheinlichkeitskennziffer kann dann mit dem jährlichen Umsatz jedes einzelnen Kunden verglichen und so das Gesamtgeschäftsrisiko berechnet werden. Es ist nicht ungewöhnlich, daß diese Berechnung zu einer Summe führt, die die geschätzten Kosten für die Einführung eines QS-Systems nach ISO 9000 übersteigt.

Die Zahl für Gewinne aus zusätzlichen Geschäften als Folge der Zertfizierung ist vielleicht die am schwierigsten zu berechnende Größe. Wir wissen nicht, woher diese Gewinne kommen werden; vielleicht kennen wir den Kunden bisher noch nicht einmal. Alles, was wir hierzu vorschlagen können, ist die Schätzung einer realistischen Zahl für zusätzliche Geschäfte, die über dem „normalen" jährlichen Umsatzanstieg eines Unternehmens liegt. Wenn dieser zehn Prozent beträgt, könnte eine realistische Schätzung vielleicht bei einem weiteren Prozent liegen.

Ein effizientes QS-System wird das Produkt (oder die Dienstleistung) in den Augen des Kunden verbessern. Auf jedem Markt bezahlen Käufer oft mehr für etwas, das besser ist, weil es einen zusätzlichen Wert besitzt. ISO 9000 und die erfolgreiche Einführung eines QS-Systems bieten somit möglicherweise ein gewisses Potential für Preiserhöhungen. Selbst ein Preisanstieg von nur einem Prozent wird sich direkt auszahlen und kann gegen die Kosten der Einführung und den Betrieb von ISO 9000 aufgerechnet werden.

Und dann sind da noch die Gewinne durch Einsparungen. Ein funktionierendes QS-System vergrößert die Chance, daß etwas gleich beim ersten Mal richtig gemacht wird; es verringert die Ausschußmenge oder die Anzahl der zu überarbeitenden Produkte – in beiden Fällen lassen sich die Kosten genau berechnen. Der Leser sollte auch hier in der Lage sein, eine vorsichtige Schätzung solcher Einsparungen vorzunehmen.

Und schließlich ein letzter Punkt: Es ist auf jeden Fall sinnvoll, Kontakt mit staatlichen Institutionen oder anderen öffentlichen Einrichtungen aufzunehmen, um herauszufinden, ob, und wenn ja, welche Art Förderung gegenwärtig angeboten wird.

4 Der Weg zur Zertifizierung – Ein Überblick

Sie planen ein QS-System und implementieren es, erfüllen dabei die Forderungen der Norm, bestehen erfolgreich das von einer entsprechenden Institution durchgeführte Audit und besitzen dann die Zertifizierung. Das ist alles. Dieses Kapitel enthält einen Überblick über die wichtigsten Schritte dieses Prozesses; die Einzelheiten werden in den Kapiteln 5 bis 12 in Teil II behandelt.

Teil II beschreibt einen Handlungsplan, mit dessen Hilfe Unternehmen ein QS-System, das ISO 9000 erfüllt, ganz und gar selbständig einführen können. Dennoch werden wahrscheinlich nur wenige Unternehmen die gesamte Arbeit selbst durchführen. Die möglichen Aufgaben von Beratern und anderer externer Unterstützung werden wir an späterer Stelle in diesem Kapitel behandeln.

4.1 ISO 9000 – Die wichtigsten Schritte

In Abbildung 4.1 sind die wichtigsten Schritte auf dem Weg zur Zertifizierung dargestellt. Darin werden auch Hinweise auf die entsprechenden Kapitel in Teil II gegeben: Das Thema Projektplanung wird beispielsweise ausführlich in Kapitel 5 behandelt. Die Tätigkeiten im mittleren Teil der Abbildung sind in ihrer logischen Abfolge aufgeführt und entsprechen der Anordnung der Kapitel in Teil II. Zwei Schritte, *Kontaktaufnahme und Auswahl der Auditoren* und *Auswahl und Schulung des internen Auditteams* können auch zu einem anderen als in der Abbildung angegebenen Zeitpunkt unternommen werden.

```
┌─────────────────┐
│ Entscheidung und│
│ Verpflichtung   │
└────────┬────────┘
         ▼
┌─────────────────┐
│ Projektplanung  │ → S.91
│ (Kapitel 5)     │
└────────┬────────┘
         ▼
┌─────────────────┐
│ Unternehmens-   │
│ analyse         │ → 103
│ (Kapitel 6)     │
└────────┬────────┘
         ▼
┌─────────────────┐
│ Überprüfung     │
│ (Kapitel 7)     │ → 121
└────────┬────────┘
         ▼
┌─────────────────┐         ┌─────────────────┐
│ Kontaktaufnahme │         │ Entwicklung     │
│ und Auswahl der │◄────────│ von Verfahren   │ → 141
│ Auditoren       │         │ (Kapitel 8)     │
│ (Kapitel 11)    │         └────────┬────────┘
└─────────────────┘                  │
                                     ▼
                           ┌─────────────────┐   ┌─────────────────┐
                           │ Aufbau d. Systems│──►│ Auswahl und     │
                    167    │ (Kapitel 9)     │   │ Schulung des    │
                           └────────┬────────┘   │ internen        │
                                    │◄───────────│ Auditteams      │
                                    ▼            │ (Kapitel 10)    │
                           ┌─────────────────┐   └─────────────────┘
                           │ Implementierung │
                           │ (Kapitel 10)    │ 189
                           └────────┬────────┘
                                    ▼
                           ┌─────────────────┐
                           │ Audit           │
                           │ (Zertifizierung)│ 225
                           │ (Kapitel 11)    │
                           └────────┬────────┘
                                    ▼
                           ┌─────────────────┐
                           │ Vermarktung     │
                           │ von ISO 9000    │ 239
                           │ (Kapitel 12)    │
                           └─────────────────┘
```

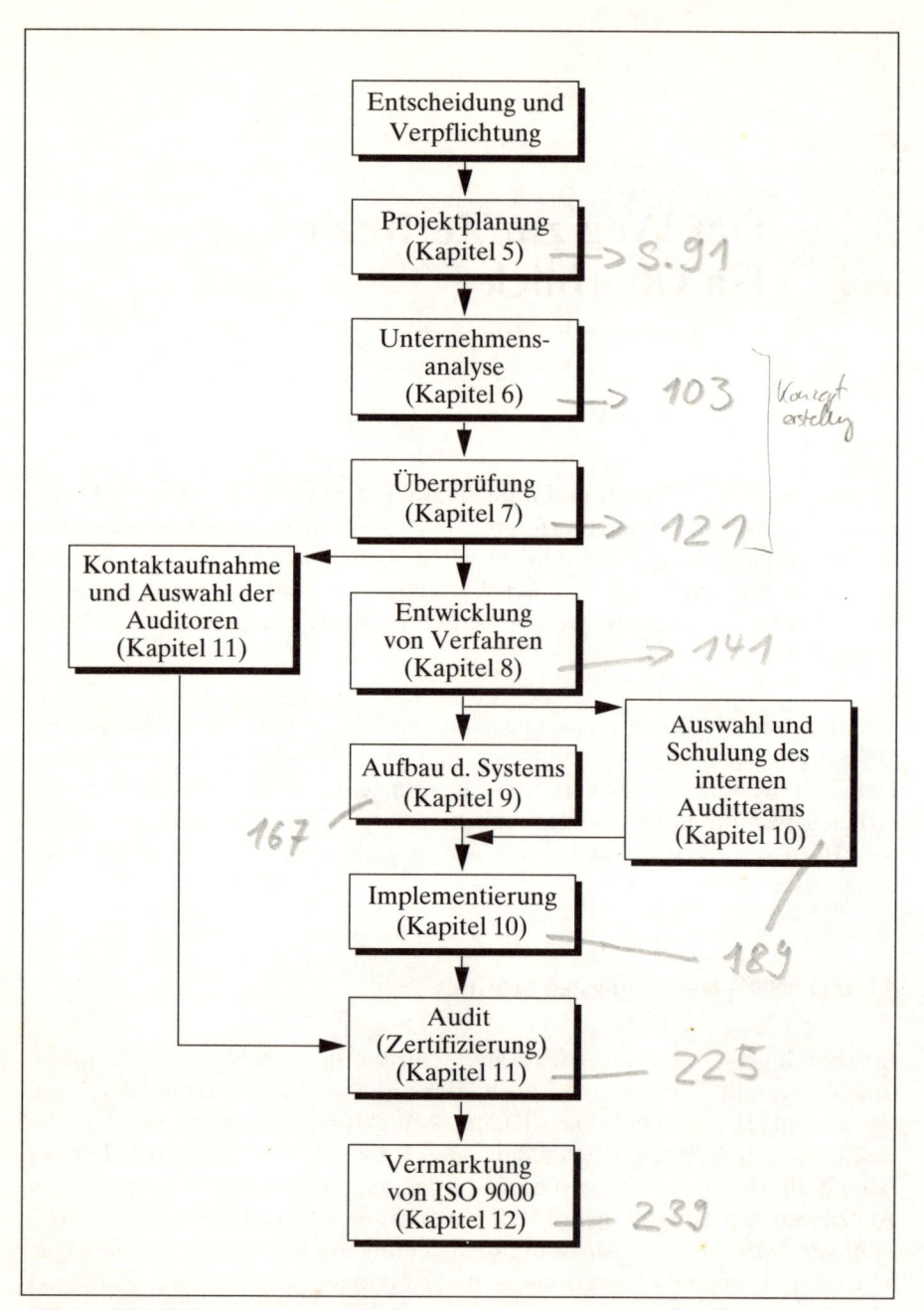

Abb. 4.1: ISO 9000 – Die wichtigsten Schritte

Entscheidung und Verpflichtung

Was auch immer für eine Einführung von ISO 9000 sonst noch benötigt wird, die Verpflichtung zur Qualität steht an erster Stelle. Zumindest die Unternehmensführung muß an den Wert von ISO 9000 und der damit verbundenen, beträchtlichen Menge Arbeit glauben. Falls größere Zweifel jeglicher Art bestehen, sollte das Projekt besser verschoben werden, bis diese ausgeräumt sind. Es reicht auch nicht aus, daß nur die obere Führungsebene sich diesem Ziel verpflichtet fühlt: Alle Mitarbeiter werden betroffen sein und sollten deshalb die Vorteile sowohl für das Unternehmen als auch für sich selbst verstehen.

Die Mitarbeiter sollten auch genaue Informationen darüber erhalten, inwieweit sie von der Einführung und Einhaltung eines QS-Systems betroffen sind. Die Brücke zwischen der obersten Führungsebene und den übrigen Mitarbeitern läßt sich dabei durch die Formulierung einer offiziellen Qualitätspolitik schlagen.

Wie wir später beschreiben werden, schließt die Forderung einer offiziellen Dokumentation des QS-Systems nach ISO 9000 eine Qualitätspolitik mit ein. Hierbei handelt es sich im allgemeinen um eine kurze Aussage, durch die das Unternehmen zur Einführung eines QS-Systems verpflichtet wird, um die Forderungen von ISO 9000 zu erfüllen. Sie weist weiterhin auf die Notwendigkeit einer Beteiligung aller Mitarbeiter am System hin. Abbildung 4.2 gibt ein Beispiel einer solchen Qualitätspolitik; die Formulierungen können auf die Bedürfnisse und den Stil des jeweiligen Unternehmens abgestimmt werden.

In einem Unternehmen, in dem wichtige Entscheidungen durch den Vorstand getroffen werden, muß die Qualitätspolitik vielleicht per Beschluß offiziell verabschiedet und dann öffentlich ausgehängt werden. Es ist jedoch wichtig, daß bereits zu diesem Zeitpunkt allen Mitarbeitern die Bedeutung dieser Politik vermittelt wird und daß sie verstehen, auf welche Weise sie davon betroffen sein werden. Wie das geschieht, hängt von der Größe und der Struktur des Unternehmens ab. Im allgemeinen besteht die beste Methode jedoch darin, ein oder zwei kurze, vom „Chef" geleitete Meetings abzuhalten, in denen er die Politik erläutert, ihre Gründe und die daraus resultierenden nächsten Schritte darlegt.

Mit der Entscheidung für ISO 9000 ist auch eine Entscheidung für den jeweiligen Teil der Norm verbunden; das wird in den meisten Fällen entweder ISO

> BUSINESS
> & MARKET
> RESEARCH
> ──── GMBH ────
>
> *Qualitätspolitik des Unternehmens*
>
> Es ist die Politik der Business & Market Research GmbH,
> ihren Kunden mit bestmöglicher Qualität zu dienen.
>
> Wir sind ein kommerzielles Unternehmen auf einem hart
> umkämpften Markt. Das Streben nach höchster Qualität im
> Kundendienst ist langfristig ebenso wichtig für das Wachstum und
> Überleben des Unternehmens wie die Kostenkontrolle und eine
> optimale Preisgestaltung.
>
> Um sicherzustellen, daß alle Arbeiten so ausgeführt werden,
> daß sie die Bedürfnisse unserer Kunden in bestmöglicher Qualität
> erfüllen, werden wir ein QS-System einführen.
> Dieses entspricht den Forderungen von 1987/ISO 9001.
> Das System und die damit verbundenen Arbeitsverfahren sind im
> Qualitätshandbuch beschrieben.
>
> *Alle Mitarbeiter sind verpflichtet,*
>
> sich mit allen denjenigen Verfahren des QS-Systems vertraut zu
> machen, die den eigenen Aufgabenbereich im Unternehmen betreffen,
> sowie alle Forderungen dieser Verfahren zu befolgen und zu erfüllen.
>
> Diese Erklärung wurde durch Beschluß der
> Geschäftsführung angenommen.
>
> 7. Juni 1994
>
> Peter Jackson
> Geschäftsführer

Abb. 4.2: Beispiel einer Qualitätspolitik

9001 sein – hier geht es auch um das Design[1] – oder ISO 9002, wenn der Bereich Design ausgeklammert werden soll. Im allgemeinen wird die Wahl leicht fallen: Entweder enthalten die vom Unternehmen abgeschlossenen Verträge Designelemente, oder sie enthalten keine, so daß 9001 oder 9002 entsprechend gewählt werden kann (vgl. Kapitel 2). Obwohl ein Unternehmen Designarbeiten durchführt, könnte es sich theoretisch dennoch aus strategischen Gründen dazu entschließen, diesen Aspekt auszuklammern und sich nur nach 9002 zertifizieren zu lassen. Das könnte jedoch zu einem Verlust einiger der wichtigsten Marketingvorteile von ISO 9000 führen (dieser Gesichtspunkt wird in Kapitel 12 ausführlicher diskutiert). Darüber hinaus ist in fast allen Fällen der für 9001 geforderte Mehraufwand im Vergleich zu 9002 nicht groß, denn in beiden Fällen wird es sich beim Bemühen um die Zertifizierung um ein größeres Projekt handeln.

In einigen wenigen Fällen kann es bezüglich der Entscheidung zwischen ISO 9001 und 9002 am Anfang Unsicherheiten geben. Sollte das der Fall sein, kann die Entscheidung verschoben werden, bis die *Unternehmensanalyse* vollständig abgeschlossen ist.

Damit eng verbunden ist die Frage, ob ISO 9000 für das gesamte Unternehmen oder nur für einige Abteilungen, Niederlassungen oder Einheiten angestrebt werden soll. Manchmal wird die Organisation nicht so groß sein, daß diese Frage sich stellt. In größeren Unternehmen gibt es möglicherweise Gründe dafür, ISO 9000 zunächst nur in einzelnen Teilen des Unternehmens als Pilotprojekt einzuführen und dann auf andere Bereiche auszuweiten. Wenn jedoch die Pilotabteilung nicht weitestgehend unabhängig ist, können wiederum viele der Marketingvorteile einer Zertifizierung nicht sofort umgesetzt werden (vgl. auch hierzu Kapitel 12).

Projektplanung

In fast allen Unternehmen wird der Prozeß zur Vorbereitung der Zertifizierungsprüfung ein größeres Projekt sein, möglicherweise das größte, das je durchgeführt wurde. Vieles wird von der Wahl des richtigen Projektleiters und seines Mitarbeiterteams abhängen. Ein Zeitplan gehört ebenfalls dazu, da andernfalls die Gefahr besteht, den Abschluß des Projektes endlos zu verschieben. Das alles wird beträchtliche Kosten verursachen, die im Etat einge-

---

[1] Anmerkung der Übersetzerin: Laut Wortlaut der ISO 9001 kann „Design" „Entwicklung", „Berechnung", „Konstruktion" bzw. deren „Ergebnis", „Entwurf", „Gestaltung" oder „Konzept" einschließen und entsprechend benannt werden.

plant werden müssen. Diese und viele andere Elemente der Projektplanung werden in Kapitel 5 besprochen. Ein anderer Aspekt der Projektplanung ist die Inanspruchnahme externer Unterstützung in Form von Unternehmensberatern oder anderen Einrichtungen. Wir werden auf diese Themen noch zu sprechen kommen.

Unternehmensanalyse

Die Geschäftsführung kleinerer Unternehmen ist vielleicht überrascht, daß sie eine Analyse ihres eigenen Unternehmens durchführen soll; ein Mitarbeiterorganigramm ist im allgemeinen vorhanden. Das, was wir meinen, ist jedoch eine tiefergehende Analyse, die wahrscheinlich eine völlig neue Betrachtungsweise des Unternehmens mit sich bringt. Kapitel 6 beschreibt ausführlich die hiermit verbundenen Anforderungen und zeigt die Notwendigkeit einer solchen Analyse, damit das Unternehmen den Forderungen gerecht werden kann.

Überprüfung

Der wichtigste Teil eines wirkungsvollen QS-Systems sind die Qualitätsverfahren: die Arbeitsmethoden, die zur Maximierung der Qualität anzuwenden sind. Nach der Durchführung der Unternehmensanalyse findet eine Überprüfung zur Ermittlung der notwendigen Verfahren statt (Kapitel 7). Es ist sehr wahrscheinlich, daß zumindest in einigen Unternehmensbereichen geeignete Verfahren existieren und auch angewendet werden (möglicherweise werden sie nicht als Verfahren erkannt). Es ist jedoch unwahrscheinlich, daß sie bereits hinreichend dokumentiert werden, um die Forderungen der Norm zu erfüllen. Der Arbeitsaufwand, um funktionierende und geeignete, bereits existierende Verfahren schriftlich zu fixieren, ist jedoch relativ gering. Das Ergebnis der Prüfung wird deshalb eine Liste der notwendigen Verfahren sein, entweder vollkommen neue oder bereits existierende, die jedoch einer geeigneten Dokumentation bedürfen. Ein anderes Ergebnis der Prüfung besteht aus strategischen Erklärungen dazu, wie jede einzelne Forderung von ISO 9000 im Unternehmen erfüllt werden soll. Diese bilden am Ende den Kern des Qualitätshandbuches.

Kontaktaufnahme und Auswahl der Auditoren

Die Zertifizierung nach ISO 9000 verlangt die Bewertung eines QS-Systems und seiner Implementierung durch unabhängige Dritte als Auditoren. In der Praxis werden die meisten Unternehmen, die sich um ISO 9000 bemühen, mindestens zwischen drei potentiellen Auditoren auswählen können. Sie sollten die Auswahl wie eine Bewertung alternativer Lieferanten ansehen und hierbei die üblichen wirtschaftlichen Kriterien anwenden. Die Prüfung ist kein einmaliges Ereignis: Um sicherzustellen, daß das QS-System auch weiterhin eingehalten wird, führt der Prüfer nach einer erfolgreichen Erstprüfung des Unternehmens regelmäßige Wiederholungsaudits durch. Es besteht somit eine dauerhafte Beziehung zum Prüfer, was die Bedeutung seiner Auswahl unterstreicht.

Sowohl für die Auswahl des Auditors als auch für die Zeit zwischen Vertragsabschluß mit ihm und dem eigentlichen Audit gibt es Vorlaufzeiten. Der Auswahlprozeß kann somit etwa zum Zeitpunkt der internen Überprüfung beginnen. Einzelheiten hierzu werden am Ende von Teil II in Kapitel 11 besprochen.

Entwicklung von Verfahren

Die Entwicklung der geforderten Verfahren ist der wichtigste und zugleich arbeitsintensivste Teil eines ISO-9000-Projektes. Hieran sollte eine ausreichende Anzahl von Mitarbeitern – und nicht nur die des Projektteams – beteiligt werden. In Kapitel 8 wird dieser Teil des Prozesses ausführlich beschrieben und mit Hilfe einiger Beispiele veranschaulicht.

Auswahl und Schulung des internen Auditteams

Ein wichtiger Teil einer erfolgreichen Qualitätspolitik ist das interne Audit. Das Team, das diese Arbeit durchführen wird, sollte eigens zu diesem Zweck ausgewählt und vor Einführung des Systems geschult werden. Wir werden dieses Thema jedoch im Zusammenhang mit dem Abschnitt „Implementierung" (Kapitel 10) behandeln.

Aufbau des Systems

Sichtbarer Ausdruck eines QS-Systems ist seine Dokumentation. (Unterliegen Sie jedoch nicht dem Irrtum zu glauben, daß das QS-System nur aus der Dokumentation bestünde – die Verfahren müssen aufgeschrieben und befolgt werden.) In Abbildung 4.3 (S. 83) wird die notwendige Dokumentation als aus vier verschiedenen Ebenen bestehend dargestellt, von denen die kritischste das Verfahrenshandbuch ist. Die Aussage zur Unternehmenspolitik (höchstens eine Seite) muß bei Projektbeginn verfaßt werden. Auch das Qualitätshandbuch ist ziemlich kurz; seine Aufgabe besteht darin, eine

81

Beziehung zwischen dem QS-System eines Unternehmens und den Forderungen der Norm herzustellen, und die meiste Arbeit wird als Folge der internen Prüfung entstehen (Kapitel 7). Die unterste Ebene der Dokumentation enthält die Aufzeichnungen aus dem laufenden Betrieb des Systems. Die Originalkopien aller Formulare oder anderer Aufzeichnungsmedien gehören in das Verfahrenshandbuch.

Kapitel 9 macht einen Entwicklungsvorschlag für ein gesamtes QS-System und macht Vorschläge zur formalen Gestaltung. Ein wichtiger Aspekt der Dokumentation, der ebenfalls berücksichtigt wird, ist die Erfüllung der in der Norm formulierten Forderungen in bezug auf die Lenkung der Dokumente.

Implementierung

Ist das System dokumentiert, muß es erst erfolgreich implementiert und eine Weile betrieben werden, bevor ein Audit durch externe Auditoren in Betracht gezogen werden kann. Die Implementierung kann entweder mit einem einmaligen, lauten „Knall" überall im Unternehmen erfolgen oder aber abteilungsweise ausgeweitet werden. Für beide Ansätze gibt es gute Argumente, die zusammen mit anderen Aspekten der Implementierung in Kapitel 10 behandelt werden.

Audit (Zertifizierung)

Den Höhepunkt des Prozesses bildet ein erfolgreich bestandenes, von externen Prüfern durchgeführtes Audit. In Kapitel 11 werden wir beschreiben, was während eines Audits geschieht. Es bedeutet sehr viel weniger Streß, wenn Sie wissen, was Sie erwartet und wie die Beurteilungskriterien lauten. Wir haben bereits darauf hingewiesen, daß die Prüfung keine einmalige Angelegenheit ist; Kapitel 11 geht auch auf die nachfolgenden Weiterverfolgungsaudits ein.

Vermarktung von ISO 9000

Nachdem man keine Mühen und Kosten für die Zertifizierung gescheut hat, sollte jeder erdenkliche Vorteil ausgeschöpft werden. Das erfordert eine gute Marketingstrategie – dies ist Thema des 12. letzten Kapitels in Teil II.

```
            Qualitäts-
             politik
          ─────────────
           Qualitäts-
            handbuch
         ───────────────
          Verfahrens-
           handbuch
       ──────────────────
         Dokumentation
         des QS-Systems
```

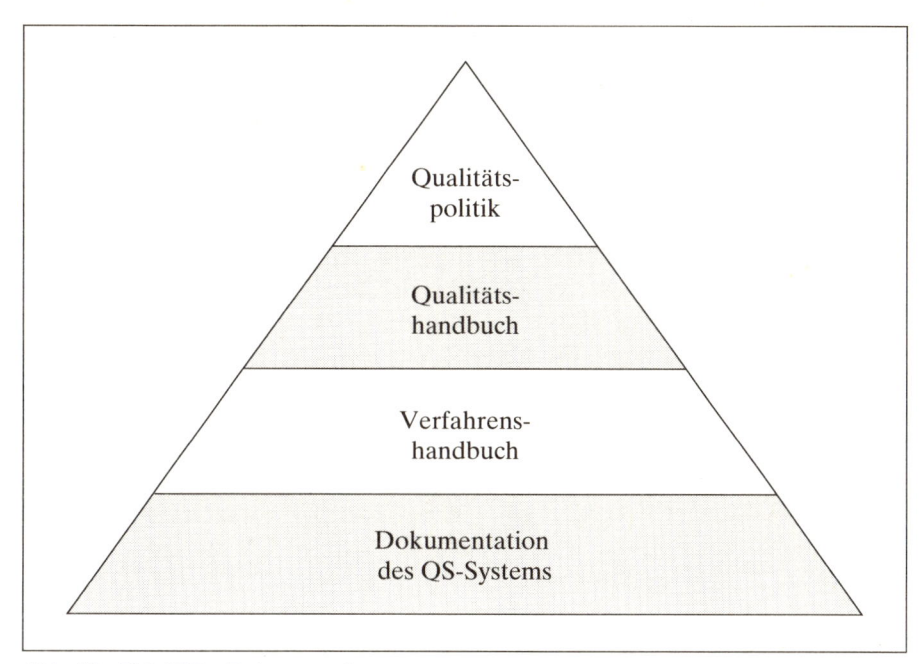

Abb. 4.3: ISO 9000 – Dokumentation

4.2 Unternehmensberater und andere externe Unterstützung

Dieses Buch soll ein Leitfaden für eine selbständige Einführung eines QS-Systems zur Erfüllung von ISO 9000 sein. In der Praxis vertrauen wahrscheinlich nicht alle Unternehmen auf ihre eigenen Ressourcen und werden vermutlich doch die eine oder andere Form externer Hilfestellung suchen. Das muß sicher kein umfangreiches Beratungsprogramm sein; es ist sicher bei weitem kostengünstiger, Beratung nur für die kritischen Phasen des Projektes einzukaufen. Darüber hinaus gibt es neben der Beratung auch andere Formen externer Unterstützung, die in Betracht gezogen werden können. Wir werden zunächst die Funktion und Auswahl von Unternehmensberatern diskutieren und dann das Kapitel mit Vorschlägen zu anderen möglichen Quellen externer Unterstützung beschließen.

Berater sollten nicht als Alternative zur Arbeit eigener Mitarbeiter eingesetzt werden. Ihre Funktion besteht darin, zu raten und zu erleichtern – nicht zu ersetzen. Möglicherweise kann man sie bitten, erste Entwürfe zu einigen der stärker standardisierten Teile der QS-System-Dokumentation vorzubereiten: zu Verfahren, die die Forderungen der Norm beschreiben, die wir in Abbildung 2.3, Kapitel 2, als *Lenkung des QS-Systems* bezeichnet haben, und vielleicht auch zum Qualitätshandbuch, da sich diese quer durch alle Unternehmen zumindest ähneln. Für die kritischen Verfahren des *Betriebsprozesses* und der *Unterstützenden Aktivitäten* ebenso wie für die ihnen zugrundeliegende Analyse und interne Prüfung ist es wichtig, daß die Mitarbeiter im zu beratenden Unternehmen selbst die entscheidenden Informationen geben. Der Grund hierfür besteht darin, daß die Arbeit eines Beraters zeitlich begrenzt und aller Wahrscheinlichkeit nach vor dem eigentlichen Audit beendet sein wird, und in jedem Fall ist nicht er es, der die Verfahren anwenden muß. Nur wenn die Mitarbeiter eines Unternehmens ihr eigenes System planen, „besitzen" sie es und fühlen sich für seine erfolgreiche Einführung verantwortlich. Sie können dann keinen anderen als sich selbst für die Bereiche verantwortlich machen, die nicht funktionieren (und am Anfang werden einige nicht funktionieren, wie sorgfältig sie auch immer geplant sein mögen). Leider gibt es Berater, die anbieten, Ihnen ohne Zusammenarbeit mit den Mitarbeitern ein fertiges QS-System zu liefern. Weisen Sie solche Angebote ohne weitere Überlegungen von der Hand.

In Abbildung 4.4 haben wir die Argumente für und gegen den Einsatz von Unternehmensberatern bei der Einführung eines QS-Systems zur Erfüllung von ISO 9000 zusammengefaßt. Das Hauptargument zu ihren Gunsten besteht darin, daß sie ein Fachwissen zu ISO 9000 anbieten, über das nur wenige Firmen im eigenen Hause verfügen. Wenn sie gut sind, dann kennen sie die Forderungen der Norm in- und auswendig und verfügen über einen breiten Erfahrungschatz bezüglich ihrer Anwendung in einer Vielzahl von Unternehmen. Das ist wichtig, denn die Forderungen der Norm müssen im Kontext des jeweiligen Unternehmens interpretiert werden. Wie wir bereits an früherer Stelle erwähnt haben, ist die Norm in einer Sprache abgefaßt, die für Unternehmen aus nichttechnischen Bereichen nicht immer einfach zu verstehen ist. Besonders Unternehmen im Dienstleistungsbereich benötigen ein beträchtliches Maß an Kreativität, um herauszufinden, wie die Forderungen hinsichtlich des Unternehmens interpretiert werden können.

Es ist dagegen nicht entscheidend, daß der Berater über spezielle Kenntnisse Ihrer Branche verfügt, da einer der Vorteile eines Beraters darin liegt, daß er aus seiner Arbeit mit verschiedenen Unternehmen Ideen zusammenträgt. Schließlich steht auf der Seite der Pluspunkte die Tatsache, daß ein erfahrener Berater vorhandene und erprobte Dokumentationen von QS-Systemen heranziehen kann. Sowohl aus moralischen wie auch aus praktischen Gründen sollten Sie jedoch, wie gesagt, nicht erwarten, daß ein Berater bei Ihnen mit einem Berg an Handbüchern auftaucht, in die nur noch der Name Ihrer Firma eingetragen werden muß. Bestenfalls lassen sich einige der Beispiele anpassen.

Vermutlich würde sich niemand über die Hinzuziehung von Beratern Gedanken machen, wenn diese kein Honorar verlangen würden – die Nachteile haben vor allem etwas mit den Kosten zu tun. Unternehmensberater haben nichts als ihre Zeit zu verkaufen. Ein guter Berater sollte seinem Kunden Zeit sparen, die andernfalls durch mühsames „Herumprobieren" und durch auftretende Fehler verschwendet worden wäre. Der alte Witz, daß ein Unternehmensberater „jemand ist, der sich Ihre Uhr borgt, um Ihnen die Uhrzeit zu sagen", enthält ein Körnchen Wahrheit; Unternehmensberater berechnen unausweichlich die Zeit, die sie benötigen, um einen Einblick in Ihr Unternehmen zu gewinnen, aber bieten umgekehrt die Vorteile eines unverbrauchten Blickwinkels auf das, was für Sie mehr als vertraute Tätigkeiten sind. Vielleicht „borgen Unternehmensberater Ihre Uhr, um Ihnen die Uhrzeit mitzuteilen", aber sind Sie sicher, daß Sie selbst überhaupt auf die Uhr sehen würden?

Ist einmal ein Berater engagiert, wollen wir natürlich „so viel wie möglich aus ihm herausholen", und wenn er das Richtige tut, wird er das Team im Unternehmen anspornen, indem er Fristen für jede Phase des Projektes vereinbart. Allzuoft werden interne Projekte aufgrund der Belastung im Tagesgeschäft endlos verschoben. Das bringt uns zum letzten Argument gegen den Einsatz von Beratern: Es besteht die Gefahr, daß am Ende die gesamte Arbeit von ihm gemacht wird, statt in erster Linie von uns selbst. In der Praxis würde das jedoch kein halbwegs kompetenter Berater zulassen.

Für Unternehmensberater	**Gegen Unternehmensberater**
Kenntnis der Forderungen von ISO 9000	Hohe Gebührensätze
Fachkenntnisse über die Einführung von ISO 9000	Sie bezahlen dafür, Ihr eigenes Unternehmen kennenzulernen
Zusätzliche Anregungen durch andere Kunden	Berater übernehmen das Projekt, und Sie verlieren die Kontrolle
Verfügbarkeit von Unterlagen aus anderen QS-Systemen	

Abb. 4.4: Argumente für und gegen das Hinzuziehen von Unternehmensberatern

Einige Unternehmensberater bieten komplette ISO-9000-Beratungspakete an: Programme, in denen 10, 15, 20 oder mehr Tage Arbeit enthalten sind, um den Kunden von der Planung bis hin zum fertigen QS-System zu begleiten. Unternehmensberater können jedoch auch sehr viel „sparsamer" eingesetzt werden, und die meisten sind bereit, ihre Beratungsdienste auch tageweise zur Verfügung zu stellen. Ein auf dieser Basis arbeitender Berater könnte zum Beispiel gebeten werden, eine allgemeine Starthilfe zu geben (sagen wir einen Tag), an der Unternehmensanalyse und internen Prüfung (drei Tage) teilzunehmen und das System unmittelbar vor der Einführung zu überprüfen (einen Tag). Auf diese Weise fließt für ein Beratungshonorar von fünf Tagen eine externe Perspektive ein, und ein Unabhängiger beurteilt vor dem offiziellen Audit die Übereinstimmung zwischen System und Norm. Es gibt viele verschiedene Berater. Der einzig wirklich wichtige Unterschied zwischen ihnen besteht jedoch nur in ihrer Qualifikation, und leider ist genau dieser Aspekt vorher am schwierigsten zu beurteilen. Wir wollen Ihnen nachfolgend in aller Kürze einige Vorschläge machen, wie die Gefahr einer schlechten Wahl verringert werden kann. Die Größe der Beratungsfirmen variiert von einem Mitarbeiter über mittelgroße Agenturen bis hin zu internationalen Firmen. Ohne Zweifel können Ein-Mann-Unternehmen hervorragende und kostengünstige Dienste anbieten. Darüber hinaus besteht nicht die Gefahr, daß ein glatter, gewiefter Verkäufer an der „Front" das Geschäft abschließt und dann die Arbeit einem unerfahrenen Mitarbeiter überläßt, wie es bei größeren Unternehmensberatungen passieren kann. Doch leider variiert die Qualität bei Ein-Mann-Unternehmen beträchtlich, und während einige von ihnen wirklich ausgezeichnet arbeiten, sind andere als „kaum kompetent" bis hin zu „betrügerisch" einzuordnen. Das Risiko eines nicht geeigneten Ansprechpartners ist in diesem Fall somit unbestritten höher als bei einer großen Praxis. Ein anderes Problem besteht bei Kleinstfirmen darin, daß sie über keine weiteren Ressourcen verfügen, auf die sie zurückgreifen könnten; der Unternehmensberater kann erstklassig sein, doch Sie werden in Schwierigkeiten geraten, falls er wegen einer längeren Krankheit ausfallen sollte. Er kann auch auf keinen zusätzlichen Rat zurückgreifen. Auch wenn bei größeren Beratungsfirmen ein Auftrag im wesentlichen vielleicht auch von einem einzigen Angestellten ausgeführt wird, so sind doch weitere Mitarbeiter vorhanden, die zusätzlich Unterstützung leisten und das fertige QS-System vor der Einführung vielleicht nochmals auf Herz und Nieren prüfen können.

Weiterhin unterscheiden sich Beratungsfirmen durch den Grad und die Art ihrer Spezialisierung. Einige von ihnen haben sich sich auf Qualität oder gar ISO 9000 spezialisiert, während andere von ihnen Generalisten sind. Die größten Agenturen können ein Qualitätsteam oder eine -einheit anbieten, das/die sich aus vielfältigen Spezialisten/Spezialisierungen zusammensetzt. Insgesamt betrachtet, haben Spezialisten unserer Auffassung nach mehr zu bieten. Es gibt jedoch ein gutes Argument für den Generalisten: Ein Berater, der über eine breite Erfahrung verfügt, ist möglicherweise in der Lage, auch Probleme in Ihrem Unternehmen zu erkennen, die nicht direkt mit dem Thema Qualität zu tun haben. Er kann somit einen größeren Beitrag für Ihr Unternehmen leisten. Der Auswahlprozeß beginnt mit der Aufstellung einer Kurzübersicht über alle und in Frage kommenden Berater.

Die richtige Wahl

Nachdem Sie potentiell geeignete Berater ermittelt haben, empfehlen wir, zwei oder drei von ihnen um Unterbreitung eines Angebotes für die Durchführung der Arbeit zu bitten – nicht mehr, da Sie nicht nur deren, sondern auch Ihre eigene Zeit verschwenden würden. Sie können vom Berater ein persönliches Treffen mit Ihnen erwarten, bevor er ein offizielles Angebot vorbereitet. Danach sollten Sie jedes der Angebote sehr sorgfältig hinsichtlich folgender Kriterien prüfen:

❏ Beweist er Verständnis für die Situation Ihres Unternehmens und für die Gründe Ihrer Bemühung um ISO 9000? Ein kompetenter Berater sollte das beim ersten Treffen bereits dem Gespräch entnommen haben.
❏ Welche Arbeiten genau werden angeboten? Wird er Sie von Anfang bis Ende begleiten oder sich auf bestimmte Aktivitäten konzentrieren?
❏ Auf welche Weise soll die Arbeit durchgeführt werden? Eine anerkannte Methode besteht in der Durchführung einer Analyse am Anfang, der Ermittlung jener Bereiche, für die Handlungsbedarf besteht, und danach der Durchführung einer Abschlußprüfung, um festzustellen, ob das neue QS-System die Forderungen der Norm erfüllt.
❏ Gibt er einen festen Zeitplan und die genauen Kosten für das Projekt an? Er sollte wenigstens präzise aufführen, wie sich sein von Ihnen zu zahlendes Honorar zusammensetzt.

Falls im schriftlichen Angebot nicht angegeben, sollten Sie auch feststellen, wer genau die Beratung durchführen wird (das gilt natürlich nur, wenn es sich nicht um ein Ein-Mann-Unternehmen handelt). Bestehen Sie auf einem Treffen mit dem Mitarbeiter, der die Arbeit im Projekt durchführen wird, denn das ist wichtig. Sie müssen keine „Busenfreunde" werden, aber Sie brauchen Vertrauen in seine Fähigkeiten und die Kommunikation muß stimmen.

Wenn Sie eine Beratungsfirma in die engere Wahl ziehen, werden Sie zweifellos berücksichtigen, über welche Erfahrungen sie hinsichtlich Ihres eigenen oder eines ähnlichen Unternehmen verfügt. Nach Meinung der Autoren ist Erfahrung mit einem speziellen Unternehmenstyp nicht erforderlich, doch es sollte irgendeine Form der Vertrautheit mit den allgemeinen Merkmalen der Art des Unternehmens geben. Wenn es sich bei Ihnen um ein Dienstleistungsunternehmen handelt, wird ein Unternehmensberater mit ausschließlicher Erfahrung in der Schwerindustrie wohl kaum die beste Wahl sein. Und fragen Sie unbedingt nach Referenzen von früheren Kunden – natürlich wird man Ihnen dann eher die besseren als die schlechteren zukommen lassen, doch auch diese zeigen zumindest, daß es bereits Kunden gab, die zufrieden waren.

Teil II

Ein Handlungsplan für ISO 9000

Wir können uns jetzt einem Handlungsplan für ISO 9000 zuwenden. Die folgenden Kapitel behandeln die einzelnen Schritte auf dem Weg zu ISO 9000 in logischer Abfolge. Zur Erfüllung der Bedürfnisse bestimmter Unternehmen kann jedoch eine Abänderung der Reihenfolge notwendig werden. Einige der Aktivitäten könnten beispielsweise gleichzeitig anstatt nacheinander durchgeführt werden.

Der Schlüssel zum Erfolg liegt in der sorgfältigen Planung und der Erstellung eines Zeitplanes am Anfang – das Thema von Kapitel 5. Wir empfehlen Ihnen jedoch dringend, das gesamte zweite Kapitel zu lesen, bevor Sie beginnen, Ihre eigene Arbeit zu planen – was Sie nicht schaffen, wenn Sie nicht alles verstanden haben, was bei einem solchen Projekt zu berücksichtigen ist.

5 Projektplanung

Die Einführung von ISO 9000 ist ein größeres Projekt. In diesem Kapitel, dem ersten in der praktischen Anleitung, werden wir zeigen, wie ein solches Projekt sinnvoll geplant werden kann. Es werden unter anderem folgende Themen behandelt: der Projektleiter und sein Team, Ressourcen, Analyse am Anfang, Zeit- und Budgetplanung.

5.1 Der Projektleiter und sein Team

Als wichtigste Aufgabe hat der Projektleiter dafür zu sorgen, daß alles, was zwischen dem offiziellen Beginn des Projektes und einem erfolgreichen Audit getan werden muß, rechtzeitig getan wird. Darüber hinaus wird der Projektleiter oft viele der im Rahmen des Projektes anfallenden Aufgaben selbst erledigen, obwohl, strenggenommen, die meisten davon auch delegiert werden könnten, damit er sich auf seine Führungsaufgaben konzentrieren kann. In den meisten der kleineren Unternehmen und Institutionen ist der Projektleiter jedoch zwangsläufig auch in die Detailarbeit persönlich eingebunden. Nach Beendigung des Projektes braucht er nichts mehr mit dem Betrieb des QS-Systems zu tun haben: Er muß, um den Terminus aus der Norm zu verwenden, nicht der *Beauftragte der obersten Leitung* werden. In kleineren Unternehmen wird wiederum auch in diesem Zusammenhang der Projektleiter des QS-Systems weiterhin eine wichtige Rolle für den Betrieb des Systems einnehmen. Ob es ihm gefällt oder nicht: Er wird zum hausinternen Qualitätsguru werden.

Zur Auswahl des Projektleiters

Basierend auf unserer Erfahrung aus der Zusammenarbeit mit ISO-9000-Projektleitern können wir einige ideale Führungseigenschaften vorschlagen. Wir sind jedoch sicher, daß viele Unternehmen nicht über den Luxus verfügen, zwischen mehreren möglichen Kandidaten auswählen zu können, da es nur einen einzigen Teilnehmer im Rennen geben wird. Dennoch sollte der Projektleiter unserer Meinung nach zumindest über einige der folgenden Stärken verfügen:

❏ *Autorität*
Um den Zeitplan des Projektes einhalten zu können, muß der Projektleiter über die notwendige Autorität verfügen, um Mitarbeiter und andere Beteiligte koordinieren, wenn nicht gar „kommandieren" zu können. Während der Gesamtlaufzeit des Projektes muß das Tagesgeschäft wie gewöhnlich weiterlaufen. Wenn die Beteiligung von Mitarbeitern im Projekt benötigt wird, werden einige den Druck der laufenden Arbeiten als Entschuldigung für Verspätungen oder Ablenkungen anführen. Der Projektleiter braucht die Autorität, um die Eingaben in das Projekt einzufordern, egal, welche Entschuldigungen vorgebracht werden. (Er braucht auch Erfahrung und Weisheit, um zu erkennen, wann das Projekt zurückgestellt werden muß, um wirklichen Schaden vom Unternehmen abzuwenden.) In einem kleineren oder mittleren Unternehmen muß der Projektleiter also entweder der Geschäftsführung oder der Ebene gleich darunter angehören. Auf dieser Ebene verfügt er über die nötige Autorität, und die Mitarbeiter erkennen seine Position an.

❏ *Kenntnis des Unternehmens*
Die Grundlage für ein erfolgreiches ISO-9000-Projekt ist die Anwendung der Forderungen der Norm auf ein bestimmtes Unternehmen. Dieses Buch, ebenso wie andere Quellen, liefert das nötige Wissen zu diesen Forderungen, doch der Leiter muß die Kenntnisse über das eigene Unternehmen in das Projekt einbringen – wie es strukturiert und organisiert ist, was in den Kernprozessen hergestellt wird und wie diese ablaufen. Wenn der Projektleiter aufgrund seiner Autorität gewählt wurde, wird er wahrscheinlich auch die notwendigen Kenntnisse über das Unternehmen besitzen; es ist sehr wahrscheinlich, daß er einige der wichtigen Funktionen eine Zeitlang in leitender Position ausgeübt hat. Nebenbei bemerkt: Diese Notwendigkeit des Verständnisses für die Kernprozesse im Unternehmen kann ein Argument gegen die Wahl eines Projektleiters aus mehr fachlich ausgerichteten oder aus Verwaltungsabteilungen sein – hierzu gehören Rechnungswesen und Finanzen. In anderer Hinsicht ist der Lei-

ter der Finanzabteilung vielleicht der ideale Kandidat für das Projekt, doch wenn er von den Kernprozessen relativ entfernt ist, wird er möglicherweise mit praktischen Problemen zu kämpfen haben. Die Notwendigkeit fundierter Kenntnisse über das Unternehmen ist auch ein sehr guter Grund dafür, die Leitung des Projektes keinem externen Unternehmensberater zu übertragen. Selbst wenn eine umfangreichere Beteiligung einer Beratungsfirma geplant wird, sollte die Projektleitung fest in den Händen von Mitarbeitern des Hauses bleiben – zu den wichtigsten Aufgaben des Projektleiters gehört die Wahl des Unternehmensberaters und die enge Zusammenarbeit mit ihm.

❑ *Erfahrung im Projektmanagement*
Der Projektleiter sollte über nachweisbare Erfahrungen im Projektmanagement verfügen, vorzugsweise außerhalb der täglichen Betriebsprozesse im Unternehmen. Zu solchen Erfahrungen zählen beispielsweise der Kauf größerer Anlagen für das Unternehmen, die Umorganisation der Unternehmensstruktur oder die Einführung eines neuen EDV-Systems. In derartigen „außergewöhnlichen" Projekten hat er gelernt, sich kurzfristig Fachwissen in einem neuen Bereich anzueignen, andere Mitarbeiter zu koordinieren, zu improvisieren und, wenn Schwierigkeiten auftreten, vor allem folgendes zu tun: verhindern, daß sie sich zu Katastrophen auswachsen.

❑ *Angemessene Kenntnisse über ISO 9000 und persönliche Verpflichtung gegenüber der Norm*
In nur wenigen Unternehmen ist dieses Wissen von Projektbeginn an vorhanden. Wir meinen hiermit also den Willen und die Begeisterung, so viel wie nötig über die Norm zu lernen. Solche Kenntnisse werden vielleicht durch das Lesen dieses Buches erworben, durch den Besuch von entsprechenden Seminaren, durch die Arbeit mit Beratern oder durch Diskussionen mit anderen Unternehmen, die entweder den Prozeß bis zum Erwerb von ISO 9000 bereits durchlaufen haben oder gerade dabei sind.

❑ *Ausreichend verfügbare Zeit*
Der Projektleiter muß über genügend Zeit zur Erfüllung dieser Aufgabe verfügen. Da er wahrscheinlich bereits eine wichtige Funktion im Unternehmen wahrnimmt, wird er sich entweder einiger Routinearbeiten entledigen müssen (Routineaufgaben zu delegieren kann langfristig Vorteile sowohl für ihn selbst als auch für das Unternehmen mit sich bringen) oder die für die Leitung dieses Projektes benötigte zusätzliche Zeit irgendwo „abzweigen". Wahrscheinlich ein bißchen von beidem. Er muß jedoch so engagiert sein, daß er ausreichend Zeit findet. Wieviel ausreichend ist, hängt von der Situation im Unternehmen ab – wieviel Arbeit für die Entwicklung und Einführung eines QS-Systems benötigt wird – und in welchem Ausmaß Aufgaben delegiert werden können.

Dieses sind wirklich die Schlüsseleigenschaften eines idealen Projektleiters für ISO 9000. Die gegenteilige Frage lautet: Wer sollte den Job nicht erhalten? Nach Erfahrung der Autoren läßt sich die Quelle vieler Probleme, die in Zusammenhang mit dem Bemühen um ISO 9000 auftreten, darauf zurückführen, daß entweder „eingefahrene Bürokraten" oder „unerfahrene Neulinge" zu Projektleitern gemacht wurden.

Ein typischer „Bürokrat" ist einer der Firmengründer, der vielleicht jedoch immer nur die „Nummer zwei" war. Er besitzt zwar einen bestimmten Status und wird entsprechend bezahlt, aber keiner weiß so genau, welche Aufgaben er eigentlich hat. Solche Leute haben vielleicht eine gewisse Autorität aufgrund ihrer langen Zugehörigkeit zum Unternehmen. Sie sind jedoch nicht mehr daran gewöhnt, praktisch mitzuarbeiten. Sie behaupten vielleicht, sie hätten beträchtliche Kenntnisse über das Unternehmen, doch diese beziehen sich oft auf die Situation von vor zehn Jahren. Heute sind sie aus dem Tagesgeschäft ziemlich ausgeschlossen. Sie sind nicht mehr daran gewöhnt, sich neuen Herausforderungen zu stellen und finden es möglicherweise schwierig, die Konzepte eines QS-Systems und der Norm zu verstehen. Vor allem haben „Bürokraten" den Blick für Dringlichkeit und schnelle Aktionen verloren. Leider haben sie oft etwas, über das kein anderer verfügt: Zeit. Sie werden oft deshalb gewählt, weil kein anderer Zeit von seinem Tagesgeschäft erübrigen kann. Das Problem könnte deshalb vielleicht umformuliert werden: Wer immer Zeit hat, die Projektleitung zu übernehmen, ist für diesen Job nicht qualifiziert.

„Unerfahrene Neulinge" dagegen bringen eine Unmenge an Begeisterung mit: ganz im Gegensatz zu den „Bürokraten". Sie sind ein Beispiel dafür, daß die gefährlichsten Leute in einem Unternehmen nicht die Unwissenden und Müßiggänger sind, sondern die Unwissenden und Fleißigen. Sie sind typische „verspielte junge Hunde" in dem Sinne, daß sie jung und neu im Unternehmen sind und darauf brennen, ihr Können durch die Leitung von ISO 9000 unter Beweis zu stellen. Sie verfügen jedoch über nur eingeschränkte Kenntnisse der Kernprozesse im Unternehmen (und was noch schlimmer ist, sie erkennen oft ihre Grenzen nicht) und haben keine wirkliche Autorität. Dafür haben sie vielleicht die Arroganz, den anderen Mitarbeitern die Sache zu „vermiesen". Zudem haben sie oft keine richtige Erfahrung in der Leitung von Projekten.

Wer hat nach der Wahl eines geeigneten Projektleiters sonst noch etwas mit dem Projekt zu tun? Generell gilt, je größer die Beteiligung der Mitarbeiter aus allen Unternehmensbereichen, desto effizienter wird das neue QS-

System sein. Wenn auch in vielen Unternehmen der Projektleiter das einzige ständige Mitglied im Projektteam ist, sollten auch andere Mitarbeiter, sobald es notwendig wird, an der Erledigung bestimmter Aufgaben oder zur Erteilung eines Rates beteiligt werden. Das gilt ganz besonders für das Beschreiben der Verfahren. Über einen bestimmten, kritischen Punkt hinaus erhöht das Delegieren von Projektaufgaben an Ad-hoc-Mitarbeitergruppen leider die Belastungen des Projektleiters mehr als sie zu verringern. Er ist gezwungen, Zeit darauf zu verwenden, jedem Beteiligten nachzulaufen, um sicherzustellen, daß seine Arbeit sowohl den Zeitplan als auch die Forderungen erfüllt. Ausreichend Zeit zur Betreuung und Beratung der Mitarbeiter muß jedoch zur Verfügung stehen.

Einige Unternehmen haben vielleicht einen idealen Projektleiter mit genügend Zeit. Damit sind sie in einer glücklichen Lage, doch in diesem Fall besteht die Gefahr, daß das Projekt zu einer Privatangelegenheit wird. Das muß verhindert werden, denn selbst wenn der Projektmanager in der Lage ist, ein wirksames QS-System zu entwickeln, wird es dann mehr ihm als dem Gesamtunternehmen gehören. Das wird in der Einführungsphase zu akuten Problemen führen. Beiträge aus dem gesamten Unternehmen werden nicht nur als Eingabe bei der Planung des Systems benötigt, sondern, und das ist genauso entscheidend, um sicherzustellen, daß überall im Unternehmen das Gefühl entsteht, das System wirklich zu „besitzen". Eine Abteilung kann sich nicht weigern, Verfahren einzuhalten, wenn sie an der Entwicklung dieser Verfahren maßgeblich beteiligt war. Dagegen stehen die Chancen gut, daß Verfahren abgelehnt werden, die ohne Mitarbeiterbefragung geplant wurden.

Es ist deshalb wichtig, daß in der Projektplanungsphase beachtet wird, wie die Beteiligung aller Mitarbeiter erzielt werden kann. Das ist auf verschiedenen hierarchischen Ebenen möglich. In einem Unternehmen, in dem Entscheidungen in zentralen Sitzungen gefällt werden, könnte man den Projektleiter bitten, in jeder Sitzung einen Tätigkeitsbericht abzugeben, dem eine Diskussion folgt. Hierdurch würde die Beteiligung der obersten Führungsebene am Projekt sichergestellt.

Parallel dazu könnte es eine Sitzung eines eigens zu diesem Zweck ins Leben gerufenen Teams von Führungskräften unterhalb der Geschäftsführungsebene geben, die sich, sagen wir, wöchentlich trifft, um auftretende Probleme und den Fortgang der Arbeiten zu diskutieren. Zusätzlich könnten für kurze Zeit Mitarbeiter aus allen Ebenen intensiv beteiligt werden, wenn es um die Gestaltung der Verfahren für bestimmte Abteilungen oder Funktionsbereiche geht. Einige dieser Mitarbeiter (und nicht unbedingt immer die höchsten in der Hierarchie) könnten darum gebeten werden, an der Dokumentation der Verfahren mitzuarbeiten, sobald man in diese Projektphase eintritt.

5.2 Ressourcen

Abgesehen von der investierten Mitarbeiterzeit erfordert ISO 9000 kaum umfangreiche Ressourcen. Die Aufzeichnungen müssen exakt festgehalten werden, und die Dokumente und Formulare müssen eventuell gedruckt werden, doch für das alles wird kaum mehr als eine begrenzte Menge an zusätzlichem Büromaterial benötigt. Zu wesentlich höheren Ausgaben könnte es kommen, wenn die interne Überprüfung einen Bedarf an zusätzlichen Geräten für die Betriebsprozesse (oder damit verbundenen weiteren Meßgeräten) oder der Überwachung ergeben würde, doch oft werden als Ergebnis von ISO 9000 die Kernaktivitäten eher formalisiert als geändert. Ein wichtiges Hilfsmittel ist ein professionelles Textverarbeitungssystem.

Es ist wahrscheinlich, daß bei der Vorbereitung der Dokumentation viele Entwürfe vor der Erstellung der endgültigen Version benötigt werden. Nach der Einführung des Systems werden darüber hinaus Änderungen in der Dokumentation notwendig werden, um einerseits Mängel zu beseitigen, die sich nur durch den Betrieb des Systems feststellen lassen, und andererseits, um sich verändernden Bedingungen Rechnung zu tragen (Veränderungen des QS-Systems werden zwangsläufig weiterhin und laufend stattfinden). Eine professionelle Software ist hierbei eine enorme Hilfe.

5.3 Recherchen am Anfang

Eine der ersten Aufgaben des Projektleiters sollte darin bestehen, am Anfang einige Recherchen durchzuführen. Möglicherweise wurde einiges davon schon erledigt, bevor man sich für ISO 9000 entschied. Folgende Bereiche sollten in diesem Zusammenhang abgedeckt werden:

Was tut sich in der Branche?

Sie können davon ausgehen, daß andere Unternehmen in Ihrer Branche oder Ihrem Betätigungsfeld mit ISO 9000 entweder zu tun haben, darüber nachdenken oder gar bereits zertifiziert sind. Während das QS-System jedes Unternehmens einzigartig ist und sein sollte, werden Firmen, die ähnliche

Tätigkeiten ausüben, bei der Anwendung von ISO 9000 mit ähnlichen Problemen konfrontiert werden (zum Beispiel: Wie ist *4.11 Prüfmittel* auf ein Arbeitsvermittlungsbüro anzuwenden?). Eine Branche reagiert auf ISO 9000 entweder so gut wie gar nicht, oder es gibt so etwas wie eine inoffizielle Übereinstimmung.

Um sich über die Entwicklungen in einer bestimmten Branche auf dem laufenden zu halten, empfiehlt es sich, Kontakt zu den einschlägigen Wirtschaftsverbänden und zu anderen Unternehmen zu halten und die Wirtschaftspresse zu lesen. Solche Recherchen erfordern ein bißchen Mühe oder Zeit, sie können aber neben Informationen darüber, wie ISO 9000 in einer bestimmten Branche angewendet wird, auch zu anderen nützlichen Informationen führen (zum Beispiel zu den Namen von Unternehmensberatern mit entsprechenden Erfahrungen).

Was unternehmen andere ortsansässige Firmen bezüglich ISO 9000?

Neben der Untersuchung dessen, was in der jeweiligen Branche geschieht, lohnt es sich auch, lokale Kontakte aufzubauen. Möglicherweise haben auch andere Firmen in Ihrer Nähe gerade den Prozeß durchlaufen oder befinden sich in der gleichen Phase wie Sie, und selbst eine zwanglose kleine Plauderei am Telefon kann zu wertvollen Tips und Einsichten führen. Die Kontaktaufnahme zu den örtlichen Industrie- und Handelskammern kann eine hervorragende Methode zur Etablierung von Kontakten sein. Nehmen Sie nicht alles für bare Münze, was man Ihnen erzählt. Von einem Unternehmen wurde behauptet, daß es die Prüfung nicht bestanden habe, weil es Briefumschläge von einem Lieferanten gekauft hatte, der selbst kein ISO-9000-Zertifikat besaß. Von einem anderen hieß es, daß es in ernsthaften Schwierigkeiten sei, weil Besenschränke nicht beschriftet gewesen seien, usw. Solche Beispiele sind in dieser Form einfach unglaubwürdig, obwohl es sich dabei vielleicht um entstellende Berichte über wirklich aufgetretene Probleme handelt (das heißt, um ein ungeeignetes Beschaffungssystem und mangelnde Qualitätsdokumentation). Die Moral der Geschichte: Hören Sie zu, aber lassen Sie sich nicht durch „Schauermärchen" irritieren – wie überzeugt sie auch immer erzählt werden mögen.

Der erste Kontakt mit dem Auditor

Wenn auch die endgültige Wahl des Auditors auf einen späteren Zeitpunkt verschoben werden kann, schadet es nicht, sich schon in dieser frühen Phase des Projektes Informationen von den Prüfern schicken zu lassen. Falls Ihre schriftliche Bitte um Zusendung solcher Informationsunterlagen auch eine Kurzbeschreibung des Unternehmens und seiner Aktivitäten enthält, können Sie damit herausfinden, ob eine bestimmte Prüfungsstelle daran interessiert ist, in Ihrer Branche zu arbeiten. Einige von ihnen führen Prüfungen in allen Branchen durch, während sich andere spezialisiert haben. Anhang 1 enthält eine Liste von Prüfstellen.

5.4 Der Zeitplan

Es ist wichtig, zu Beginn des Projektes einen Zeitplan aufzustellen. Wahrscheinlich muß er noch einige Male verändert werden, doch ohne konkrete Termine wird sich das Projekt zu lange hinziehen. Natürlich ist es wichtig, genügend Zeit einzuplanen, doch je schneller das neue QS-System eingeführt wird, desto schneller können die internen Vorteile realisiert werden. Auch in den Genuß der externen Vorteile kommt man nicht vor vollständig erfolgter Prüfung und Zertifizierung.

Wie lange wird oder sollte der Gesamtprozeß dauern? Dieser Zeitraum variiert zwischen den einzelnen Unternehmen beachtlich und muß, basierend auf einer Schätzung der damit verbundenen Aktivitäten und verfügbaren Ressourcen, von jedem Projektleiter individuell erstellt werden. Der Gesamtzeitplan teilt sich in zwei Teile: Planung bis Implementierung und Implementierung bis zum erfolgreichen Audit.

Der Zeitraum von der Planung bis zur Implementierung (Kapitel 5 bis Kapitel 10) wird, wenn man ganz von vorne beginnt, oft weniger als drei Monate dauern, doch in den meisten Fällen in deutlich weniger als einem Jahr vollständig abgeschlossen sein. Zu den entscheidenden Faktoren gehört die Komplexität des Unternehmens und die Zeit, die die Mitarbeiter (die des Projektleiters mit eingeschlossen) zur Durchführung der notwendigen Arbeiten zur Verfügung haben. Wenn Berater beteiligt sind, kann auch ihre verfügbare Zeit ein Faktor sein, aber es müßten gute Gründe dafür sprechen, mit einer Beratungsfirma zu arbeiten, deren Arbeit den eigenen Zeitplan verzögert.

Die Zeit zwischen Implementierung und Audit wird wiederum kaum weniger als drei Monate in Anspruch nehmen, doch in den meisten Fällen sollte sie nicht länger als neun Monate dauern. Ist das System einmal eingeführt, muß das Unternehmen dem QS-System mit ganzem Herzen verpflichtet sein, so daß die zur Verfügung stehende Mitarbeiterzeit für den Betrieb des

Systems niemals ein Grund für Verzögerungen sein kann (sie könnte indes ein legitimer Grund für eine Verzögerung der Einführung sein). Dagegen ist die Prozeßzykluszeit eines bestimmten Unternehmens sehr wohl ein Faktor, der Auswirkungen auf die Phase nach der Einführung des Systems hat. Die Prüfer erwarten Belege für die Anwendung wenigstens der Verfahren, die die meisten der Aktivitäten im Unternehmen abdecken. In einem Unternehmen, das kapitalintensive Großanlagen herstellt, kann die Zeitspanne für jedes Projekt mehrere Monate dauern. Da das QS-System nicht überprüft werden kann, bevor nicht mehrere Projekte durchgeführt wurden, wird somit in solchen Fällen die Prozeßzykluszeit zu einem wichtigen Faktor. In anderen Unternehmen ist sie jedoch nicht von Bedeutung; im Gaststättengewerbe dauert der Kernprozeß nur Stunden.

Ein anderer Aspekt, der Einfluß auf die Zeit zwischen Implementierung und Audit hat, betrifft Fehler. Hierbei geht es uns nicht so sehr darum, daß am Anfang Fehler im Umgang mit dem System häufiger auftreten – das ist unausweichlich –, sondern darum, daß erst Erfahrungen im Umgang mit Problemen mit Hilfe des Qualitätsdreieckes *Interner Audit, Korrekturmaßnahmen* und *Überprüfung durch die oberste Leitung* gesammelt werden müssen. Wie lange das dauert, wird davon abhängen, wie die Funktionsweise des Dreieckes praktisch umgesetzt wird.

Schließlich kann die Zeit des Auditors als begrenzender Faktor wirken. Die meisten Prüfstellen verlangen eine Vorlaufzeit zwischen ca. zwei und vier Monaten zur Durchführung eines Audits (diese Zeitspanne beginnt im allgemeinen mit dem Tag der Anmeldung und der Zahlung von zumindest einem Teil der Gebühren). Wenn jedoch der Prozeß der Auswahl eines Prüfers gleichzeitig mit anderen Aktivitäten in Angriff genommen wird, das heißt, wenn die Planung gut ist – dann wird das Warten auf die Prüfung wohl kaum den Gesamtzeitplan verzögern.

Wenn wir somit die Zeit zugrunde legen, die bis zur Implementierung des Systems und danach benötigt wird, ist es sehr unwahrscheinlich, daß das gesamte Projekt in weniger als sechs Monaten durchgeführt werden kann. Andererseits sollte es binnen 18 Monaten abgeschlossen sein.

Als eine der ersten Aufgaben des Projektleiters empfehlen wir die Erstellung eines Zeitplanes. Eine Übersicht, wie in Abbildung 5.1 dargestellt, ist ein wirkungsvolles Instrument. Das Diagramm wird unterteilt in Wochenspalten (im vorliegenden Beispiel 27), wobei die wichtigsten Projektaktivitäten jeweils an der Seite angegeben werden. Mit Hilfe von Linien wird die für

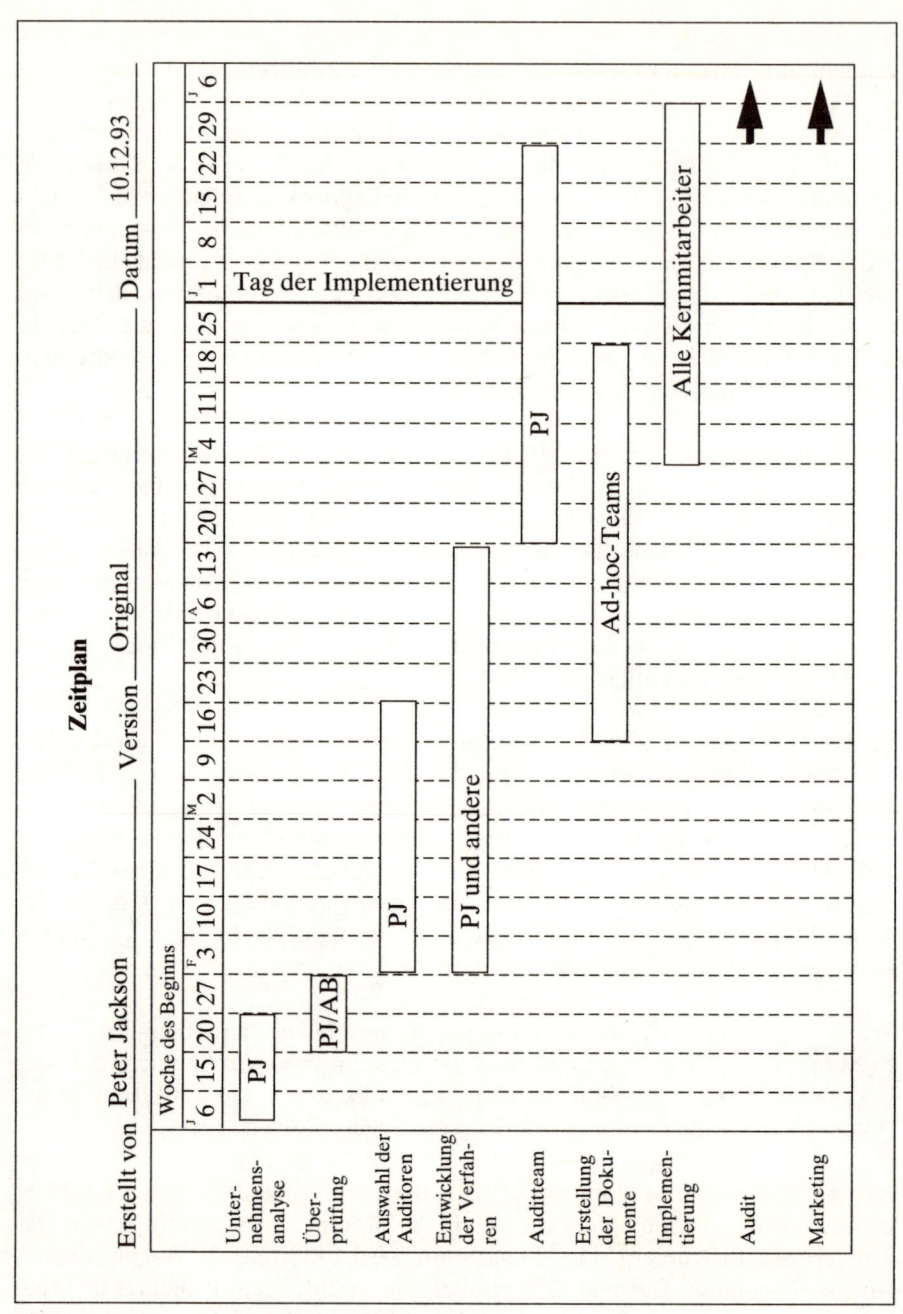

Abb. 5.1: ABC GmbH ISO 9000 – Projektzeitplanung

jede Aktivität geplante Zeit angegeben, eventuell auch zusammen mit den Namen derjenigen Mitarbeiter, die daran vorrangig beteiligt sind. In unserem Beispielzeitplan erstreckt sich der Punkt „Entwicklung der Verfahren" über die Wochen vom 3. Februar bis zum 13. April und liegt in der Verantwortung von „PJ und andere". Wichtige Daten, wie beispielsweise der Tag der Einführung (im Beispiel der 1. Juni) und die Prüfung, können als vertikale Linien dargestellt werden. Bei der Erstellung des ersten Zeitplanes muß die wahrscheinliche Zeitdauer einer Aktivität geschätzt werden (lesen Sie als Hilfe hierzu den Rest von Teil II). Zwangsläufig wird die erste Version des Zeitplanes einer anschließenden Revision bedürfen, und das wird dann nur die erste von mehreren Überarbeitungen sein. Aus diesem Grund, selbst wenn der erste Entwurf an nur wenige verteilt wird, empfehlen wir, ihn mit einer Versionsnummer (Original, Überarbeitung 1, Überarbeitung 2 etc.) und Datum zu versehen.

Ist der Plan erstellt und verabschiedet, sollte der Projektleiter den aktuellen Verlauf des Projektes regelmäßig mit dem Plan vergleichen. Natürlich sollte der Plan nicht jedesmal geändert werden, wenn eine Aktivität dem geplanten Zeitpunkt hinterherhinkt, aber es ist genauso sinnlos, ein wunderschön entworfenes, aber unrealistisches Diagramm zu präsentieren. Der Zeitplan muß zur Kontrolle des Projektes verwendet, gleichzeitig aber ständig an die Realität angepaßt werden. Es ist wichtig, daß die Mitarbeiter, die eine Revision des Zeitplanes vornehmen können, hierzu ausdrücklich ermächtigt werden; im allgemeinen ist es am besten, diese Autorität einzig dem Projektleiter zu übertragen.

Solche Diagramme können auch für detaillierte „Unterzeitpläne" verwendet werden. So könnte man zum Beispiel sinnvollerweise je ein Diagramm für jede größere Aktivität aus unserer Abbildung 4.1 in Kapitel 4 erstellen. Solche Diagramme können immer dann vorbereitet werden, wenn die jeweilige Phase erreicht wird. Wenn am Hauptdiagramm Veränderungen vorgenommen werden, werden natürlich entsprechende Veränderungen in jedem der Unterdiagramme benötigt und vielleicht umgekehrt – wiederum ein Grund dafür, die Befugnis zur Veränderung festzulegen.

5.5 Budgetplanung

Letztendlich muß bei der Projektplanung sichergestellt werden, daß die finanziellen Mittel dann zur Verfügung stehen, wenn sie benötigt werden. Bevor das Projekt entschieden wurde, hat man vermutlich eine Schätzung der Gesamtkosten vorgenommen (vgl. Kapitel 3) und diese bedarf jetzt der Umwandlung in einen Finanzplan.

Die höchsten Kosten enstehen in ISO-9000-Projekten im allgemeinen durch die Arbeitszeit der Führungskräfte, und nur in Ausnahmefällen wird dieser Faktor bei der Berechnung berücksichtigt. Wenn jedoch die von den Mitarbeitern in dieses Projekt investierte Zeit durch Überstunden ausgeglichen werden muß, dann sollten diese Kosten in einem Finanzplan aufgeführt werden. Weiterhin sind die Kosten zu beachten, die durch jeden zusätzlichen Personalaufwand für das QS-System entstehen. In den meisten kleineren und mittleren Unternehmen tritt dieser Fall wahrscheinlich nicht ein, obwohl derartige Kosten in zusätzlich anfallenden Arbeiten versteckt sein können, die vom Projektteam für die Erfüllung der zusätzlichen Qualitätsaufgaben durchgeführt werden müssen.

Abgesehen von Personalzeiten entstehen die wichtigsten externen Kosten durch Unternehmensberater oder (Mitarbeiter-)Schulungen sowie durch die Gebühren für die Prüfstelle. Vor jeder vertraglichen Verpflichtung sollten verbindliche Angebote für diese Kosten eingeholt werden. Das vorangegangene Kapitel enthält einige Empfehlungen zum Thema Beratungskosten, und in Kapitel 11 werden die Gesamtsummen, die im Zusammenhang mit dem Audit zu erwarten sind, diskutiert. Andere Kosten in Verbindung mit dem Projekt ergeben sich vielleicht durch den Erwerb einer professionellen Software und (wohl eher zu vernachlässigen) die Ausgaben für Druck und Büromaterial. Der einzige zusätzliche größere Kostenfaktor könnte durch eine Veränderung des Kernprozesses selbst entstehen, und selbstverständlich können wir hierzu keine allgemeingültigen Aussagen machen.

Der zu erstellende Finanzplan sollte dem Zeitplan angepaßt werden, denn die Frage, wann Zahlungen zu erfolgen haben, ist oft genauso wichtig wie die fällige Summe.

6 Unternehmensanalyse

Bei der Planung eines QS-Systems zur Erfüllung von ISO 9000 besteht der erste Schritt in der Unternehmensanalyse. Sie ist das Werkzeug für die Ermittlung der geforderten Verfahren und für die Planung, wie sie miteinander in Beziehung zu setzen sind, um ein zusammenhängendes System zu ergeben. Die meisten Unternehmen haben ein Organigramm, das aufzeigt, wie die einzelnen Abteilungen und Mitarbeiter in der Hierarchie miteinander in Beziehung stehen. Diese Art der Analyse ist für die Entwicklung eines QS-Systems zwar nicht irrelevant, doch sie ist keinesfalls ausreichend. Sie beschreibt auch nicht das, was wir unter Unternehmensanalyse verstehen. Statt dessen richtet sich unser Interesse auf die Aktivitäten im Unternehmen: Was geschieht beispielsweise, um einen Auftrag in eine Lieferung an den Kunden umzuwandeln? In diesem Kapitel wollen wir zeigen, wie eine Analyse in fast jeder Art von Unternehmen durchzuführen ist. Der Sinn der Analyse – warum sollte sie überhaupt durchgeführt werden – wird in späteren Kapiteln klarer werden, besonders in Kapitel 7 und 8.

6.1 Betriebsprozesse und unterstützende Aktivitäten

Die grundlegendste Analyse eines Unternehmens zeigt Abbildung 6.1. Jedes Unternehmen kann in zwei Teile aufgeteilt werden: Betriebsprozesse und unterstützende Tätigkeiten.

Als Betriebsprozeß bezeichnen wir das, was ein Unternehmen tut, um seine Ziele zu erreichen (Profite, Wachstum, Überleben usw.). Es sind seine Kernaktivitäten, die in einem kommerziellen Unternehmen alle Tätigkeiten umfassen, die eine Kundenanfrage direkt in eine umsatzzielende Auslieferung umwandeln. Hierzu zählen im allgemeinen Vertrieb, Marketing, strategische Planung, Produktion des Produktes oder Ausübung einer Dienstleistung, Versand und, falls erforderlich, weitere Unterstützung des Kunden nach dem Verkauf.

Die unterstützenden Tätigkeiten sorgen andererseits für die Umgebung, innerhalb der der Betriebsprozeß ablaufen kann. Hierzu zählen Einkauf, Finanzplanung, Management, Personalwesen, Aufbau und Wartung von Anlagen und ähnliche Aktivitäten. Solche unterstützenden Tätigkeiten können in einem Unternehmen zentral durchgeführt werden, was jedoch nicht der Fall sein muß. Der Einkauf, beispielsweise, kann von mehreren Gruppen getätigt werden, die jede einzeln für sich mit einem bestimmten Teil des Betriebsprozesses in Verbindung stehen. In Abbildung 6.1 sind die unterstützenden Tätigkeiten als Basis dargestellt, die den Betriebsprozeß stützen.

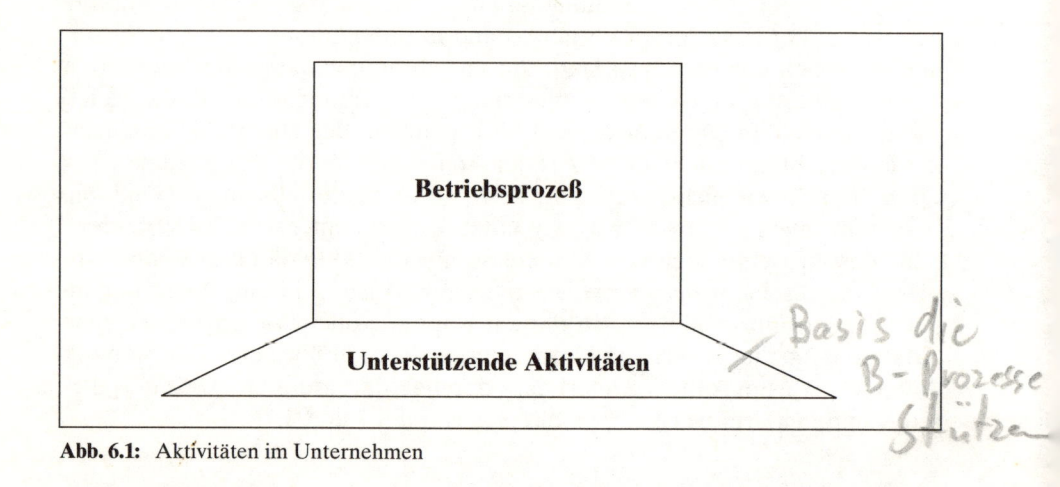

Abb. 6.1: Aktivitäten im Unternehmen

6.2 Der Betriebsprozeß

In den meisten Unternehmen werden die Betriebsprozesse entweder wie in Abbildung 6.2 oder wie in Abbildung 6.3 ablaufen. In einigen gibt es möglicherweise eine Mischung aus beiden grundlegenden Strukturen (Abbildung 6.4, S. 107).

Unternehmen „A" in Abbildung 6.2 ist typisch für Firmen, die nach Auftrag arbeiten. Durch Vertriebs- und Marketingaktivitäten werden Aufträge erzeugt. Danach führen Designarbeiten zu einer Spezifikation für das Werk, durch die Aktivitäten im Werk wird das Produkt hergestellt (hierbei kann es sich auch um eine Dienstleistung statt um ein physikalisches Produkt handeln), und die Distribution sorgt dafür, daß es zum Kunden gelangt, der dann durch After-Sales-Aktivitäten unterstützt wird. Je nach Geschäftsart gehören jedoch Design und After-Sales vielleicht nicht zu den Forderungen des Prozesses, das heißt, sie gehören nicht zum Vertrag zwischen Lieferant und Kunden.

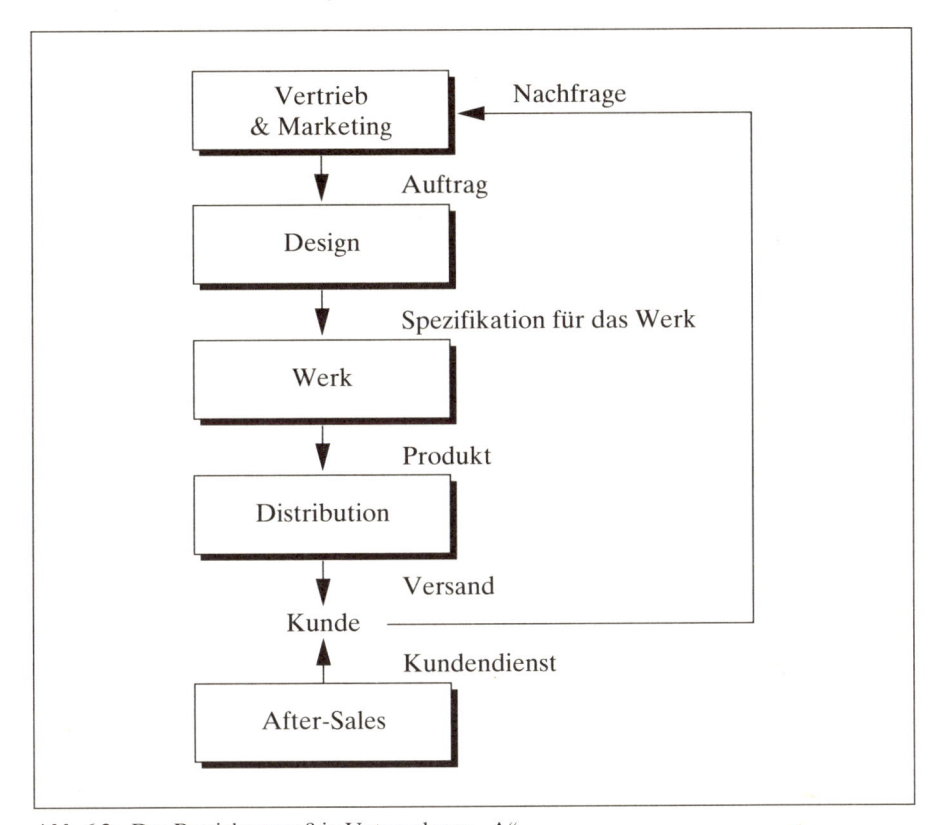

```
          ┌──────────────┐  Nachfrage
          │   Vertrieb   │◄─────────────┐
          │  & Marketing │              │
          └──────┬───────┘              │
                 │ Auftrag              │
          ┌──────▼───────┐              │
          │    Design    │              │
          └──────┬───────┘              │
                 │ Spezifikation für das Werk
          ┌──────▼───────┐              │
          │     Werk     │              │
          └──────┬───────┘              │
                 │ Produkt              │
          ┌──────▼───────┐              │
          │ Distribution │              │
          └──────┬───────┘              │
                 │ Versand              │
               Kunde ───────────────────┤
                 ▲                      │
                 │ Kundendienst         │
          ┌──────┴───────┐              │
          │  After-Sales │              │
          └──────────────┘
```

Abb. 6.2: Der Betriebsprozeß in Unternehmen „A"

Abbildung 6.3 zeigt den Betriebsprozess eines anderen Unternehmenstyps, „B". Der Unterschied zu „A" liegt darin, daß Bestellungen ab Lager ausgeführt werden (anstatt wie bei „A" nach speziellen Forderungen zu fertigen), und falls die Bestellung nicht mit der Produktpalette übereinstimmt (oder der Vertrieb den Kunden nicht davon überzeugt, daß das der Fall ist), geht der Kunde woanders hin. In diesem Fall speist das Werk die Produkte in das Lager der Distribution ein, und die Auslieferung erfolgt ab diesem Lager. Mit diesem Unternehmenstyp ist gewöhnlich ein physikalisches Produkt verbunden. Dienstleistungen werden kaum auf Vorrat angelegt; Kantinenbetriebe sind ein seltenes Beispiel für Dienstleistungen, die auf Vorrat hergestellt werden. Unternehmen wie „B" haben kein Designelement als Teil ihres Betriebsprozesses, da alle Designarbeiten eindeutig nicht mit dem Ziel der Erfüllung von Forderungen irgendeines speziellen Kunden durchgeführt werden (obwohl die Erfüllung der Bedürfnisse des typischen Kunden aufgrund vorheriger Marktforschung vielleicht geplant war).

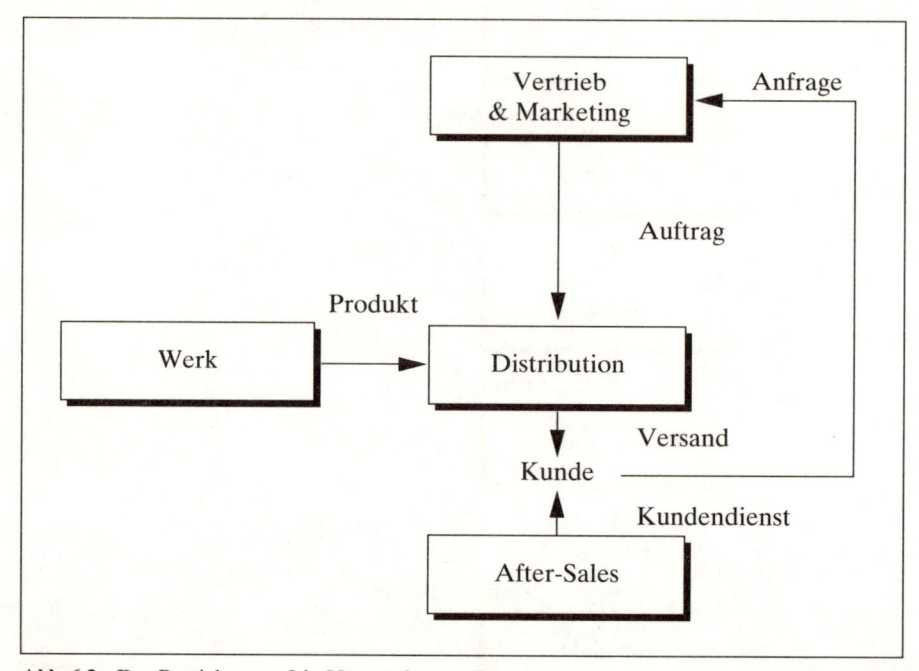

Abb. 6.3: Der Betriebsprozeß in Unternehmen „B"

Die Designarbeiten beziehen sich eher auf die Entwicklung einer Standardproduktpalette, und die Arbeit ist wahrscheinlich am besten den zu unterstützenden Tätigkeiten zuzuordnen. Bei dieser Art Struktur können Designaktivitäten in dem Teil der ISO, für den man sich um die Zertifizierung bemüht, enthalten sein oder nicht. Das Unternehmen kann sich entweder für 9001 oder 9002 entscheiden, doch gewöhnlich wird 9002 ausgeschlossen.

Abbildung 6.4 stellt eine Mischform der Organisation dar, in der einige Bestellungen ab Lager ausgeführt werden, während andere spezifischen Kundenforderungen Rechnung tragen.

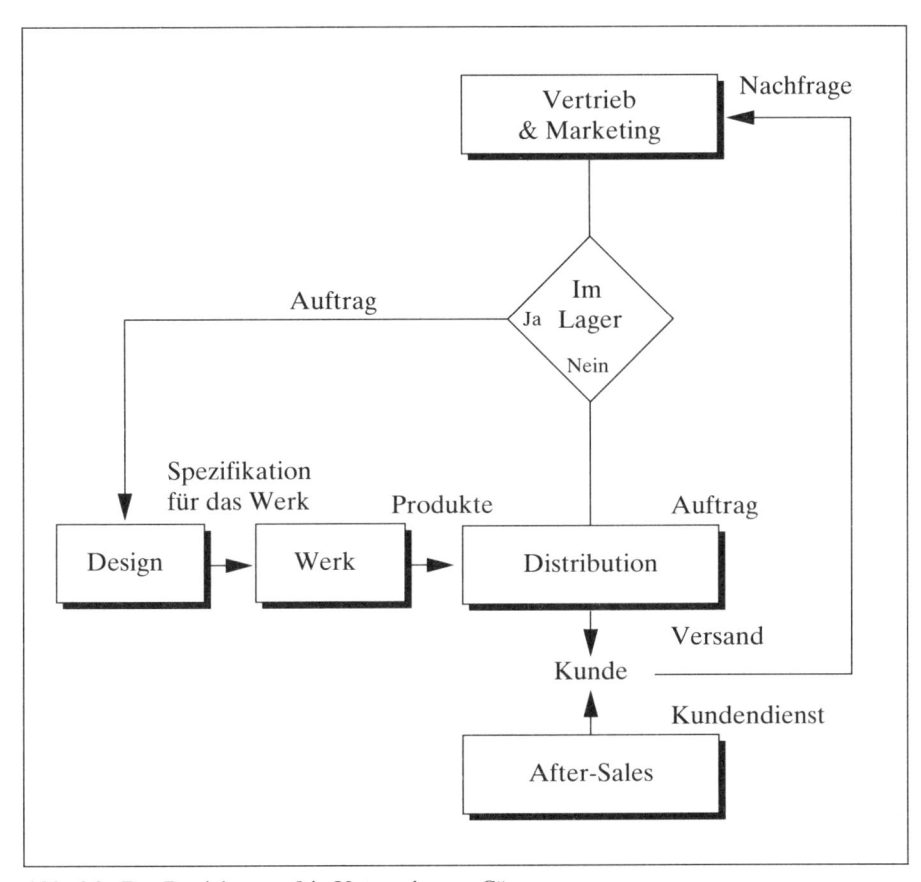

Abb. 6.4: Der Betriebsprozeß in Unternehmen „C"

Wir werden jetzt jeden größeren Teil des Betriebsprozesses betrachten und beginnen mit dem komplexesten.

6.3 Das Werk

Um Verwirrung zu vermeiden, wollen wir am Anfang darauf hinweisen, daß wir, obwohl unter „Werk" ein spezieller Bereich verstanden werden kann, in dem Herstellungprozesse stattfinden, den Begriff für alle Aktivitäten verwenden, deren Ergebnis ein Produkt oder eine Dienstleistung ist, wobei sie nicht in einer Fabrik oder einem Büro durchgeführt werden müssen. Die Arbeit kann genauso gut vor Ort beim Kunden ausgeführt werden.

Die Tätigkeiten im Werk unterscheiden sich zwischen den verschiedenen Unternehmensarten beträchtlich; so sind beispielweise die Aktivitäten in einem Anwaltsbüro ganz verschieden von denen eines Schlächters oder einer Chemiefabrik. Alle Werke setzen sich jedoch ohne Ausnahme aus miteinander verbundenen Ketten aus Input-Prozeß-Output zusammen.

In Abbildung 6.5 ist ein sehr einfaches Werk, „A", dargestellt. Es könnte eine Firma sein, die Metallkleiderbügel herstellt. A1 zeigt einen Input, einen Prozeß und einen Output. Im Beispiel mit den Kleiderbügeln besteht der Input aus einer Drahtspule, der Prozeß umfaßt das Ziehen und Schneiden des Drahtes, die Formgebung und das Drehen zur Herstellung des Kleiderbügels am Ende den Output. Die Abbildung gibt den Prozeß jedoch vereinfacht wieder: Er wird als aus nur einem einzigen Prozeß bestehend dargestellt. In A2 der Abbildung 6.5 wird der Prozeß in seinen Einzelelementen analysiert und als eine Kette von vielen Input-Prozeß-Output-Ketten dargestellt, wobei die Outputs eines Prozesses zu Inputs für den nächsten Prozeß werden (als I/O) dargestellt). Im Falle der Kleiderbügel könnte die Abfolge „Ziehen/Schneiden des Drahtes" P1 sein, wobei das gezogene und geschnittene Ausgabe-Drahtstück als Eingabe in P2 eingespeist wird, „In-die-Form-Biegen", und am Ende wird der gebogene Draht zum Input für P3, das abschließende Drehen des Drahtes (wir entschuldigen uns bei den Herstellern von Kleiderbügeln, die dieses Buch lesen; wahrscheinlich ist die gesamte Herstellung völlig anders).

Der Hinweis ist wichtig, daß A1 und A2 in Abbildung 6.5 unterschiedliche Darstellungen des gleichen Werkes sind. Der Unterschied besteht darin, daß A1 den Prozeß beschreibt, ohne Einzelheiten zu benennen (oder sich auf eine der „Hauptprozeßebenen" beschränkt), während A2 mehr Einzelheiten preisgibt. Es ist natürlich möglich, eine dritte Ebene mit noch mehr Einzelheiten einzufügen (wenn auch vielleicht nicht im Beispiel der Kleiderbügel). Weder bei A1 noch A2 handelt es sich um wahrheitsgetreue Modelle der wirklichen Abläufe im Werk. Die Frage, welche Detailtiefe für die Unternehmensanalyse benötigt wird, hängt einzig und allein davon ab, wie die Ergebnisse dieser Analyse bei der Überprüfung oder bei der Entwicklung von Verfahren im Rahmen der Vorbereitung des QS-Systems verwendet werden. In der Praxis muß deshalb über die benötigte Detailtiefe bei der Analyse des

Werkes entschieden werden. Der beste praktische Rat, den wir geben können, besteht darin, sich anfangs auf ziemlich allgemeiner Ebene zu bewegen, und erst später, falls es nötig wird, die Elemente in weitere Einzelheiten aufzulösen.

Man muß sich die Ketten von Input-Prozeß-Output in einem sehr weiten Sinne vorstellen, wobei man nicht an physikalische Inputs, Prozesse und Outputs gebunden ist.

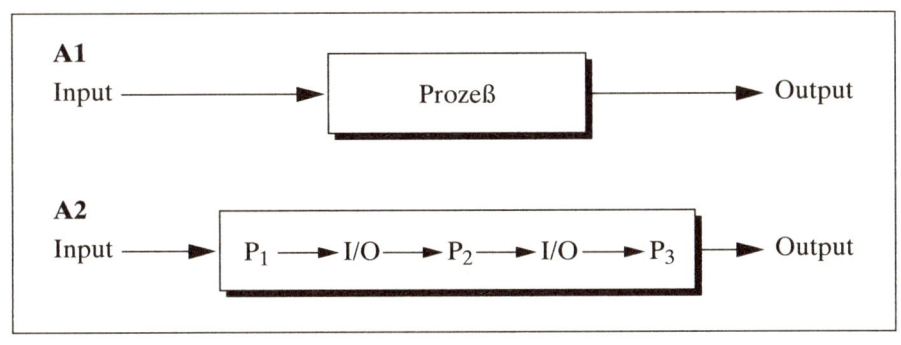

```
A1
Input ──────▶  Prozeß  ──────▶ Output

A2
Input ──────▶ P₁ ──▶ I/O ──▶ P₂ ──▶ I/O ──▶ P₃ ──▶ Output
```

Abb. 6.5: Das Werk in „A"

Ein Versicherungsmakler trifft die Auswahl einer Police aus dem Gesamtangebot des Marktes so, daß sie die Forderungen des Kunden am besten erfüllt. Das ist ebensosehr ein Prozeß, wie es der maschinelle Zusammenbau eines Schlosses ist. Ein Prozeßtyp, der in vielen Unternehmen verbreitet und wichtig für die Qualität ist, ist die Kontrolle, wobei die Arten der Kontrolle offensichtlich variieren. Im Beispiel der Kleiderbügel könnte der Schlußprozeß darin bestehen, die einzelnen Bügel mit einer Standardform zu vergleichen, wobei jeder Bügel, der nicht mit dieser Form übereinstimmt, weggeworfen wird. Ein Prozeß könnte auch passiv sein, zum Beispiel in Form der Lagerhaltung von Materialien, die für den Prozeß benötigt werden. Und ähnlich: Inputs brauchen nicht physikalischer Natur zu sein. Sie können aus zahlreichen Arten von Informationen bestehen, wie zum Beispiel im Falle der verfügbaren Policen. Eine Informationsart, die wir nicht als Input für das Werk ansehen würden, ist die Spezifikation dessen, was produziert werden soll, da hierdurch das Werk mit dem Design oder dem Vertrieb und Marketing verbunden wird (vgl. hierzu nochmals Abbildung 6.2).

Eine Sonderform der Inputs sind jene, die vom Kunden selbst zur Einarbeitung in das endgültige Produkt geliefert werden, was verwirrenderweise in

ISO 9000 als *Vom Auftraggeber beigestellte Produkte* bezeichnet wird. Diese Situation entsteht in Unternehmen, die Auftragsarbeiten durchführen. Ein Beispiel hierfür wäre ein Gußstück, das zu einem Endprodukt weiterverarbeitet wird: Der Kunde erhält nach Weiterverarbeitung sein Gußstück zurück. Beispiele für diese Art von Vereinbarung lassen sich auch im Dienstleistungsbereich finden: Informationen, die von der Geschäftsführung an einen Unternehmensberater geliefert werden, werden in den als Endprodukt zu betrachtenden Bericht „eingearbeitet". Bei dem in Abbildung 6.5 dargestellten Werk „A" zeigten wir nur eine einzige Produktionslinie aus Input-Prozeß-Output. Im allgemeinen ist die Situation komplexer. Abbildung 6.6 zeigt Werk „B", in der zwei voneinander getrennte Prozesse zusammengeführt werden.

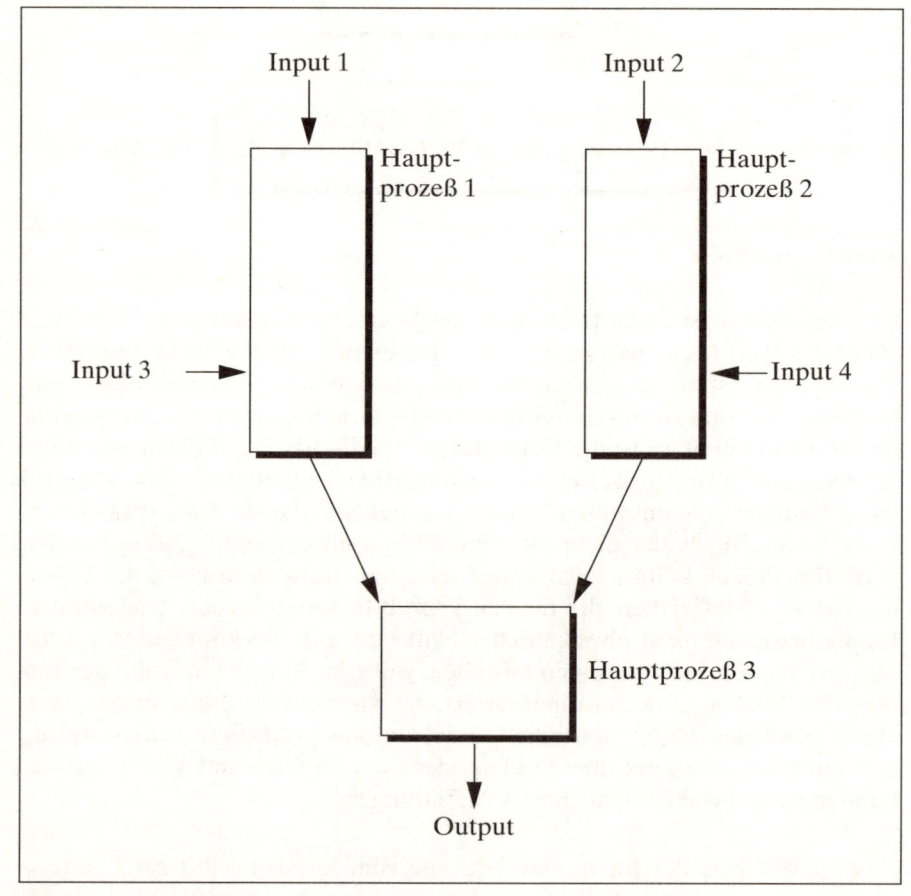

Abb. 6.6: Das Werk in „B"

Wenn wir bei den Kleiderbügeln bleiben, könnte der Input auf der linken Seite der Abbildung der Draht sein, der im Hauptprozeß 1 zu den uns bekannten Drahtkleiderbügeln verarbeitet wird. In diesem Fall wird jedoch ein hochwertigerer Kleiderbügel produziert: einer, dessen Haken mit einem Plastikstreifen überzogen ist. Die Inputs auf der rechten Seite der Abbildung sind deshalb Plastikstreifen, die im Hauptprozeß 2 geschnitten und geformt werden. Im Hauptprozeß 3 werden die beiden Linien zusammengeführt und der fertige Kleiderbügel komplett mit Hakenüberzug zusammengebaut.

Beachten Sie, daß in Abbildung 6.6 die Prozesse hinsichtlich der Detailtiefe auf einem sehr allgemeinen Niveau belassen wurden. Sie lassen sich in kleinere Einheiten zerlegen, um so die spezielleren Prozesse genauso darzustellen, wie A1 als A2 in Abbildung 6.5 dargestellt ist. Darüber hinaus zeigten wir auch zusätzliche Eingaben, die in den Prozeß eintreten. (Bei der Verarbeitung des Plastikstreifens könnte der zusätzliche Input z.B. aus goldener Farbe zur Dekoration bestehen.)

Eine andere Art von Fertigung ist in Abbildung 6.7 dargestellt. Hier kommen die beiden Hauptprozesse überhaupt nicht zusammen; sie könnten die Prozesse im Werk zur Herstellung zweier verschiedener Produktlinien repräsentieren. Bei solchen parallelen Prozessen ist es jedoch nicht ungewöhnlich, daß sie einige Aktivitäten miteinander „teilen", wie zum Beispiel bei einer auf Büroarbeit basierenden Dienstleistung die Grafikabteilung oder das Schreibbüro. Bei C1 in Abbildung 6.7 wird der miteinander geteilte Prozeß mit Hilfe des durch die gepunktete Linie dargestellten Rechteckes repräsentiert. Es läßt sich jedoch besser als bei C2 zeigen, wo die Prozesse im gemeinsamen Prozeß 3 zusammenführen und dann wieder in voneinander getrennte Linien übergehen. Unter Verwendung der von uns vorgeschlagenen Begriffe läßt sich das Werk jedes Unternehmens als Ketten aus Input-Prozeß-Output darstellen, die zusammen oder parallel zueinander verlaufen, mit oder ohne geteilte Prozesse. Je nach Komplexität des Unternehmens kann das sich hieraus ergebende Diagramm mehr oder weniger einfach sein – die komplexeren können aussehen wie ein großer Baum –, obwohl es in komplexen Situationen am besten ist, mit einem allgemeinen, aber verständlichen Diagramm zu beginnen und, falls erforderlich, Einzelheiten später hinzuzufügen.

6.4 Vertrieb und Marketing

Ein nochmaliger Blick auf Abbildung 6.2 oder 6.3 zeigt, daß die Anfangsaktivitäten des Betriebsprozesses als Vertrieb und Marketing dargestellt sind.

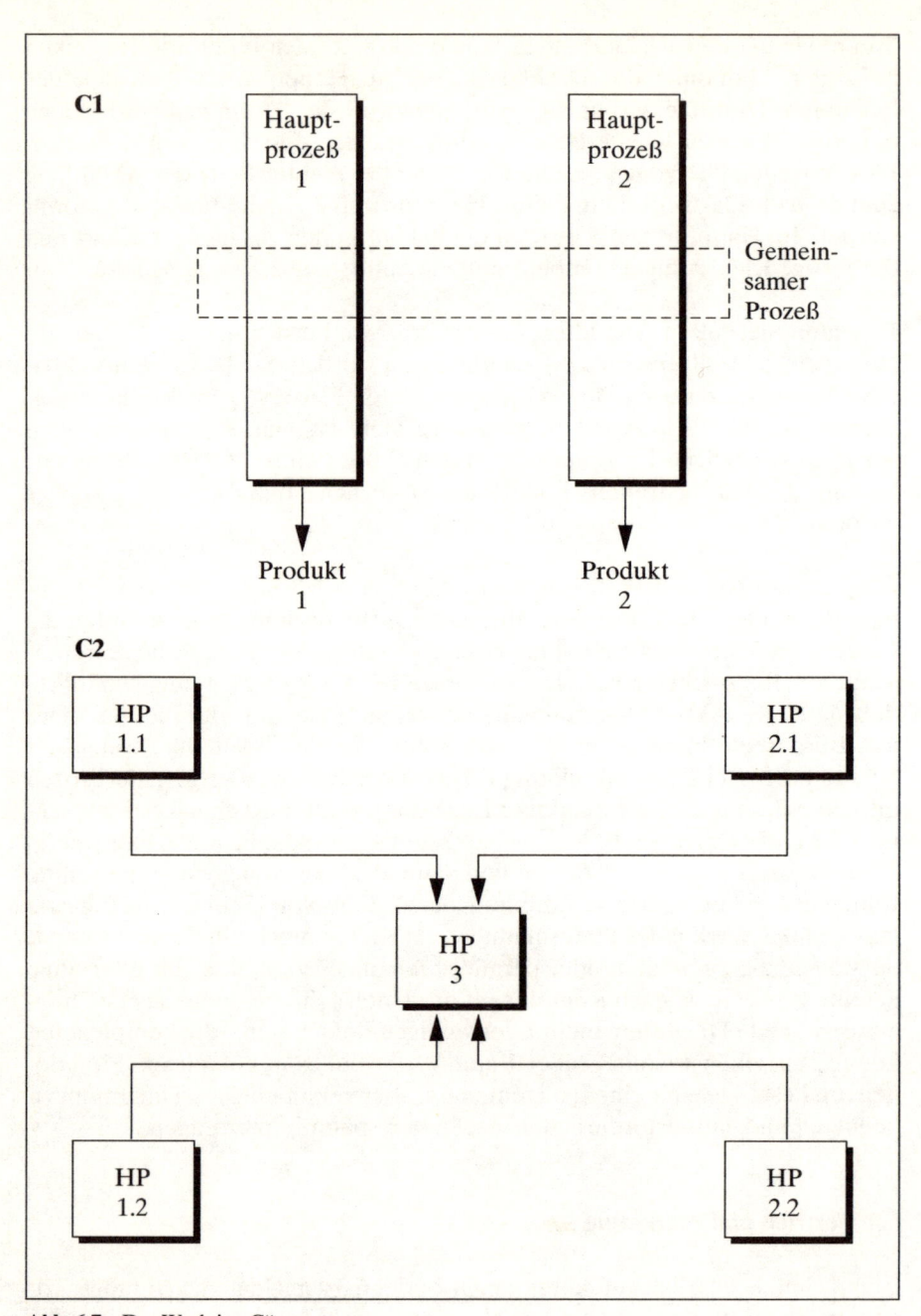

Abb. 6.7: Das Werk in „C"

Die Organisation dieser Aktivität kann wiederum sehr variieren und mehr oder weniger komplex sein. Auf einer sehr allgemeinen Ebene kann die Aktivität als nur aus drei Phasen bestehend dargestellt werden: Generierung von Nachfrage, Verarbeitung (das umfaßt Werbung, Direktversand, Vertriebsbesuche etc.), Vorbereitung von Vertragsentwürfen und Verhandeln mit Kunden, wobei Verkaufsfähigkeiten eingesetzt werden, um Resultate (wenn auch nicht immer erfolgreich) und den Abschluß eines endgültigen Vertrages mit dem Kunden (Akzeptanz des Vertrages) zu erzielen. Wie die gepunktete Linie in Abbildung 6.8 andeutet, sind nur die letzten beiden Aktivitäten (möglicherweise sogar nur die dritte) unmittelbar für ISO 9000 relevant.

Für die Planung eines QS-Systems zur Erfüllung von ISO 9000 ist die Darstellung von Vertrieb und Marketing wie in Abbildung 6.8 im allgemeinen ausreichend. Die in jeder der drei Kästen aufgeführten speziellen Aktivitäten können jedoch sinnvollerweise unter die Hauptüberschriften aufgelistet werden (Nachfragegenerierung usw.).

6.5 Design

Design braucht in der Unternehmensanalyse nur dort enthalten zu sein, wo er zum Betriebsprozeß gehört und/oder ISO 9001 beantragt wird. Um es noch einmal zu sagen: Die möglicherweise damit verbundenen, komplexen Aktivitäten können, zumindest am Anfang, in Form eines Diagrammes mit drei Kästen dargestellt werden (wie in Abbildung 6.9, S. 115). Das ist dort der Fall, wo Designarbeiten in einer zentralen Abteilung durchgeführt werden. In anderen Unternehmen werden Designarbeiten vielleicht in verschiedenen Teilen des Betriebsprozesses ausgeführt (z.B. in einer Unternehmensberatung), und in solchen Fällen ist eine andere Darstellung erforderlich. Wie wir später noch zeigen werden, entsprechen die drei Kästen in Abbildung 6.9 den spezifischen Forderungen der Norm (das heißt, ISO 9001). Wie auch bei Vertrieb und Marketing reicht es wahrscheinlich aus, die Analyse auf dieser sehr allgemeinen Ebene zu belassen und eine Liste der spezifischen, in den drei Kästen dargestellten Aktivitäten hinzuzufügen.

6.6 Distribution

Die Aktivitäten der Distribution, wie sie in Abbildung 6.2 und 6.3 dargestellt werden, decken drei Hauptbereiche ab:

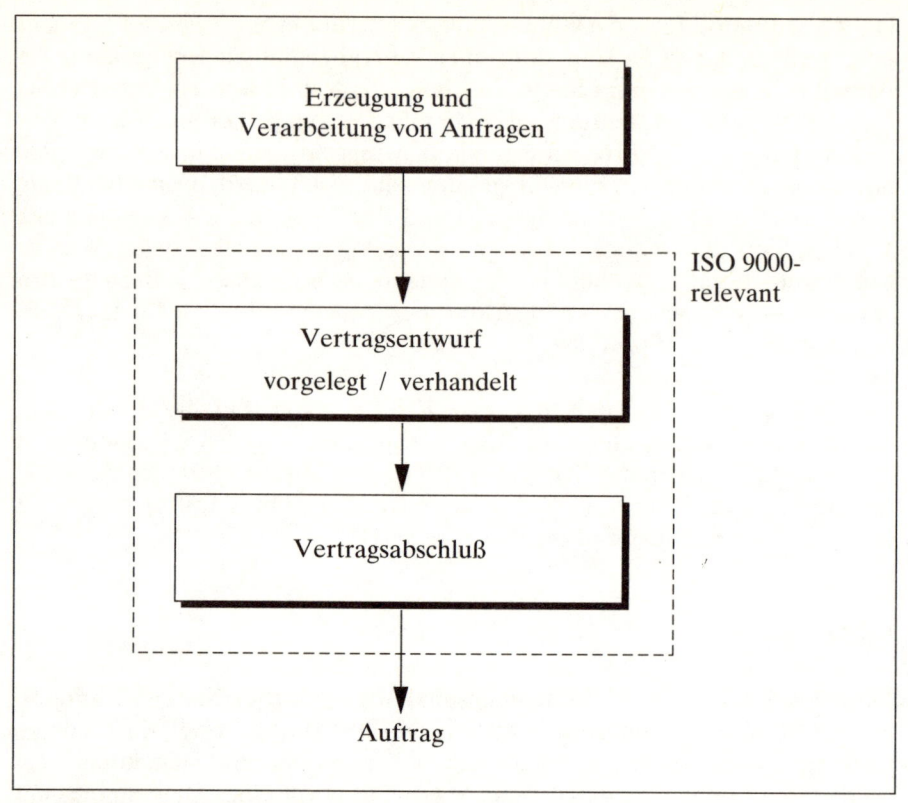

```
           ┌─────────────────────┐
           │    Erzeugung und    │
           │ Verarbeitung von Anfragen │
           └─────────────────────┘
                     │
         ┌───────────┼─────────────────┐  ISO 9000-
         │           ▼                 │  relevant
         │  ┌─────────────────┐        │
         │  │  Vertragsentwurf │        │
         │  │ vorgelegt / verhandelt │  │
         │  └─────────────────┘        │
         │           │                 │
         │           ▼                 │
         │  ┌─────────────────┐        │
         │  │  Vertragsabschluß │      │
         │  └─────────────────┘        │
         └───────────┼─────────────────┘
                     ▼
                  Auftrag
```

Abb. 6.8: Aktivitäten in Vertrieb und Marketing

❏ *Lagerung*

In einem Unternehmen, das die Kunden ab Lager beliefert (wie in Abbildung 6.3), ist die Lagerung ein Hauptelement im Betriebsprozeß. Die Beibehaltung einer angemessenen Lagermenge, um einerseits die Nachfrage zu erfüllen, andererseits die Lagerkosten zu minimieren, ist eindeutig ein wirtschaftlich kritisches Element. Die Lagerhaltung enthält auch eine wichtige Qualitätskomponente: Nachdem die Qualität in der Designphase und im Werk maximiert wurde, darf das Produkt, während es sich im Lager befindet, nicht beeinträchtigt werden. Welche Maßnahmen erforderlich sind, um das zu gewährleisten, hängt von der Art des Produktes ab – die Forderungen an eine sichere Lagerung von gefrorenem Gemüse sind gänzlich anders als an Kies.

In Unternehmen, die auf Auftrag arbeiten (wie in Abbildung 6.2), sind die Forderungen an die Lagerhaltung oft sehr viel weniger kompliziert:

Das Produkt wird schon bald nach seiner Herstellung ausgeliefert. Bei vielen Dienstleistungen gibt es überhaupt keine Lagerhaltung.

❏ *Verpackung*
Hierzu gehören alle Aktivitäten, die mit dem Schutz des fertigen Produktes im Lager oder unterwegs zu tun haben. Es schließt normalerweise die Art von Verpackung aus, die zur Produktion des Produktes gehört: Eine Dose dient der Verpackung von fertigen Bohnen, aber in diesem Fall ist es schwierig, sich das Produkt ohne seine „Dosenverpackung" vorzustellen. Bleiben wir beim Beispiel mit den fertigen Bohnen: Hier besteht die Verpackung in der umlaufenden Papierbanderole. Die Verpackung ist für Unternehmen, die nach Auftrag arbeiten, ebenso wichtig wie für solche, die ab Lager liefern, obwohl vielleicht einige Produkte keine Verpackung erfordern (zum Beispiel Schüttgüter). Nochmals: Dienstleistungen erfordern selten Verpackungen im üblichen Sinne. Für ein Marktforschungsunternehmen, das sich um ISO 9000 bemüht, ist jedoch die physikalische Präsentation seiner Kundenberichte als Verpackung anzusehen.

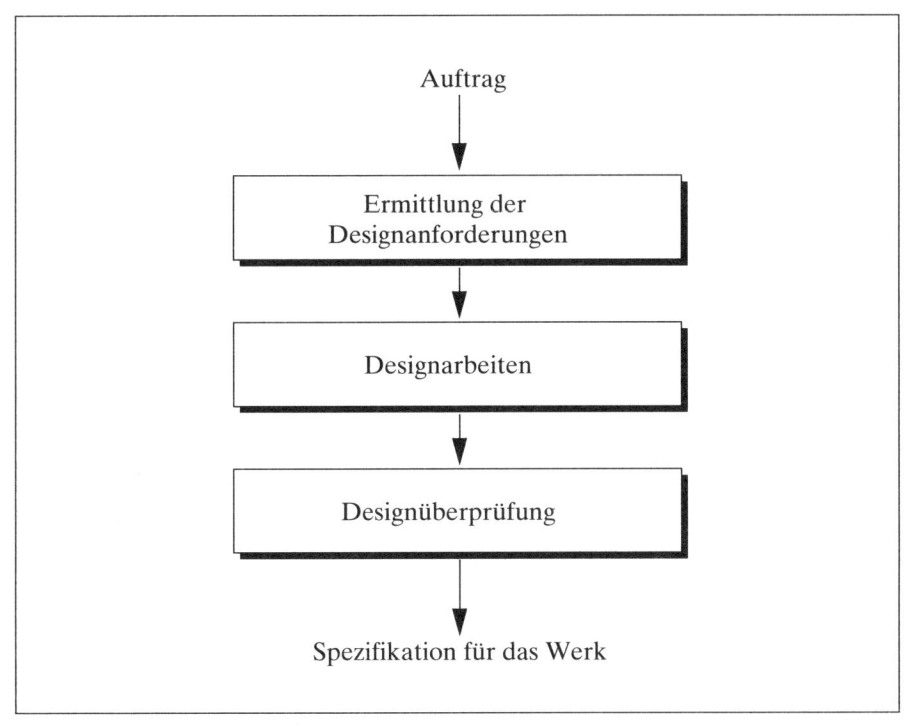

Abb. 6.9: Aktivitäten im Design

❑ *Versand*
Dieser Aspekt der Distribution entspricht dem normalen Wortgebrauch und bezieht sich auf den Transport des Produktes entweder mit eigenen oder eingekauften Hilfsmitteln. Auch der Aspekt „Versand" ist für Dienstleistungen oft nicht zutreffend.

Ein anderer Aspekt der Distribution, der entweder als auf alle Aktivitäten anwendbar oder als eigenständige Aktivität erachtet werden kann, ist die Handhabung der Produkte. Um sicherzustellen, daß Produkte nicht beschädigt sind, wenn sie aus dem Lager kommen, wenn sie verpackt oder ausgeliefert werden, müssen sie in geeigneter Weise gehandhabt werden. Was im Einzelfall „geeignet" ist, hängt einzig von der Art des Produktes ab.

Zum Zwecke der Überprüfung (vgl. das folgende Kapitel 7) reicht für die Analyse der Distribution die Angabe aus, welche der oben angeführten Elemente auf welche Weise angewendet werden. Diese Angabe könnte vielleicht durch eine kurze, schriftliche Beschreibung dessen ergänzt werden, was damit im Einzelfall zusammenhängt, wie zum Beispiel in bezug auf die Verpackung: Die Produkte M und N werden in Pappkartons in 50er, 100er oder 250er Stückzahlen verpackt, um den verschiedenen Auftragsmengen Rechnung zu tragen.

Bei der Entwicklung der Verfahren (Kapitel 8) kann es sinnvoll sein, genau wie bei den Prozessen im Werk, die Funktionen der Distribution in einem Diagramm darzustellen, das sich aus einer Abfolge von Inputs-Prozessen-Outputs zusammensetzt.

6.7 After-Sales

Nicht alle Unternehmen führen After-Sales-Aktivitäten im Sinne einer Betreuung der an den Kunden gelieferten Produkte durch; in Verbindung mit ISO 9000 ist dieser Aspekt nur für die Zertifizierung nach 9001 relevant. After-Sales läßt sich jedoch auf Dienstleistungen anwenden, zum Beispiel in Form der weiteren Betreuung bei der Umsetzung von Projektempfehlungen durch den Kunden nach einer Beratung der Geschäftsführung durch einen Unternehmensberater. Einige Unternehmen betrachten auch die Kontrolle der Kundenzufriedenheit und die Handhabung von Reklamationen als ein Element (oder als den Hauptteil) im After-Sales-Service.

Wie bei der Distribution reicht es für die Überprüfung aus, die Relevanz von After-Sales zu erkennen und eine kurze Beschreibung dessen vorzubereiten, was damit zusammenhängt. Hierzu gehören auch die Unterschiede zwischen den einzelnen Produkten und der Art des geleisteten Service. Für die Verfahren wird vielleicht eine detailliertere Analyse benötigt.

6.8 Unterstützende Aktivitäten

Blicken wir zurück auf die erste Abbildung dieses Kapitels (6.1): Der Betriebsprozeß war als auf einer Basis von Support-Tätigkeiten ruhend dargestellt. Wir werden jetzt diesen Teil eines Unternehmens im einzelnen betrachten. Abbildung 6.10 zerschneidet die unterstützenden Tätigkeiten in zwei Richtungen. Die horizontale Ebene zeigt die Elemente der unterstützenden Aktivitäten, die relevant oder nicht relevant für ISO 9000 sind. Die vertikalen Linien der Abbildung unterteilen die unterstützenden Tätigkeiten in drei Aktivitätsbereiche: Rückgriff auf Ressourcen, Aufzeichnungen und Informationen sowie Lenkung und Management.

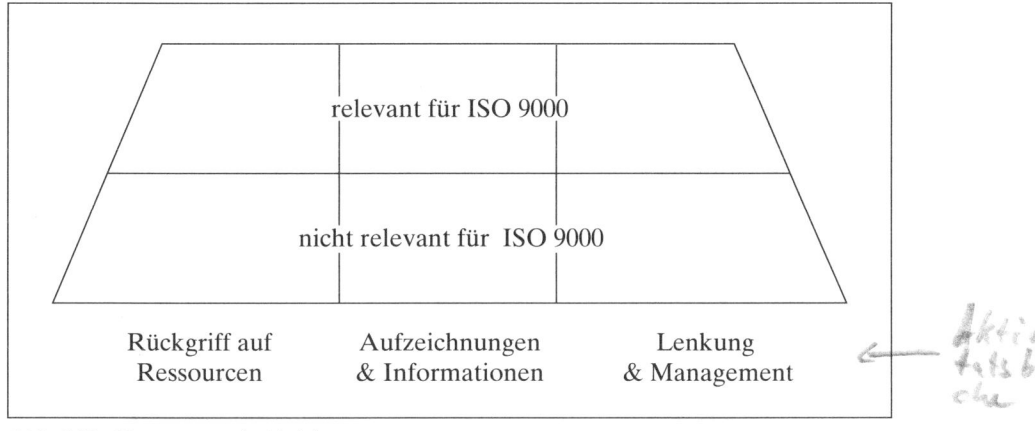

Abb. 6.10: Unterstützende Aktivitäten

Der *Rückgriff auf Ressourcen* umfaßt Aktivitäten wie Einkauf (die Beschaffung von Eingaben für das Werk), die Bereitstellung von Geräten, die im Werk (oder woanders) benötigt werden, sowie die Einstellung von Mitarbeitern und deren Schulung. Einzelne Aspekte der oben angeführten Beispiele für den Rückgriff auf Hilfsmittel sind für ISO 9000 relevant (wie im nächsten Kapitel noch zu besprechen sein wird) und können deshalb in der oberen

117

Schicht des linken Segmentes angeordnet werden, während andere Arten von Rückgriff auf Ressourcen, wie beispielsweise die Bereitstellung von Räumlichkeiten und Wartung, nicht relevant sind (und in die untere Ebene der Abbildung gehören).

Zu *Aufzeichnungen und Informationen* gehören Aktivitäten, die mit Buchhaltung und Bereitstellung von Informationen über die Finanzen zu tun haben (wichtig in allen Unternehmen). Obwohl sie wichtig sind, sind diese Arten von Aufzeichnungen und Informationen jedoch für ISO 9000 nicht relevant. Es gibt aber Forderungen in diesem Bereich der unterstützenden Tätigkeiten in der Norm: die Qualitätsaufzeichnungen.

Zu *Lenkung und Management* gehört die allgemeine Leitung einer Organisation. In einem Unternehmen schließt das die Aktivitäten der Geschäftsführung im Zusammenhang mit strategischen Entscheidungen mit ein. Sie sind nicht direkt für ISO 9000 relevant. Eine Art von Lenkung und Management, die Forderung der Norm ist (eigentlich sogar mehrere Forderungen), ist die Lenkung des QS-Systems selbst (*Verantwortung der obersten Leitung, Interne Qualitätsaudits, Korrekturmaßnahmen* und *Lenkung von Qualitätsdokumenten*). Mit Ausnahme von einigen sehr seltenen Fällen existieren diese vor Einführung eines offiziellen QS-Systems nicht.

Eine zumindest für die Überprüfung ausreichende Analyse bietet die Beantwortung der unter Punkt 6 des Handlungsplanes aufgeführten Fragen zu den unterstützenden Aktivitäten.

6.9 Handlungsplan für die Unternehmensanalyse

Unter Verwendung der in diesem Kapitel vorschlagenen Konzepte und Ansätze können wir mit einem Handlungsplan für den Leser zur Anwendung in seinem eigenen Unternehmen schließen. Bevor Sie jedoch diesem Plan eifrig folgen, empfehlen wir, zunächst weitere Kapitel zu lesen, zumindest noch Kapitel 7 und 8, da der Sinn der Analyse danach sehr viel klarer sein wird.

Zu Beginn dieses Kapitels haben wir im Unterschied zu Analysen auf der Basis von Unternehmensorganigrammen einen neuen Ansatz der Unternehmensanalyse entwickelt. Nachdem jedoch die im Handlungsplan aufgeführten Arbeiten durchgeführt wurden, sollten die erstellten Diagramme und Beschreibungen mit den Mitarbeitern des Unternehmens in Beziehung

Handlungsplan für die Unternehmensanalyse

1. Erstellen Sie in Anlehnung an Abbildung 6.2, 6.3, oder 6.4 ein Diagramm zur Modellierung des Betriebsprozesses. Entscheiden Sie, ob Entwurfs- und After-Sales-Aktiviäten in Ihrem Unternehmen durchgeführt werden. Ist das der Fall, und wurde gleichzeitig ISO 9000 beantragt, nehmen Sie diese in das Diagramm mit auf.
2. Erstellen Sie ein Diagramm des Werkes wenigstens bis zur Ebene der wichtigsten Prozesse. Entscheiden Sie, ob von den Kunden Produkte zur Einarbeitung in das endgültige Produkt geliefert werden.
3. Stellen Sie fest, ob Abbildung 6.8 eine sinnvolle Darstellung von Vertrieb und Marketing ist (ist das nicht der Fall, bereiten Sie eine Alternative auf einer Ebene geringer Detailtiefe vor). Beschreiben Sie in kurzen Worten die wichtigsten speziellen Tätigkeiten, die in den Kästen der Abbildung 6.8 durchgeführt werden.
4. Nur für die Zertifizierung nach ISO 9001: Stellen Sie fest, ob Abbildung 6.9 eine vernünftige Darstellung Ihrer Designaktivitäten ist (falls nicht, bereiten Sie eine geeignete Alternative vor). Beschreiben Sie in kurzen Worten die wichtigsten speziellen Tätigkeiten, die in den Kästen der Abbildung 6.9 durchgeführt werden.
5. Beschreiben Sie, wie (oder ob) Distributionsaktivitäten – Lagerhaltung, Verpackung, Versand und Handhabung – durchgeführt werden.
6. Nur bei der Zertifizierung nach ISO 9001: Beschreiben Sie in kurzen Worten die After-Sales-Verfahren, und berücksichtigen Sie alle Varianten durch unterschiedliche Produkte.
7. Beantworten Sie die folgenden Fragen über die unterstützenden Tätigkeiten in Ihrem Unternehmen:

❏ *Beschaffung*
Wie ist die Beschaffung organisiert, zentral oder dezentral? Liegt die Verantwortung in der Hand von Spezialisten, oder wird sie von Mitarbeitern ausgeführt, die darüber hinaus eine Vielzahl anderer Aufgaben haben?

❏ *Prüfmittel*
Welche Prüfmittel (falls überhaupt, denn einige Dienstleister werden keine derartigen Geräte im Gebrauch haben oder können solche Geräte nicht praktisch einsetzen) werden im Betriebsprozeß verwendet? Mit welchen speziellen Aktivitäten sind sie verbunden? Wie werden sie kalibriert, auf Genauigkeit überprüft und gewartet?

❏ *Schulung*
Findet die Schulung zentral oder dezentral statt? Allgemein ausgedrückt, welche Formen der Schulung werden durchgeführt?

❏ *Produktidentifizierung*
Können Produkte während der Herstellung und danach einzeln identifiziert werden, und wenn ja, auf welche Weise (zum Beispiel durch eine am Produkt angebrachte Seriennummer)?

gesetzt werden. Wir schlagen insbesondere vor, auf den Diagrammen zur Betriebsstruktur und zum Werk aufzuzeigen, welche Abteilungen gegenwärtig die Tätigkeiten ausführen (verwenden Sie beispielsweise farbige Linien, um die Verantwortlichkeiten der Abteilungen aufzuzeigen), und wer die zuständigen Leiter sind. Diese Zusätze werden nützlich sein, wenn es darum geht, zu entscheiden, wer in den Phasen *Entwicklung von Verfahren* und *Aufbau des Systems* zu beteiligen ist.

7 Überprüfung des Unternehmens

Die im letzten Kapitel beschriebene Unternehmensanalyse kann nun für die Entscheidung verwendet werden, was für die Entwicklung eines effizienten QS-Systems zu tun ist – eines, das die Forderungen von ISO 9000 erfüllt. Aus Gründen der Einfachheit beziehen wir uns in diesem Kapitel auf die in ISO 9001 verwendete Numerierung. Abbildung 2.5 (S. 54) zeigt die entsprechende Numerierung in 9002 und 9003.

7.1 Ziele der Überprüfung

Das primäre Ziel der Überprüfung besteht in der Entwicklung einer Liste von Verfahren, die zur Erfüllung der Norm erforderlich sind. Verfahren sind dokumentierte Arbeitsmethoden, unter die wir im Rahmen dieses Kapitels auch Arbeitsanweisungen und Qualitätspläne fassen (eine Beschreibung letzterer findet sich in Kapitel 9). Es gibt wahrscheinlich nur wenige Unternehmen, falls überhaupt, die bereits vor der Vorbereitung für ISO 9000 über eine offiziell dokumentierte Anzahl von Verfahren verfügen. Viele werden jedoch effiziente Verfahren besitzen, die, selbst wenn sie nicht in schriftlicher Form vorliegen, die meisten ihrer betrieblichen Abläufe beschreiben; es ist sehr unwahrscheinlich, daß die Mitarbeiter jeden Tag ihre Arbeit neu aufnehmen, ohne vorher zu wissen, wie sie diese durchführen werden. Für die meisten Bereiche des Betriebsprozesses wird es etablierte Methoden geben, ob in schriftlicher Form oder nicht, die Verfahren sind, wenn sie auch nicht als solche bezeichnet werden. Möglicherweise sind einige der wirklich wichtigen Aktivitäten auf verschiedene Arten niedergeschrieben. In einigen Abteilungen gibt es vielleicht ein kleines Handbuch, in anderen sind Notizen an die Wand geheftet oder Aktennotizen kursieren. Bei der

Durchführung der Überprüfung ist es deshalb wichtig, zu ermitteln, ob und in welcher Form Verfahren bereits bestehen und dokumentiert sind. Im allgemeinen ist es besser, Verfahren, die bereits bestehen und effizient funktionieren, in das neue, offizielle QS-System einzuarbeiten, statt sie zu verändern. Ein QS-System erstmals zu entwickeln ist eine Aufgabe, die sowieso groß genug ist.

Bei der Anfertigung der Liste mit den geforderten Verfahren müssen wir darüber entscheiden, wie die offiziellen Forderungen der Norm (im Falle von ISO 9001 in Form von 20 größeren Unterpunkten, wie in Kapitel 2 beschrieben) erfüllt werden sollen. Das zweite Ziel der Prüfung besteht somit darin, eine Reihe relativ kurzer strategischer Aussagen darüber vorzubereiten, wie ISO 9000 in unserem speziellen Unternehmen anzuwenden ist. Diese strategischen Aussagen werden in das Qualitätshandbuch eingearbeitet (sie repräsentieren den Kern der Handbuches), welches ein Schlüsseldokument im offiziellen QS-System darstellt (vgl. Kapitel 9).

Die Prüfung wird durchgeführt, indem nacheinander jedes Element des Unternehmens betrachtet wird, das im Rahmen der Analyse identifiziert wurde, (vgl. Kapitel 6). Es ist wichtig, daß Sie selbst eine Version der für Sie relevanten Norm (das heißt, entweder ISO 9001 oder 9002) besitzen.

Wir haben anfangs das Unternehmen in zwei Bereiche unterteilt, den Betriebsprozeß und die unterstützenden Aktivitäten, und wir werden die Überprüfung mit dem Betriebsprozeß beginnen.

7.2 ISO 9000 im Betriebsprozeß

Abbildung 7.1 ist eine Wiederholung von Abbildung 6.2 im vorigen Kapitel und zeigt den Betriebsprozeß eines Unternehmens, das nach Auftrag arbeitet. Wir haben jetzt jedoch die jeweiligen, mit Nummern versehenen Überschriften zu den einzelnen Unterpunkten von ISO 9001 eingefügt, um zu zeigen, welche Forderungen der Norm auf welchen Teil des Betriebsprozesses anzuwenden sind. Die Forderung *4.3 Vertragsüberprüfung* aus ISO 9001 ist beispielsweise auf die Aktivitäten im Vertrieb und im Marketing anzuwenden, *4.4 Designlenkung* findet für Designarbeiten Anwendung etc. Wie Sie sehen, gibt es für jedes Element des Betriebsprozesses eine entsprechende Forderung in der Norm. Eine Ausnahme hiervon ist das Werk, für das es fünf relevante Forderungen gibt. Wir werden uns mit diesem sehr komplexen Bereich zuerst beschäftigen und uns später den Aktivitäten

```
┌─────────────────────────────┐
│ Vertrieb & Marketing        │
│ 4.3   Vertragsüberprüfung   │
└─────────────────────────────┘
              │
              ▼      Auftrag
┌─────────────────────────────┐
│ Design                      │
│ 4.4   Designlenkung         │
└─────────────────────────────┘
              │
              ▼      Spezifikation für das Werk
┌─────────────────────────────┐
│ Werk                        │
│ 4.9   Prozeßlenkung         │
│ 4.10  Prüfungen             │
│ 4.12  Prüfstatus            │
│ 4.13  Lenkung fehlerhafer Produkte │
│                             │
│ 4.7   Vom Auftraggeber beigestellte │
│       Produkte              │
└─────────────────────────────┘
              │
              ▼      Produkt
┌─────────────────────────────┐
│ Distribution                │
│ 4.15  Handhabung, Lagerung, │
│       Verpackung und Versand│
└─────────────────────────────┘
              │
              ▼      Versand
           Kunde
              ▲
┌─────────────────────────────┐
│ After-Sales                 │
│ 4.19  Kundendienst          │
└─────────────────────────────┘
```

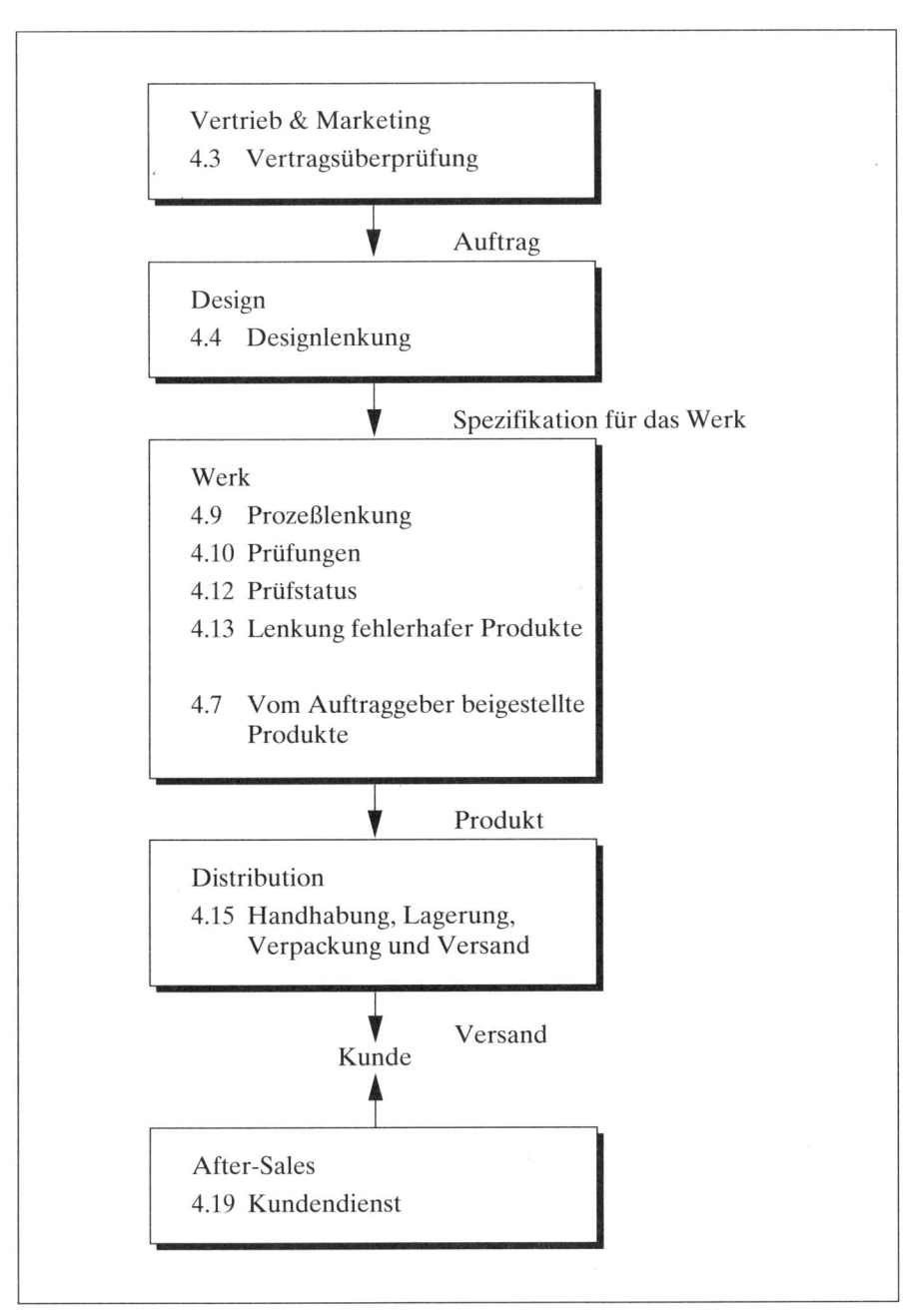

Abb. 7.1: ISO 9001 bezogen auf den Betriebsprozeß

zuwenden, die dem Werk in der logischen Abfolge des Betriebsprozesses vorausgehen.

Sie werden sich erinnern, daß wir im vorangegangenen Kapitel eine Aufteilung des Betriebsprozesses in zwei grundlegende Arten vorgeschlagen haben; die wichtigsten alternativen Strukturen zeigt Abbildung 6.3. Als Pendant zu Abbildung 7.1 lassen sich auch in Abbildung 6.3 die Forderungen der Norm leicht einfügen.

ISO 9000 im Werk

Die für das Werk geltenden Verfahren müssen einige Forderungen der Norm erfüllen: *4.9 Prozeßlenkung, 4.10 Prüfungen, 4.12 Prüfstatus, 4.13 Lenkung fehlerhafter Produkte* und *4.7 Vom Auftraggeber beigestellte Produkte*. Diese Forderungen wurden in Kapitel 2 besprochen, sollten aber dennoch zusammenhängend in der Norm selbst gelesen werden.

Wie wir an anderer Stelle argumentiert haben, gibt es in allen Unternehmen ein „Werk", das aus Ketten von Input-Prozeß-Output besteht. Die ersten vier Forderungen der Norm, die relevant für das Werk sind, können auf jedes Unternehmen angewendet werden, da sie sich auf das beziehen, was innerhalb eines Prozesses geschieht *(4.9)* oder darauf, wie Input und Output überprüft *(4.10)* und nach der Prüfung gelenkt werden *(4.12/4.13)*. Die verbleibende Forderung für das Werk – *4.7 Vom Auftraggeber beigestellte Produkte* – besitzt einen anderen Status, da einige der Unternehmen nichts mit der Weiterverarbeitung von Produkten zu tun haben, die von ihren Kunden geliefert wurden. Wir werden das noch eingehender besprechen.

Das primäre Ziel der Überprüfung besteht in der Vorbereitung einer Liste von Verfahren, die die Forderungen der Norm erfüllen (über den Inhalt der Verfahren entscheiden wir später, vgl. hierzu Kapitel 8). Im Zusammenhang mit dem Werk lautet eine wichtige Frage, ob ein bestimmtes Verfahren/eine Gruppe von Verfahren alle im Werk ablaufenden Prozesse erfaßt, oder ob die Formulierung *mehrerer* Verfahren/*mehrerer* Verfahrensgruppen sinnvoller wäre. Abbildung 7.2 (S. 126) zeigt nochmals das bereits in Abbildung 6.6 im vorherigen Kapitel dargestellte Werk – die Kleiderbügelfabrik. Sind die beiden parallelen Prozesse im wesentlichen ähnlich (z.B. in beiden wird Draht gebogen, doch einmal ist der Draht rot und einmal grün), dann reicht gewöhnlich eine Gruppe von Verfahren für beide Prozesse aus. Es gibt nichts dagegen einzuwenden, für jeden der beiden Prozesse ein separates Verfahren zu haben. Beachten Sie jedoch, daß zumindest die Arbeit für den Entwurf der Verfahren zunimmt, und ist das QS-System erst einmal eingeführt, muß ein in beide Prozesse eingebundener Mitarbeiter zwei Gruppen von praktisch identischen Verfahren lesen. Die gemeinsame Gruppe von Verfahren, die beide Prozesse abdeckt, wird in Abbildung 7.2 als W1 bezeichnet, welches auch die vorläufige Bezeichnung des Verfahrens ist, das am Schluß vorbereitet wird. Bleiben wir bei Abbildung 7.2: Hauptprozeß 3 unterscheidet sich sehr von 1 und 2 (das ist z.B. dort, wo der Kleiderbügel endgültig zusammengesetzt wird). Aus diesem Grunde erachten wir eine gesonderte Verfahrensgruppe für notwendig, die wir vorläufig als W2 bezeichnen.

In unserem Beispiel haben wir somit ermittelt, daß zwei Gruppen von Verfahren angemessen sind, um die Abläufe im Werk abzubilden und die Forderungen der Norm zu erfüllen, die für diesen Teil des Betriebsprozesses relevant sind *(4.9, 4.10, 4.12, 4.13)*. Eine Ausnahme hiervon bildet *4.7 Vom Auftraggeber beigestellte Produkte*, welches weiter unten besprochen wird. Die Gruppen der erforderlichen Verfahren können formal in einer Tabelle wie beispielsweise in Abbildung 7.3 (S. 127) dargestellt werden. Die beiden Gruppen von Verfahren werden vorläufig als W1 und W2 bezeichnet und ihr Anwendungsbereich angegeben (Hauptprozesse 1/2 und 3). Die Forderungen von ISO 9000, die von diesen Prozessen erfüllt werden müssen, werden ebenfalls eingetragen, und wenn der Zeitpunkt gekommen ist, die Verfahren zu entwerfen, müssen die jeweiligen Prozesse im Detail betrachtet werden. Es bleibt die Frage, ob wirklich Verfahren vorhanden sind oder nicht.

Es wäre überraschend, wenn die Prozesse im Werk, die zweifellos den Kern des Unternehmens bilden, nicht nach etablierten Gesetzmäßigkeiten oder Verfahren durchgeführt würden. Dabei spielt es keine Rolle, ob sie dokumentiert sind oder nicht, und ob sie den zuständigen Forderungen der Norm entsprechen. Wir schlagen vor, in der Liste der geforderten Verfahren zu kennzeichnen, ob derzeit Verfahren existieren oder nicht und, falls ja, in welcher Form. Ein Beispiel für eine solche Notation findet sich unter der Überschrift *Gegenwärtiger Status* in Abbildung 7.3; in diesem Fall wird das Vorhandensein nichtdokumentierter Verfahren angezeigt.

Mit Ausnahme von *Vom Auftraggeber beigestellte Produkte* ist in unserem Beispiel das primäre Ziel der Überprüfung im Rahmen des Betriebsprozesses erreicht, und wir haben die erforderlichen Verfahren aufgelistet. Wir sind jetzt auch in der Lage, das zweite Ziel der Überprüfung zu erfüllen, das in der Vorbereitung einer kurzen strategischen Aussage besteht. Sie soll aufzeigen, wie die Forderungen der Norm mit Hilfe des individuellen QS-Systems

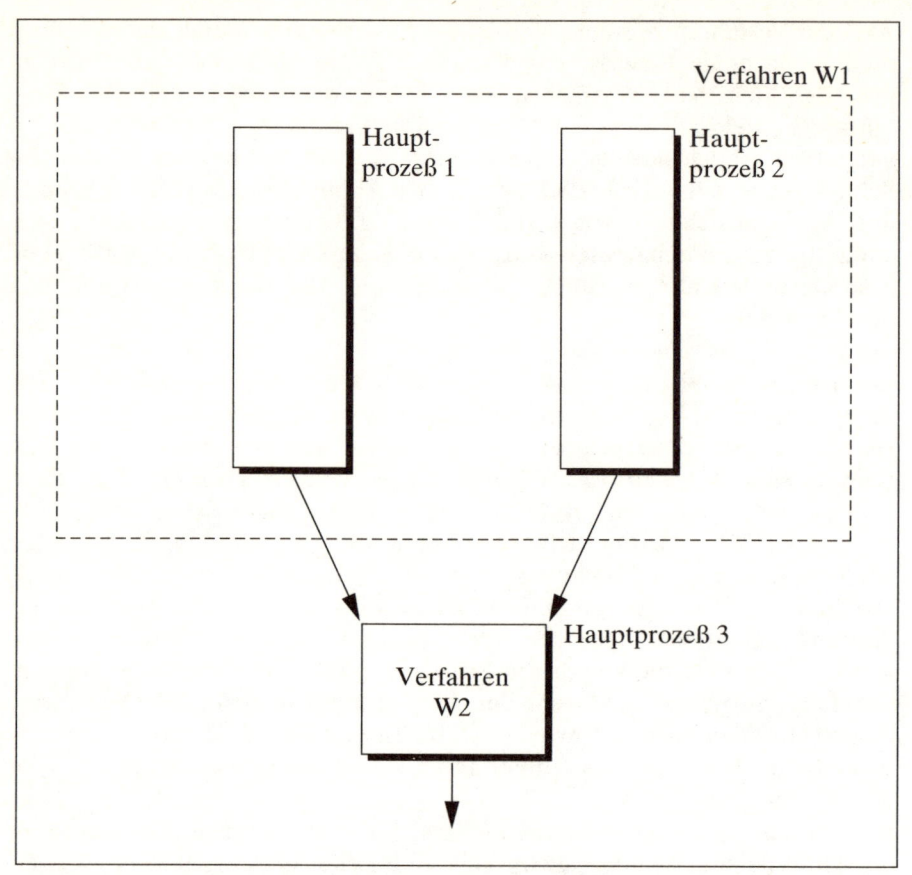

Abb. 7.2: Die Erfüllung von ISO 9000 bei den Aktivitäten im Werk

des Unternehmens erfüllt werden sollen. Für *4.9 Prozeßlenkung*, könnte eine angemessene, offizielle strategische Aussage wie folgt lauten:

4.9 Prozeßlenkung
Um sicherzustellen, daß alle Prozesse gelenkt, also mit angemessener Dokumentation und Überwachung durchgeführt werden, und um die stetige Durchführung einer Kontrolle zu gewährleisten, wird das Unternehmen offizielle Verfahren einführen. (Vgl. Verfahren W1 und W2)

Die offizielle strategische Aussage verweist somit speziell auf diejenigen Verfahren, die der Erfüllung der Forderungen im QS-System dienen. Noch bestehen diese Verfahren lediglich aus Nummern und müssen noch aufgeschrieben werden. Zum gegebenen Zeitpunkt kann die Numerierung dahinge-

Nummer	Umfang	Anforderungen von ISO 9001	Gegenwärtiger Status*
W1 W2	Hauptprozeß 1 + 2 Hauptprozeß 3	} 4.9 } 4.10 } 4.12 } 4.13	} } 1 } }
W3	Das gesamte Werk	4.7	0
VM1	Alle Aktivitäten in Vertrieb & Marketing	4.3	1
DS1	Alle Designaktivitäten	4.4	1/2
DT1	Die gesamte Distribution	4.15	1
AS1	Alle Aktivitäten im After-Sales	4.19	1
UA1	Alle Beschaffungsaktivitäten	4.6	1/2
UA2	Alle Prüfmittel Alle Prozesse	4.11	2
UA3 UA4	Schulung der an den Hauptprozessen 1 + 2 beteiligten Mitarbeiter Schulung der an allen anderen Prozessen beteiligten Mitarbeiter	} } } 4.18 } }	} } } 1/2 } }
UA5 UA6	Ausgabe von Hauptprozeß 1 Ausgabe von Hauptprozeß 2+3	} } 4.8 } }	} 2 } } 0
UA7	Alle Tätigkeiten	4.16	0
UA8	Alle Tätigkeiten	4.20	1
UA9	Alle Tätigkeiten	4.1, 4.2, 4.5, 4.14, 4.17	0

*0 = kein bestehendes Verfahren
1 = bestehendes, aber nicht dokumentiertes Verfahren
2 = bestehendes und dokumentiertes Verfahren

Abb. 7.3: Beispiel für eine Liste mit Verfahrensüberschriften

hend geändert werden, daß sie ihre Entsprechungen im Qualitätshandbuch findet. Ähnliche offizielle strategische Aussagen können bezüglich der Forderungen *4.10, 4.12* und *4.13* formuliert werden.

Die letzte der für das Werk relevanten Forderungen ist *4.7 Vom Auftraggeber beigestellte Produkte.* Zumindest in kleineren Unternehmen läßt sich die Forderung der Überprüfung des Produktes auf seine Richtigkeit hin, seine angemessene Lagerung sowie seine Pflege wahrscheinlich durch eine einzige Gruppe von Verfahren erfüllen, die auf alle Phasen im Werk angewendet werden und alle Prozesse abdecken können. In Abbildung 7.3 werden die erforderlichen Verfahren mit W3 benannt und so dargestellt, daß sie sich auf alle Prozesse im Werk beziehen, bislang jedoch ohne existierende Verfahren. Eine entsprechende offizielle strategische Aussage könnte beispielsweise wie folgt lauten:

> *4.7 Vom Auftraggeber beigestellte Produkte*
> Um sicherzustellen, daß alle durch den Kunden angelieferten Materialien zur Einarbeitung in die von unserem Hause für ihn hergestellten Produkte auf ihre Richtigkeit überprüft und in geeigneter Weise aufbewahrt werden, wird das Unternehmen offizielle Verfahren einführen. (Vgl. Verfahren W3)

Falls im Rahmen der Unternehmensanalyse ermittelt wurde, daß solche „vom Auftraggeber beigestellten Produkte" nicht vorhanden sind, wäre der Entwurf von Verfahren für diesen nichtexistierenden Fall sinnlos, und die strategische Aussage würde das explizit zum Ausdruck bringen:

> *4.7 Vom Auftraggeber beigestellte Produkte*
> Im Rahmen seiner üblichen Geschäftsabläufe erhält das Unternehmen keine Produkte durch den Auftraggeber. Entsprechend gibt es keine offiziellen Verfahren, die diese Forderung erfüllen.

ISO 9000 in anderen Teilen des Betriebsprozesses

Zurück zu Abbildung 7.1: Wir können jetzt die Überprüfung für alle anderen Teile des Betriebsprozesses betrachten.

Die Forderungen der Norm, die es hinsichtlich der Aktivitäten in Vertrieb und Marketing zu erfüllen gilt, gehören zu *4.3 Vertragsüberprüfung*. Es ist sehr wahrscheinlich, daß in den meisten kleineren Unternehmen die Forderungen für die Vertragsüberprüfung angemessen durch eine einzige Gruppe von Verfahren abgedeckt werden können, und das ist in Abbildung 7.3 der Fall. In diesem Beispiel haben die erforderlichen Verfahren die Bezeichnung

VM1 erhalten; sie decken alle Vertriebs- und Marketingaktivitäten ab und erfüllen die Forderung *4.7* der ISO 9000. Wir haben in diesem Beispiel angenommen, daß einige Verfahren zur Überprüfung von Verträgen existieren, jedoch nicht in schriftlicher Form vorliegen – es sind vielleicht die etablierten Methoden des Vertriebsleiters. Es läßt sich auch eine angemessene offizielle strategische Aussage formulieren, die wie folgt lauten könnte:

4.3 Vertragsüberprüfung
Es soll zu den Gepflogenheiten des Unternehmens gehören, zu Beginn einer Zusammenarbeit zu einem eindeutigen Verständnis der Bedürfnisse des Kunden zu gelangen und diese während der Durchführung der Arbeiten einer kontinuierlichen Überprüfung zu unterziehen.

Alle Aufträge sollen mit einem dazugehörigen, vollständig dokumentierten Angebot übereinstimmen, das vom Unternehmen für den Kunden vorbereitet wird und eine Beschreibung des zu liefernden Produktes enthält, das Datum der Auslieferung sowie die zu berechnenden Kosten. (Vgl. Verfahren VM1)

Es muß darauf hingewiesen werden, daß viele der Aktivitäten innerhalb von Vertrieb und Marketing im ISO 9000 nicht angesprochen werden. Insbesondere die zur Erzeugung von Verkaufskontakten verwendeten Marketingmethoden und die der Abfassung von Verträgen vorangehenden Gespräche mit Kunden werden vom offiziellen QS-System nicht erfaßt. Die Verfahren beziehen sich somit auf die Aktivitäten nach Abfassung des Vertrages und schließen alle anderen Vertriebs- und Marketingaktivitäten vom offiziellen QS-System aus. Ein wesentlicher Vorteil liegt jedoch in der internationalen Gültigkeit und der Fehlerminimierung (vgl. Kapitel 3), und man kann möglicherweise in Betracht ziehen, Probleme bei der Abfassung von Verträgen am besten in einer früheren Phase des Vertriebs- und Marktingprozesses zu behandeln, beispielsweise indem in den ersten Besprechungen Verkäufer ausreichende Einzelheiten zu den Bedürfnissen des Kunden erhalten, so daß sie in der Lage sind, Verträge angemessen zu formulieren. Die Berücksichtigung von Aktivitäten im QS-System, die nicht offiziell zur Norm gehören, hat jedoch einen Nachteil, den es gegenüber den generellen Vorteilen, die sich aus einer Umfangserweiterung des QS-Systems ergeben, abzuwägen gilt. Sobald Verfahren eingeführt und zu einem Teil des QS-Systems geworden sind, können sie in der offiziellen Prüfung berücksichtigt werden, welche über den Erfolg oder Mißerfolg einer Zertifizierung nach ISO 9000 im ersten Anlauf entscheidet. Es besteht also mit anderen Worten die Gefahr, daß dadurch das Gesamtverfahren schwieriger gemacht wird, als es zu sein braucht; je umfangreicher die Verfahren sind, desto größer sind die Aussichten, daß irgendeiner sie nicht richtig befolgt. Verfahren müssen nicht nur entworfen, sondern auch befolgt werden.

In Abbildung 7.4 sind die Designaktivitäten innerhalb des Betriebsprozesses eines typischen Unternehmens, das sich um die Zertifizierung nach ISO 9001 bemüht, ausführlich dargestellt. Konzeptionell teilen sich diese Aktivitäten auf in die Ermittlung der Designanforderungen (welche logisch auf den Abschluß eines Vertrages folgt), die eigentliche Designarbeit und, zum Schluß, die Verifizierung des Designs (die Überprüfung, ob das Design wirklich die Forderungen erfüllt). Die Forderungen von ISO 9000 in diesem Bereich sind in *4.4 Designlenkung* formuliert. Eine Prüfung für ISO 9001 wird sich somit ausführlich damit befassen, inwiefern das QS-System den Bereich Design erfaßt und dort eingeführt ist. Die Forderungen an die Durchführung von Designarbeiten sind in *4.4* unter fünf Unterpunkten beschrieben, die an der entsprechenden Stelle in unserer Abbildung 7.4 eingefügt wurden.

In den meisten kleineren Produktionsbetrieben, die nach Auftrag des Kunden fertigen, werden Designarbeiten wahrscheinlich zentral in einer einzigen Abteilung durchgeführt; sie sind im allgemeinen abgeschlossen, bevor die Produktion beginnt (wie in Abbildung 7.1 dargestellt). In solchen Fällen ist am ehesten eine Gruppe von Verfahren angebracht, die auf diese Designabteilung angewendet wird. Das trifft auf Abbildung 7.3 zu: Es existieren Verfahren, die in einem gewissen Umfang in Form von Notizen innerhalb der Designabteilung dokumentiert sind. Diese Verfahrensgruppe besitzt die Nummer DS1 und deckt die unter *4.4 Designlenkung* formulierten Forderungen ab, deren Inhalte im einzelnen zu betrachten sind.

In einigen Unternehmen können die Designaktivitäten auf verschiedene Abteilungen aufgeteilt werden, wobei jede von ihnen vielleicht mit einer oder mehreren Aktivitäten des Werkes in Verbindung steht. In diesem Fall kann es angebracht sein, eine Gruppe von Verfahren für jede Designeinheit zu formulieren, insbesondere dann, wenn die von jeder Abteilung durchgeführte Arbeit sich voneinander unterscheidet. Während jedoch die einzelnen Aktivitäten unterschiedlich sein können, werden die allgemeinen Prinzipien einer Lenkung der Arbeiten gleich sein. Es kann deshalb durchaus möglich sein, nur eine einzige Gruppe von Designverfahren zu entwickeln, die auf die verschiedenen Arten der Arbeit anwendbar sind. Im allgemeinen gilt: je weniger Verfahren, desto besser, obwohl der Zweck der Verfahren in der Lenkung der Arbeit liegt, so daß die Verfahren speziell genug sein müssen, um die Mitarbeiter zu leiten. In Dienstleistungsunternehmen können Designarbeiten vermischt mit anderen Tätigkeiten an mehreren Punkten im Gesamtprozeß durchgeführt werden, wobei möglicherweise sämtliche Mitarbeiter in Schlüsselpositionen zusätzlich zu ihren anderen Aufgaben Designtätigkeiten durchführen.

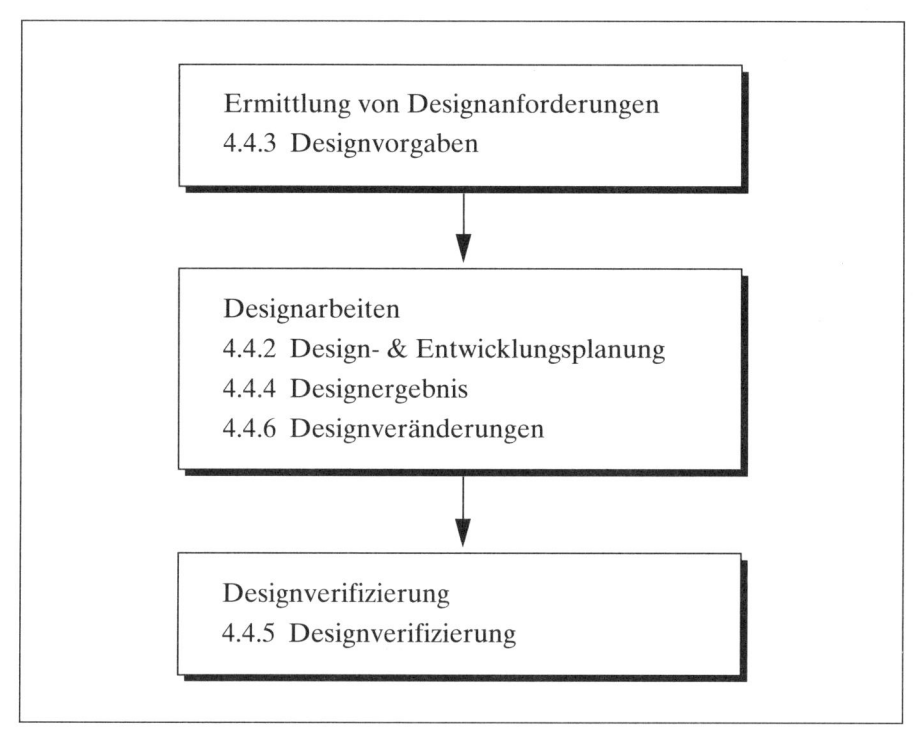

```
┌─────────────────────────────────────────────┐
│                                             │
│        ┌──────────────────────────────┐     │
│        │ Ermittlung von Designanfor-  │     │
│        │ derungen                     │     │
│        │ 4.4.3  Designvorgaben        │     │
│        └──────────────┬───────────────┘     │
│                       ▼                     │
│        ┌──────────────────────────────┐     │
│        │ Designarbeiten               │     │
│        │ 4.4.2  Design- & Entwicklungs-│    │
│        │        planung               │     │
│        │ 4.4.4  Designergebnis        │     │
│        │ 4.4.6  Designveränderungen   │     │
│        └──────────────┬───────────────┘     │
│                       ▼                     │
│        ┌──────────────────────────────┐     │
│        │ Designverifizierung          │     │
│        │ 4.4.5  Designverifizierung   │     │
│        └──────────────────────────────┘     │
│                                             │
└─────────────────────────────────────────────┘
```

Abb. 7.4: Die Erfüllung von ISO 9000 bezüglich der Designaktivitäten

Ein Berater der Geschäftsführung wird typischerweise in den Verkauf miteinbezogen sein (Vertrieb und Marketing), in die Entwicklung von Arbeitsmethoden zur Erfüllung von Kundenwünschen (Design), in die Sammlung von Daten (Werk) und die Entwicklung und Präsentation von Empfehlungen (Entwurf, Werk und möglicherweise Distribution). In diesem Fall kann es praktikabler sein, Designverfahren in die Verfahren für das Werk zu integrieren, anstatt eine eigenständige Gruppe von Designverfahren zu haben. Abbildung 7.5 zeigt die wichtigsten Kapitel aus einem Verfahrenshandbuch eines Marktforschungsunternehmens. Obwohl diese Firma nach ISO 9001 zertifiziert ist – und somit auch Designaktivitäten aufgeführt hat – gibt es für Design keine eigene Gruppe von Verfahren; die Aktivitäten sind unscharf und werden in einer Reihe von „Werkverfahren" mit abgedeckt (QS2 bis QS5).

Einleitung	QS0
Auftragsvergabe	QS1
Recherchen	QS2
Strukturierte Marktbefragung	QS3
Datenverarbeitung	QS4
Berichtswesen	QS5
Verwaltung	QS6
Lenkung des QS-Systems	QS7

Anmerkung: In diesem Beispiel beziehen sich die Verfahrensgruppen QS1 – QS5 auf den Betriebsprozeß sowie QS6 und QS7 auf die Aktivitäten zur Unterstützung des Kunden.

Abb. 7.5: Beispiel für Überschriften in einem Verfahrenshandbuch

Für dieses spezielle Unternehmen mit seinen unscharfen Designaktivitäten lautet die strategische Aussage wie folgt:

4.4 Designlenkung
Viele der im Unternehmen durchgeführten Tätigkeiten enthalten eine Designkomponente. Durch spezielle Verfahren (hierzu gehören die nachfolgenden) will das Unternehmen eine angemessene Lenkung der Designaktivitäten sicherstellen. Die Verfahren beziehen sich auf:
4.4.2 die Planung der Designarbeiten und die Zuordnung der Verantwortlichkeit an angemessen ausgebildete und qualifizierte Mitarbeiter und die Bekanntgabe dieser Forderungen an die an den Arbeiten beteiligten Unternehmensbereiche
4.4.3 die Ermittlung der Designanforderungen der Kunden
4.4.4 eine angemessene Dokumentation der Planung in Form von Arbeitspapieren und anderen Dokumenten, die in Projekten verwendet werden
4.4.5 das Vorhandensein von Überprüfungsverfahren, um sicherzustellen, daß die Forderungen des Kunden erfüllt werden. (Vgl. QS1.2.1, QS2.3, QS3.1, QS3.2, QS5.1, QS5.2)

In diesem Beispiel wird auf die Unterüberschriften der Forderungen der Norm verwiesen. Angesichts der Wichtigkeit, die der Lenkung von Designarbeiten in ISO 9001 zukommt, ist das angemessen. Die strategische Aussage eines Unternehmens, innerhalb dessen Designarbeiten in einer speziellen Abteilung durchführt werden, würde sich auf diese Abteilung beziehen (z.B.

„Die Designarbeiten des Unternehmens werden in der Planungsabteilung ... durchgeführt") und einen speziellen Verweis auf den Verfahrensunterpunkt geben (z.B. DS1, wie in Abbildung 7.3).

Der Ansatz zur Durchführung einer Überprüfung in den übrigen Teilen des Betriebsprozesses, Distribution und After-Sales (vgl. Abb. 7.1) entspricht weitgehend dem Ansatz für Vertrieb, Marketing und Design. Im allgemeinen werden in kleineren Unternehmen beide Arten von Aktivitäten am besten durch eine Gruppe von Verfahren abgedeckt: Das ist der Fall in dem in Abbildung 7.3 angeführten Beispiel (DT1 – Distribution und AS1 – After-Sales).

In Dienstleistungsunternehmen findet zumindest ein Teil der in den relevanten Forderungen der Norm angesprochenen Distributions- und After-Salesaktivitäten nicht statt. Nur wenige Dienstleistungsunternehmen, wenn überhaupt, lagern Produkte, der Verpackungsaufwand kann minimal sein, und die Auslieferung erfolgt durch die normale Post. In ähnlicher Form brauchen auch After-Sales-Aktivitäten nicht direkt mit dem Produkt oder der erbrachten Dienstleistung in Verbindung zu stehen. Ein Beispiel für eine strategische Aussage für ein Dienstleistungsunternehmen mit eingeschränkter Distribution oder After-Sales lautet wie folgt:

4.15 Handhabung, Lagerung, Verpackung und Versand
Die Handhabung, Lagerung und der Versand der Produkte erfolgt im wesentlichen entsprechend der normalen Büropraxis des Unternehmens. Bezüglich der Verpackung wird auf den nachfolgend angeführten Unterpunkt verwiesen.[1] Wird vom Auftraggeber ein zusätzlicher Kundendienst verlangt, so wird dieser entsprechend der Vereinbarung im Vertrag ausgeführt. (Vgl. QS5.1.3)

4.19 Kundendienst
Es entspricht der Philosophie unseren Unternehmens, den Kontakt zu Kunden aufrechtzuerhalten, um die Wirksamkeit der durchgeführten Arbeit zu ermitteln und neue Aufträge zu erhalten. (Vgl. QS5.4.7)

7.3 ISO 9000 bei unterstützenden Aktivitäten

Abbildung 7.6 gibt einen Überblick über die Bereiche im Unternehmen, die wir im vorigen Kapitel mit dem Begriff *Unterstützende Aktivitäten* bezeichnet haben. Sie teilen sich in drei Gruppen: Ressourcen, Aufzeichnungen und

---

[1] In diesem Fall werden die Verfahren eher auf den Druck und die Bindung der Berichte an Kunden angewendet als auf die Art und Weise, wie sie für den Versand verpackt werden.

Information sowie Lenkung und Management. Die relevanten Forderungen von ISO 9001, das sind mehr als die Hälfte aller größeren Unterpunkte der Norm, sind ebenfalls in der Abbildung aufgeführt.

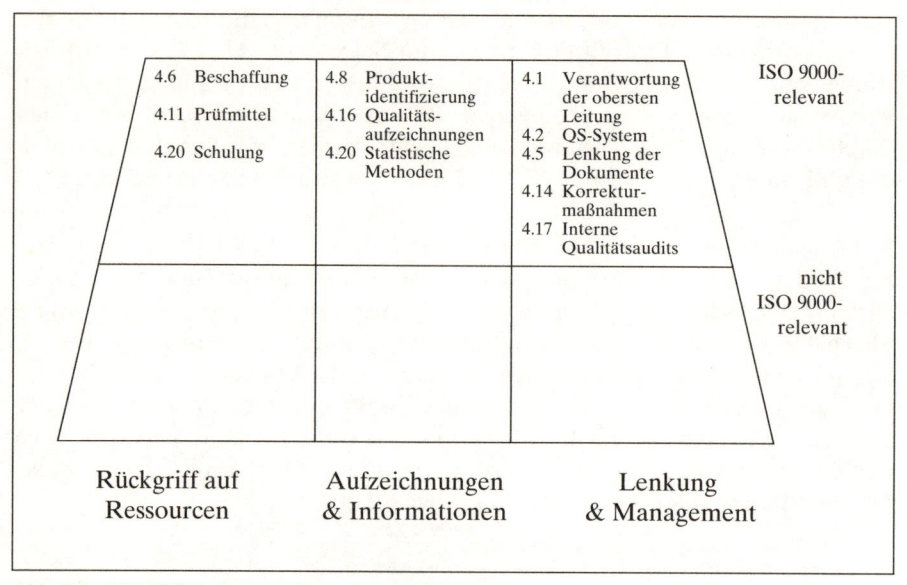

4.6 Beschaffung 4.11 Prüfmittel 4.20 Schulung	4.8 Produkt- identifizierung 4.16 Qualitäts- aufzeichnungen 4.20 Statistische Methoden	4.1 Verantwortung der obersten Leitung 4.2 QS-System 4.5 Lenkung der Dokumente 4.14 Korrektur- maßnahmen 4.17 Interne Qualitätsaudits	ISO 9000- relevant nicht ISO 9000- relevant
Rückgriff auf Ressourcen	Aufzeichnungen & Informationen	Lenkung & Management	

Abb. 7.6: ISO 9001 bei unterstützenden Aktivitäten

Allgemein ausgedrückt, werden die Verfahren zur Erfüllung dieser Norm am besten unternehmensweit angewendet. Eine Gruppe von Verfahren deckt beispielsweise im Normalfall alle Beschaffungsaktivitäten des Unternehmens ab. Das ist der Fall in dem in Abbildung 7.3 aufgeführten Beispiel, welches eine Gruppe von Verfahren auflistet, UA1, die alle Beschaffungsaktivitäten des Unternehmens abdecken. In unserem Beispiel gibt es bereits relevante Verfahren zur Beschaffung, die teilweise auch dokumentiert sind. In Ausnahmefällen kann der Einkauf sogar in kleineren Unternehmen aus zwei völlig verschiedenen Tätigkeiten bestehen (z.B. der Einkauf von Büromaterial in einem Dienstleistungsunternehmen und die Arbeit mit freiberuflichen Untervertragspartnern). Unter diesen Umständen kann es besser sein, zwei unterschiedliche Gruppen von Verfahren abzufassen, da an diesen unterschiedlichen Einkaufsarten unterschiedliche Mitarbeiter beteiligt sind.

Die relevante Forderung der Norm *(4.6 Beschaffung)* umfaßt die Notwendigkeit zur Beurteilung von Lieferanten *(4.6.2 Beurteilung von Unterlieferanten)* und die Gewährleistung einer angemessenen Dokumentation der Aufträge. Im Idealfall würden die Verfahren auch eine Anzahl genehmigter Lieferanten enthalten, die sich einer regelmäßigen Leistungsüberprüfung unterziehen (hierzu gehören möglicherweise auch Vorkehrungen für den Notfall oder die Existenz von Lieferanten „auf Bewährung", um eine angemessene Flexibilität bei der Versorgung zu gewährleisten) sowie die Forderung, alle Aufträge an die genehmigten Lieferanten in schriftlicher Form und in Übereinstimmung mit der Dokumentation zu erteilen. Die offizielle politische Aussage würde diesen Ansatz widerspiegeln:

4.6 Beschaffung
Zu den Beschaffungsvorgängen, die einen Einfluß auf das QS-System haben, gehört der Einkauf von Büromaterialien und von Dienstleistungen durch Freiberufler oder ähnliche Quellen. Das Unternehmen wird ein System genehmigter Lieferantenlisten unterhalten, das Methoden zur Beurteilung der Qualität der von diesen Lieferanten gelieferten Produkte oder Dienstleistungen enthält (erfüllt *4.6.2* von ISO 9001). Aufträge an diese Lieferanten werden schriftlich erteilt und stimmen mit den relevanten Verfahren für die Dokumentation überein (erfüllt *4.6.3 Beschaffungsangaben*, ISO 9001). (Vgl. UA1)

In der Unternehmensanalyse (wie in Kapitel 6 beschrieben) wurden Art und Standort der im Unternehmen verwendeten Prüfmittel identifiziert. In kleineren Unternehmen ist wiederum eine Gruppe von Verfahren (wie in Abbildung 7.3 dargestellt, wo die bereits existierenden Verfahren als UA2 bezeichnet wurden) wahrscheinlich der beste Ansatz, obwohl es bei der eigentlichen Abfassung der Verfahren nötig werden kann, für jede Art von verwendeten Geräten einen gesonderten Zeitplan oder Unterpunkt zu erarbeiten. Ein Beispiel für eine strategische Aussage könnte folgendermaßen lauten:

4.11 Prüfmittel
Es gehört zur Politik des Unternehmens, alle derartigen Geräte in einem Register aufzuführen, welches den Teststatus der Geräte und die zur Kalibrierung verwendeten Verfahren enthält. In bestimmten Fällen sollen diese Daten auch am Gerät selbst ablesbar sein. Wo immer es möglich ist, soll die Kalibrierung auf anerkannte nationale Normen zurückführbar sein. (Vgl. UA2)

Es ist schwierig, sich einen Herstellungsbetrieb ohne derartige Überprüfungen oder Prüfmittel vorzustellen, doch bei einigen Arten von Dienstleistungsunternehmen ist das möglicherweise der Fall, und das würde in der strategischen Aussage zum Ausdruck gebracht:

4.11 Prüfmittel
Das Unternehmen hat keine derartigen Geräte im Einsatz, so daß es keine offiziellen Verfahren gibt, die diese Forderung von ISO 9001 erfüllen.

Eine Aussage wie diese sollte nur nach sorgfältiger Auswertung der Unternehmensanalyse oder Überprüfungsphasen getroffen werden. Wenn der Auditor glaubt, daß trotz der gegensätzlichen Behauptung des Unternehmens Prüfgeräte im Gebrauch sind, haben Sie ein Problem.

Schulung

Unternehmen, die Mitarbeiter mit einer breiten Palette unterschiedlicher Qualifikationen beschäftigen, wahrscheinlich in einer Vielzahl unterschiedlicher Abteilungen, finden es vielleicht hilfreicher, Schulungsverfahren (sie beziehen sich auf *4.18 Schulung*) für jede größere Mitarbeitergruppe zu haben.

In unserem Beispiel in Abbildung 7.3 gibt es eine separate Gruppe von Verfahren für Mitarbeiter, die an bestimmten Aktivitäten beteiligt sind, und eine andere Gruppe für alle anderen Mitarbeiter. In Marktforschungsunternehmen, auf die sich die in Abbildung 7.5 dargestellte Liste von Verfahren bezieht, wird die gesamte Schulung unter „QS6 Verwaltung" zusammengefaßt, doch wie die unten angeführte strategische Aussage andeutet, gibt es separate Untergruppen von Verfahren für spezielle Mitarbeitergruppen.

> *4.18 Schulung*
> Es gehört zur Strategie des Unternehmens, alle Mitarbeiter so zu schulen, daß sie die ihnen zugeteilten Aufgaben erfüllen können, und es existieren Verfahren für bestimmte Mitarbeitergruppen. Die Verfahren enthalten Methoden für die jährliche Ermittlung des Schulungsbedarfs, Pläne zur Erfüllung der ermittelten Bedürfnisse und die Anfertigung geeigneter Aufzeichnungen. (Vgl. QS6.1-QS6.4)

Drei Forderungen der Norm können als zu den Bereichen Aufzeichnung und Information gehörig erachtet werden: *4.8 Identifikation von Produkten und Rückverfolgbarkeit von Produkten, 4.16 Qualitätsaufzeichnungen* und *4.20 Statistische Methoden.* In jedem dieser Fälle reicht im allgemeinen eine unternehmensweite Anwendung einer einzelnen Gruppe von Verfahren aus. Die für die Produktidentifikation jeweils zu verwendenden Methoden hängen von der Art des Produktes ab, obwohl sie jedoch in den meisten Fällen etwas mit einer unverwechselbaren Numerierung des Produktes oder einem Etikett zu tun haben, das auf dem Produkt selbst und/oder in den Qualitätsaufzeichnungen zu finden ist.

Das in Abbildung 7.3 dargestellte Beispiel zeigt zwei gänzlich verschiedene Ansätze: einen für das Ergebnis eines bestimmten Prozesses und einen für alle anderen Aktivitäten. In diesem Fall wird es als sinnvoll erachtet, eine Gruppe von Verfahren speziell für diesen „bestimmten" Prozeß zu haben

(UA5). Es gibt für die Ergebnisse aller Prozesse mit Ausnahme von Prozeß 1 kein bereits existierendes Verfahren oder keine Methode zur Identifikation, so daß in diesen Bereichen die Festlegung neuer Verfahren erforderlich wird.

Die Forderungen für Qualitätsaufzeichnungen in ISO 9001 *(4.16)* beziehen sich darauf, wie derartige Daten aufbewahrt und gespeichert werden. Die Notwendigkeit derartiger Aufzeichnungen wird in anderen Unterpunkten der Norm ausgeführt; so werden beispielsweise Verfahren, die die Forderungen für die Beschaffung betreffen *(4.6)*, so abgefaßt, daß sie die Notwendigkeit der Auftragsvergabe in schriftlicher Form zum Ausdruck bringen, die Pflege von Lieferantenlisten usw. Eine einzige Gruppe von Verfahren (erfüllt *4.16*) kann somit angeben, wo jede Art von Aufzeichnung aufbewahrt wird, in welcher Form und für wie lange. Es ist sehr unwahrscheinlich, daß es in einem Unternehmen Verfahren dieser Art bereits gibt, bevor ein offizielles QS-System eingeführt wird (wie im Beispiel 7.3 der Fall, wo die geforderten Verfahren als UA7 benannt sind). Eine strategische Aussage in diesem Bereich könnte wie folgt aussehen:

> *4.16 Qualitätsaufzeichnungen*
> Es sind Aufzeichnungen anzufertigen, die sich sowohl auf das QS-System wie auch auf einzelne Projekte beziehen, um einen Nachweis über den Betrieb des QS-Systems zu führen. Ein Verfahren wird festlegen, wo, wie und für welchen Zeitraum jede Art von Aufzeichnung aufbewahrt wird. (Vgl. UA7)

In Kapitel 2 haben wir die reichlich merkwürdige und willkürliche Einbeziehung statistischer Methoden in die Norm angesprochen *(4.20)*. Wo eine spezielle Methode regelmäßig als Teil zur Kontrolle eines speziellen Prozesses eingesetzt wird, kann sie in einer speziellen Gruppe von Verfahren sinnvoll beschrieben werden (das trifft auf das in Abbildung 7.3 dargestellte Beispiel zu, wo sie unter UA8 zu finden sind). Die Eignung derartiger Methoden ist jedoch in anderen Unternehmen nicht so eindeutig. Hier reicht vielleicht eine allgemeine Aussage ohne spezielle Verfahren im QS-System aus, wie beispielsweise:

> *4.20 Statistische Methoden*
> Das Unternehmen verwendet ausgesuchte statistische Methoden als Hilfsmittel zur Verbesserung der Qualität dort, wo es zur Verbesserung der Qualität angebracht ist.

Das letzte im Rahmen von ISO 9000 relevante Thema im Bereich *Unterstützende Aktivitäten*, ist in Abbildung 7.6 unter *Lenkung und Management* aufgeführt. Egal, ob ein Unternehmen vor ISO 9000 bereits Verfahren definiert hatte, die auf zahlreiche Aktivitätsbereiche anwendbar sind oder nicht – es ist nahezu sicher, daß sie keine Relevanz für diesen Bereich haben, da ihnen nur im Kontext eines offiziellen und vollständig dokumentierten QS-Systems ein Sinn zugeordnet werden kann.

Ein weiterer, allgemeiner Aspekt betrifft die Tatsache, daß in diesen Bereichen Strategien und Verfahren verschiedener Unternehmen sich in ihren Grundzügen ähneln, um welche Branche es sich dabei auch immer handeln mag. Ein Verfahren für eine Korrekturmaßnahme (welche Forderung *4.14* erfüllt) läßt sich gleichermaßen auf eine Ziegelfabrik anwenden wie auf eine Rechtsanwaltskanzlei, obwohl der Sprachgebrauch und die Gestaltung ebenso wie einige feinere Details möglicherweise voneinander abweichen, um den organisatorischen Unterschieden der beiden Geschäftsarten Rechnung zu tragen.

In Abbildung 7.3 werden die Verfahren zur Beschreibung aller dieser Forderungen schlicht als UA9 bezeichnet. Sie werden im gesamten Unternehmen angewendet, und in kleineren Firmen sind nur schwer Umstände vorstellbar, unter denen irgendein anderer Ansatz verwendet werden könnte.

Es werden an dieser Stelle keine weiteren Einzelheiten über Verfahren in diesem Bereich betrachtet, da einige Beispielverfahren im nachfolgenden Kapitel vorgestellt und besprochen werden. Wir schließen mit einem Beispiel für strategische Aussagen, die für die Erfüllung der Forderungen für Lenkung und Management relevant sind (Abbildung 7.7).

4.1 Verantwortung der obersten Leitung

4.1.1 Qualitätspolitik
Das Unternehmen verfolgt eine offiziell dokumentierte Qualitätspolitik.

4.1.2 Organisation (4.1.2.1 Verantwortungen und Befugnisse)
Das Unternehmen besitzt eine offizielle Managementstruktur. Alle Mitarbeiter haben eine Verantwortung für Qualität, die in entsprechenden Verfahren näher bestimmt ist und durch eine entsprechende Schulung der Mitarbeiter ermöglicht wird.
Einer der Mitarbeiter soll zum Vertreter des Unternehmens ernannt werden u. besonders für die Einführung und Pflege des QS-Systems verantwortlich sein.

4.1.3 Überprüfung durch die Leitung
Das Unternehmen soll offizielle Überprüfungsbesprechungen abhalten, um die Wirksamkeit des QS-Systems zu erörtern und um sicherzustellen, daß die Qualitätspolitik des Unternehmens befolgt wird. *(Vgl. UA9.1)*

4.2 Das QS-System

Das Unternehmen hat ein QS-System entwickelt und eingeführt, um die Forderungen von ISO 9000/ISO 9001 zu erfüllen.
Das System wird auf zwei Ebenen dokumentiert. Die erste besteht aus einem Qualitätshandbuch, welches die Qualitätspolitik des Unternehmens in bezug auf die Forderungen der Norm darlegt und diese Politik mit Verweisen auf bestimmte Verfahren in Verbindung bringt. Die zweite Ebene bildet ein Verfahrenshandbuch, das beschreibt, wie die Qualität in jedem Aktivitätsbereich des Unternehmens erzielt werden soll. *(Vgl. UA9.2)*

4.5 Lenkung der Dokumente

Dokumente des QS-Systems werden gelenkt, indem alle Versionen stets auf dem neuesten Stand gehalten werden. Die Befugnis zur Erstellung und Verbesserung von Dokumenten sowie zur Anfertigung einer Dokumentation jeder durchgeführten Veränderung wird durch ein Verfahren bestimmt. *(Vgl. UA9.3)*

4.14 Korrekturmaßnahmen

Es gehört zur Unternehmenspolitik, alle Fälle von Nichtkonformität mit dem QS-System im Hinblick auf die Verhinderung eines Wiederholungsfalles zu untersuchen, um das Auftreten derartiger Probleme zu minimieren. Dieses wird durch offizielle Verfahren für Korrekturmaßnahmen erreicht. *(Vgl. UA9.4)*

4.17 Interne Qualitätsaudits

Es ist ein Programm für interne Qualitätsaudits durchzuführen, das alle Bereiche des QS-Systems abdeckt. Im Rahmen dieser Audits soll ermittelt werden, ob das QS-System vom Unternehmen und seinen Mitarbeitern korrekt angewendet wird. Ein offizielles Verfahren soll sicherstellen, daß Qualitätsaudits von entsprechend geschultem und geeignetem Personal im Rahmen eines vorgesehenen Zeitplanes durchgeführt werden. *(Vgl. UA9.5)*

Abb. 7.7: Beispiele für strategische Aussagen im Rahmen der Forderungen für Lenkung und Management in ISO 9001

8 Entwicklung von Verfahren

Tag für Tag funktioniert ein Qualitätssystem mit Hilfe seiner Verfahren, und bereits bei der Entwicklung dieser Verfahren wird die Wirksamkeit eines ISO-9000-Projektes beeinflußt. Wie wir jedoch nochmals betonen wollen, ist es hierbei nicht nur möglich, sondern auch wichtig, die Tätigkeiten zu verteilen. Je mehr Mitarbeiter in dieser Phase beteiligt sind, desto weniger Probleme gibt es bei der Einführung des Systems.

Wir werden in diesem Kapitel ausführlich besprechen, was Verfahren sind, angemessene Formen ihrer Dokumentation und Möglichkeiten einer wirkungsvollen Organisation aufzeigen. Wir werden die Prinzipien anhand von zwei umfangreichen Beispielen veranschaulichen.

8.1 Was ist ein „Verfahren"?

Verfahren zeigen, wie die Qualitätspolitik eines Unternehmens Tag für Tag in bestimmten Bereichen und bei bestimmten Aktivitäten verwirklicht wird. Ein Verfahrenshandbuch ist somit ein praktischer Leitfaden für die tägliche Arbeit der Mitarbeiter. In Kapitel 4 haben wir ein Qualitätssystem zur Erfüllung von ISO 9000 als Pyramide dargestellt; Abbildung 8.1 greift dieses Konzept nochmals auf.

Die Spitze der Pyramide bildet eine allgemeine, offizielle Qualitätspolitik, durch welche sich das Unternehmen zur Einführung eines wirkungsvollen Systems verpflichtet (vgl. Kapitel 4 als Beispiel für eine solche strategische Aussage). Kein Mitarbeiter kann jedoch irgend etwas Bestimmtes auf der Basis einer allgemeinen Qualitätspolitik wirklich tun, wie kunstvoll sie auch immer sein mag: Sie ist eindeutig kein praktischer Leitfaden. Die nächste Ebene eines dokumentierten Systems enthält unter anderem eine Reihe spezieller unternehmenspolitischer Aussagen, die die Erfüllung jeder Forderung der Norm einer spezifischen Organisation beschreiben.

Im vorangegangenen Kapitel haben wir empfohlen, solche Aussagen im Rahmen der internen Überprüfung vorzubereiten, und wir haben entsprechende Beispiele angeführt. In einigen Fällen sind solche unternehmenspolitischen Aussagen ausreichend als Leitlinie für die Mitarbeiter zur Umsetzung der in der Norm enthaltenen Forderungen, doch im allgemeinen ist das nicht der Fall. Die strategischen Aussagen demonstrieren Verpflichtung und Absicht, aber sie enthalten keine praktischen Leitsätze. Betrachten Sie nochmals das nachfolgende Beispiel einer Aussage, die wir bereits in Abbildung 7.7 angeführt hatten.

4.1 Verantwortung der obersten Leitung
4.1.1 Qualitätspolitik
Das Unternehmen verfolgt eine offiziell dokumentierte Qualitätspolitik.

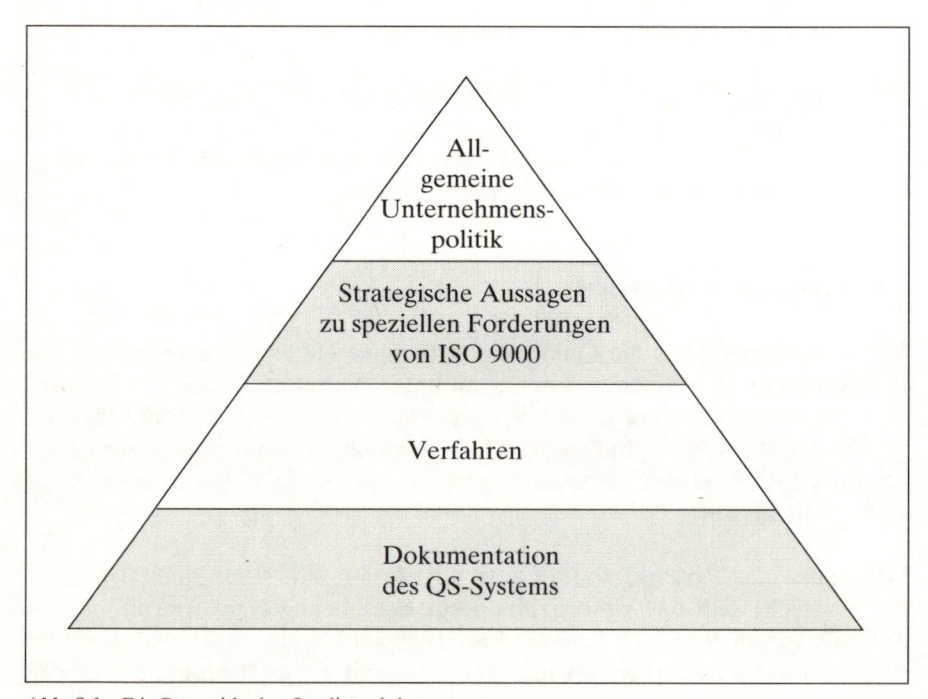

Abb. 8.1: Die Pyramide der Qualitätsdokumente

4.1.2 Organisation (4.1.2.1 Verantwortungen und Befugnisse)
Das Unternehmen besitzt eine offizielle Managementstruktur. Alle Mitarbeiter haben eine Verantwortung für Qualität, die in entsprechenden Verfahren näher bestimmt ist und durch eine entsprechende Schulung der Mitarbeiter ermöglicht wird. Einer der Mitarbeiter soll als Beauftragter der obersten Leitung ernannt werden und besonders für die Implementierung und Pflege des QS-Systems verantwortlich sein.

4.1.3 Überprüfung durch die oberste Leitung
Das Unternehmen soll offizielle Überprüfungsbesprechungen abhalten, um die Wirksamkeit des QS-Systems zu erörtern und sicherzustellen, daß die Qualitätspolitik des Unternehmens befolgt wird. (Vgl. UA9.1)

Einige Punkte dieser Aussage sprechen für sich selbst; sie bedürfen zur Verwirklichung der Politik keiner weiteren Erläuterung. Eine offizielle Qualitätspolitik liegt schriftlich dokumentiert vor, und es braucht zur Implementierung von *4.1.1 Qualitätspolitik* nichts weiter getan werden. Das Gleiche gilt für die Managementstruktur; für andere wichtige Punkte der Aussage ist das jedoch nicht der Fall. Betrachten Sie den Abschnitt, der die Überprüfung durch die oberste Leitung betrifft: Hier sind zu ihrer Verwirklichung weitere Einzelheiten erforderlich. Wie oft finden solche Besprechungen statt? Was wird besprochen, usw.? Nur mit Hilfe solcher Informationen oder Festlegungen läßt sich die Politik praktisch umsetzen. Ein entsprechendes Verfahren beschreibt, wie die Verpflichtung zur Überprüfung durch die oberste Leitung umgesetzt wird. Abbildung 8.2 führt ein Beispiel an.

Alle Unternehmen, die sich um die Zertifizierung nach ISO 9000 bemühen, werden angehalten, Überprüfungen durch die oberste Leitung durchzuführen, wofür das Verfahrensmuster als Modell verwendet werden kann. Die inhaltlichen Einzelheiten können jedoch entsprechend der Bedürfnisse jedes einzelnen Unternehmens variiert werden. Das Verfahren selbst könnte beispielsweise weniger formal sein (und vielleicht sogar weniger ausführlich). Für die Verfahrensdokumentation wird ein spezielles Gestaltungsformat verwendet, und auch das könnte natürlich anders aussehen. Wir werden nachfolgend noch mehr über die formale Gestaltung der Verfahren bzw. Verfahrensanweisungen sagen.

In bezug auf das QS-System besteht der Sinn der Verfahren darin, daß sie die Verwirklichung der Forderungen aus ISO 9000 ermöglichen. Jedes Verfahren kann somit prinzipiell auf die Norm bezogen werden. Die Verbindung besteht durch die unternehmenspolitischen Aussagen: Das Verfahren der Überprüfung durch die oberste Leitung in Abbildung 8.2 steht mit der unternehmenspolitischen Aussage in Verbindung und auf diese Weise mit *4.1.3 Review des QS-Systems durch die oberste Leitung* in ISO 9001. Die einzige

143

VERFAHREN UA9.1

Titel Überprüfung durch die oberste Leitung

Zweck Die Beschreibung von Verfahren zur Sicherstellung, daß das QS-System und seine Wirksamkeit regelmäßig überprüft werden

Umfang Alle Elemente des QS-Systems

Verweise Qualitätshandbuch
Verfahrenshandbuch

Definitionen *Qualitätsaudit:* eine Aktivität, die innerhalb eines Bereiches von außenstehenden, unabhängigen Personen zur Überprüfung durchgeführt wird, ob das QS-System innerhalb dieses Bereiches eingehalten wird

Dokumentation Tagesordnung der Überprüfungsbesprechung der obersten Leitung

Verfahren

UA9.1.1 *Häufigkeit der Besprechungen zur Überprüfung durch die oberste Leitung*
Besprechungen zur Überprüfung durch die oberste Leitung finden mindestens einmal vierteljährlich statt.

UA9.1.2 *Teilnehmer der Besprechungen zur Überprüfung durch die oberste Leitung*
Die Besprechungen sollen vom Vorsitzenden des Unternehmens geleitet werden, der auch einen anderen als sich selbst für den Vorsitz einer bestimmten Besprechung ernennen kann.
Der Beauftragte der obersten Leitung nimmt an allen Besprechungen teil und übernimmt die Schriftführung.
Weiterhin sind alle Geschäftsführer des Unternehmens zu diesen Besprechungen zugelassen sowie jede andere Person, die vom Vorsitzenden zur Teilnahme an dieser Sitzung eingeladen wurde. Die Beschlußfähigkeit ist bei Anwesenheit des Vorsitzenden (oder seines Vertreters), des Beauftragten der obersten Leitung und einer weiteren, zur Sitzung zugelassenen Person gegeben.

UA9.1.3 *Tagesordnung für die Besprechungen zur Überprüfung durch die oberste Leitung*
Es gibt für jede Sitzung eine Tagesordnung, die in ihrer formalen Gestaltung SA 9.1.3/1 entspricht.
Die unter „Sonstiges" zu behandelnden Themen werden durch den Vorsitzenden (oder seines Vertreters) in Absprache mit dem Beauftragten der obersten Leitung vor der Sitzung festgelegt und in der schriftlichen Tagesordnung aufgeführt.
Die schriftliche Tagesordnung – in der äußeren Form SA 9.1.3/1 entsprechend – wird vom Beauftragten der obersten Leitung einen Tag vor der Sitzung allen Personen, die zu dieser Besprechung zugelassen sind, zur Kenntnis gebracht.

UA9.1.4 *Protokolle der Besprechungen zur Überprüfung durch die oberste Leitung*
Der Beauftragte der obersten Leitung verfaßt für jede Sitzung ein Protokoll und läßt dieses innerhalb von fünf Tagen nach der Sitzung allen zur Sitzung zugelassenen Personen zukommen.
Das Protokoll ist vom anderen Vorsitzenden in der darauffolgenden Sitzung in Anwesenheit der anderen Teilnehmer zu unterschreiben.

UA9.1.3/1	**Tagesordnung für die Besprechung zur Überprüfung durch die oberste Leitung**
	1. Datum ....
	   Uhrzeit ....
	   Ort ....
	2. Protokoll der letzten Sitzung
	3. Themen, die sich aus 2. ergeben
	4. Bericht des Beauftragten der obersten Leitung mit folgenden Inhalten:
	   – Ergebnisse von internen oder externen Qualitätsaudits
	   – Korrekturmaßnahmen
	   – Veränderungen bei der Dokumentation des QS-Systems, die seit der vergangenen Sitzung durchgeführt wurden
	5. Themen, die sich aus 4. ergeben
	6. Bericht durch den Vorsitzenden über die seit der vergangenen Sitzung eingegangenen Anmerkungen und Reklamationen von Kunden
	7. Themen, die sich aus 6. ergeben
	8. Sonstiges
	   a) _____
	   b) _____
	   c) _____
	9. Handlungsbedarf als Ergebnis der Sitzung
	10. Datum der nächsten Sitzung

Abb. 8.2: Beispiel für ein Verfahren

Ausnahme von diesem Prinzip – den Zweck eines Verfahrens mit ein oder zwei spezifischen Forderungen der Norm in Beziehung zu setzen – besteht dort, wo man sich zur Aufnahme von über die Forderungen der Norm hinausgehenden Verfahren in das QS-System entschließt: beispielsweise Aktivitäten im Rechnungswesen.

Verfahren innerhalb eines QS-Systems werden immer dokumentiert. Dabei handelt es sich jedoch nicht nur um rein „literarische" Arbeiten, sondern eher um klares und effektives Aufzeichnen der Verfahren. Wir sind der Meinung, daß Verfahren, damit sie Wirkung erzielen können, vier Forderungen erfüllen sollten: Sie müssen verständlich, umsetzbar, nachprüfbar und verbindlich sein. Basierend auf den Inhalten eines Verfahrens – und nur darauf – sollten die Mitarbeiter im durch dieses Verfahren angesprochenen Bereich in der Lage sein, das Geforderte auszuführen. Verfahren müssen somit eindeutig beschrieben und für die an der Verwirklichung beteiligten Mitarbeiter verständlich sein. Sie sollten deshalb sprachlich so einfach wie möglich formuliert und an das Bildungsniveau der beteiligten Mitarbeiter angepaßt sein.

Es ist auch wichtig, daß ein Verfahren praktisch umsetzbar ist. Natürlich ist es unwahrscheinlich, daß Verfahren so beschrieben werden, daß man sie nicht befolgen kann. Doch in den ersten Phasen der Einführung geschieht es häufig, daß irgendein im Verfahren vorgeschriebenes Element in der Praxis nicht durchgeführt werden kann. Ein Verfahren, das beispielsweise die Durchführung einer Kontrolle von einer bestimmten Person abhängig macht, ist nicht praktikabel, wenn diese Person nur sehr selten im Hause ist. Die Beteiligung vieler Mitarbeiter verhindert, daß Verfahren zwar elegant formuliert, aber undurchführbar sind.

Ein Verfahren muß auch auditierbar sein. Ein QS-System besteht aus mehr als guten Absichten, und es muß Mechanismen enthalten, mit deren Hilfe die Einhaltung des Systems nachgewiesen werden kann. Es muß deshalb möglich sein, auch rückblickend für jedes Verfahren zu ermitteln, ob es befolgt wurde oder nicht, und das erfordert im allgemeinen die Integration objektiver Nachweise in das System selbst. Das in Abbildung 8.2 dargestellte Musterverfahren ist beispielsweise mit Hilfe der Sitzungsprotokolle überprüfbar.

Natürlich muß ein Verfahren verbindlich sein. Wenn es der individuellen Entscheidung eines Mitarbeiters obliegt, ob er eine bestimmte Handlung ausführt oder nicht, liegt kein Verfahren vor. Wird ein Verfahren benötigt, so muß es auch von jedem Beteiligten befolgt werden. Dafür sorgen bei der praktischen Verwirklichung Mechanismen, mit deren Hilfe die Einhaltung der Verfahren überprüft wird (Auditierung), sowie Methoden zum Aufspüren von Problemen (Korrekturmaßnahmen). Im Grunde verlangt ein QS-System das Vorhandensein einiger zugrundeliegender Autoritätsstrukturen, und ein Unternehmen, in dem es diese nicht gibt (falls das überhaupt möglich ist), kann kein wirkungsvolles QS-System implementieren. Doch obwohl Verfahren verbindlich sind, sind sie nicht unveränderbar. Ein wichtiger Teil des Systems besteht darin, unwirksame oder schlechte Verfahren kontrolliert zu verändern (vgl. Kapitel 9).

Wir wollen unsere allgemeine Beschreibung von Verfahren mit einem Hinweis darauf beenden, was Verfahren nicht sein sollten. Zunächst einmal schreibt ein Verfahrenshandbuch nicht vor, wie *alle* Aktivitäten einer Organisation durchzuführen sind. Einige Tätigkeiten sind vielleicht sehr ausführlich beschrieben, doch das ist nur als ein Hilfsmittel zur praktischen Verwirklichung gedacht. Andere, möglicherweise für die Betriebsprozesse wichtige Aktivitäten, werden vielleicht gar nicht erwähnt, weil es hier einfach keine speziellen Tätigkeiten gibt, die Einfluß auf die Qualität haben.

Ein hiermit verwandter Aspekt ist die Tatsache, daß ein Verfahrenshandbuch nicht zu Schulungszwecken verfaßt wurde. Es wird vorausgesetzt, daß alle Mitarbeiter in dem durch das Verfahren angesprochenen Bereich ausreichend geschult sind, um ihre Aufgaben bewältigen zu können (Schulungsverfahren werden ebenfalls durch das QS-System abgedeckt). Das Verfahrenshandbuch dient deshalb nicht dem Erlernen von Prozeßabläufen, sondern stellt lediglich die Erhaltung eines bestimmten Qualitätsniveaus sicher. Ein Verfahren für eine Maschine braucht beispielsweise keine Einzelheiten darüber zu enthalten, wie sie in Betrieb gesetzt und bedient wird, sondern es wird nur ausführlich darüber berichten, welche Einstellungen beizubehalten (Prozeßlenkung), welche Überwachungsverfahren anzuwenden und welche Aufzeichnungen über das Ergebnis zu führen sind (Prüfungen). Mit Hilfe derartiger Verfahren kann ein geschulter Bediener der Maschine sicherstellen, daß das gewünschte Qualitätsniveau erhalten bleibt, während ein unqualifizierter Mitarbeiter nicht einmal in der Lage wäre, die Maschine auch nur in Betrieb zu nehmen. Ein anderes Problem bei Verfahrenshandbüchern besteht darin, daß sie im allgemeinen zu lang sind. Die Erkenntnis, daß ein Verfahrenshandbuch kein Leitfaden für die Schulung der Mitarbeiter ist, wird dabei helfen, das Verfahrenshandbuch in realistischer Länge abzufassen.

8.2 Verfahrensformate

Für das in Abbildung 8.2 dargestellte Musterverfahren wurde eine bestimmte Gestaltungsform verwendet, die auch in den anderen Beispielen dieses Buches benutzt wird. Dieses Format besitzt eine Reihe von Eigenschaften, die unserer Meinung nach in allen Verfahren enthalten sein sollten und die wir nachfolgend kurz besprechen werden. Dieses bestimmte Format ist jedoch nicht heilig; andere Gestaltungen könnten die geforderten Eigenschaften genauso gut aufweisen, und jedes Unternehmen kann sein eigenes Format entwickeln. Für welches Format man sich jedoch entscheiden mag, es ist wichtig, daß es für alle Verfahren das gleiche ist.

Durch Schulungen oder ähnliche Maßnahmen werden die Mitarbeiter mit den Verfahren, die ihre tägliche Arbeit betreffen, vertraut gemacht. Möglicherweise üben sie jedoch oft auch Tätigkeiten in anderen Unternehmensbereichen aus und wollen deshalb schriftliche Beschreibungen derjenigen Verfahren zu Rate ziehen, mit denen sie weniger vertraut sind. Zumindest Auditoren und externe Prüfer werden das ganz sicher wollen. Die Verfahren sind schneller und besser zu verstehen, wenn das Format vertraut ist: Der

Leser weiß, wo er bestimmte Informationen findet. Eine direkte Analogie hierzu sind Zeitungen: Hinsichtlich ihrer Gestaltung dürfte weder die „Frankfurter Allgemeine Zeitung" noch die „Süddeutsche Zeitung" irgendeinen Vorteil gegenüber dem jeweils anderen Titel besitzen, doch der Leser wird das Fernsehprogramm leichter in der Zeitung finden, die er normalerweise liest. Darüber hinaus wird es bei einem allgemein bekannten Format einfacher sein, zu erkennen, daß bestimmte Verfahren „offizielle" Dokumente des QS-Systems sind und daß sie auf dem aktuellen Stand sind. Letzteres ist ein Aspekt des wichtigen Themas *Lenkung der Dokumente*, auf das wir später (Kapitel 9) eingehen werden.

Während des Planungsprozesses sind möglicherweise mehrere Verfasser beteiligt. Das wird eindeutig zu Problemen führen, wenn sie bezüglich der Gestaltungsform Entscheidungsfreiheit haben. Besser wird das Ergebnis, wenn man sich zu Beginn des Prozesses auf eine gemeinsame Form einigt. Auch jene Mitarbeiter, die vielleicht nicht daran gewöhnt sind, umfangreiche Dokumente zu verfassen, werden diese Aufgabe vergleichsweise leichter finden, wenn es Beispiele gibt, denen sie folgen können.

Mit Hilfe eines Standardformates verfügen die endgültigen Dokumente über einen klaren Aufbau und sehen besser aus. Das hält man vielleicht für trivial, doch ein wohlgestaltetes Dokument wird eher gelesen und die Verfahren somit eher befolgt. Bei einem Audit wird darüber hinaus zuerst eine Untersuchung am Schreibtisch durchgeführt: Es wird geprüft, ob das Dokumentensystem die Forderungen der Norm erfüllt. Von den Prüfern wird nicht verlangt, Noten für Ordentlichkeit zu vergeben. Doch es sind Menschen wie du und ich, und sie werden deshalb zumindest positiver über ein professionell präsentiertes QS-System denken als über eines, das nicht mehr ist als eine lose Sammlung schlecht zueinander passender Seiten.

Die Beispielverfahren weisen eine Reihe von Eigenschaften auf, die nachfolgend hervorgehoben werden sollen:

❏ *Numerierung*
Ein Numerierungssystem erlaubt genaue Querverweise und die Integration von zusätzlichen Verfahren in das Gesamtsystem, das heißt in das Verfahrenshandbuch. Das in den Beispielverfahren verwendete System bezieht sich auf die Numerierung, die erstmals in der Überprüfungsphase (vgl. Abbildung 7.3) eingeführt wurde. Es gibt eine Vielzahl von Numerierungsmöglichkeiten, von denen keine von Natur aus einer anderen

überlegen ist. Wir werden im nächsten Kapitel nochmals auf die Numerierung zurückkommen.

❏ *Titel*
Die Notwendigkeit eines Titels liegt auf der Hand.

❏ *Zweck*
Jedes Verfahren dient einem bestimmten Zweck, und eine gute Übung besteht darin, diesen explizit zu benennen. Das hilft auch bei der Einführung, denn die Mitarbeiter wissen dann, warum ein Verfahren eingehalten werden soll. Die Aussage zum Zweck sollte kurz und bündig sein, und wenn ihre Formulierung als schwierig empfunden wird, ist wahrscheinlich etwas mit dem Verfahren nicht in Ordnung. Auch wird man dann vermutlich versuchen, zu viel mit Hilfe eines einzigen Verfahrens zu erreichen. Die Verfahrensaussage bildet eine Brücke zu den unternehmenspolitischen Aussagen, wie wir im vorangehenden Kapitel besprochen haben, und damit zu den Forderungen der Norm.

❏ *Anwendungsumfang*
Der Anwendungsumfang eines Verfahrens gibt an, wo im Unternehmen es angewendet werden soll. Er kann in bezug auf eine Abteilung beschrieben werden (z.B. Vertrieb), auf eine Aktivität (z.B. Beschaffung), einen Prozeß (z.B. das Schneiden und Biegen von Draht) oder, wie im Falle der Verfahren zur Lenkung des Systems, in bezug auf das QS-System selbst (wie im oben angeführten Beispielverfahren). Die Angabe des Umfangs unterstützt die praktische Implementierung: Die Mitarbeiter wissen, wo ein Verfahren angewendet wird.

❏ *Verweise*
Um ein Verfahren ausführen zu können, müssen wir vielleicht andere Arbeitsanweisungen oder Richtlinien hinzuziehen. Sie können – aber müssen nicht – dem QS-System angehören. Im ersten Fall erfolgt im allgemeinen ein Verweis auf bestimmte andere Verfahren (die mittels Namen oder Nummer identifiziert werden können). Im Beispielverfahren jedoch erfolgt ein Verweis auf das gesamte dokumentierte QS-System. Externe Verweise beziehen sich auf Dokumente, die nicht innerhalb des QS-Systems selbst angelegt wurden. Ein gutes Beispiel hierfür ist das Handbuch eines Maschinenlieferanten, das angibt, wie eine Maschine einzustellen ist.

❏ *Definitionen*
Obwohl alle Verfahren in einfacher Sprache abgefaßt werden sollten, kann es manchmal wichtig sein, einen Ausdruck zu benutzen, der vielleicht nicht von allen verstanden wird (Verfasser eingeschlossen). In den meisten Fällen wird es sich hierbei um einen Fachausdruck handeln, der auf irgendeinen Teil eines Prozesses angewendet wird, oder es kann sich auch um einen Ausdruck des QS-Systems handeln (z.B. Audit). Die

Lösung eines solchen Problems besteht in der Hinzufügung einer formalen Definition. Das jedoch führt zu der Frage, wo die Grenze zu ziehen ist. Welche Ausdrücke sollten definiert werden? Hierauf gibt es keine einfache Antwort, obwohl wir als generelle Regel vorschlagen, daß ein Ausdruck nicht definiert zu werden braucht, wenn er einem in der fraglichen Tätigkeit geschulten Mitarbeiter bekannt sein sollte. (So mag vielleicht nicht überall klar sein, was unter „Erstellung eines Fragebogens" zu verstehen ist, doch es ist wahrscheinlich, daß dieser Begriff beispielsweise in einem Marktforschungsunternehmen bekannt ist.) Darüber hinaus schlagen wir vor, die Anzahl der eine Reihe von Verfahren begleitenden Definitionen so gering wie möglich zu halten; ist die Anzahl groß, sollten die Verfahren in einfacheres Deutsch umgeschrieben werden. Auch Abkürzungen können erklärt werden; hierzu gehören auch solche, die hausintern bekannt, für Außenstehende, wie beispielsweise einen Prüfer, jedoch unverständlich sind.

❑ *Dokumentation*
Wie wir bereits gesagt haben, muß ein Verfahren überprüfbar sein. Es bedarf deshalb objektiver Nachweise für die Einhaltung der Verfahren. Das erfordert, allgemein ausgedrückt, ihre Dokumentation. Sie kann verschiedener Art sein (auch elektronisch), doch in den meisten Systemen bedeutet Dokumentation Formulare oder Schreibpapier. Es ist genau dieser Aspekt eines QS-Systems, der zu der Behauptung führt, ISO 9000 sei nichts weiter als das Ausfüllen einer Menge nutzloser Formulare, und der ISO 9000 manchmal eine schlechte Presse eingebracht hat. Im Prinzip ist das Gegenteil nicht zu widerlegen: Das QS-System sollte nur eingeführt werden, wenn es dem Unternehmen unter dem Strich nur Vorteile bietet (vgl. Kapitel 3) und alle Verfahren für die Wirksamkeit eines Systems wirklich notwendig sind. Ein Verfahren kann nur wirksam sein, wenn es auditierbar ist, und deshalb ist auch die geforderte Dokumentation von Vorteil. Das alles ist wahr und logisch, doch jeder weiß, daß QS-Systeme in der Praxis aussehen können wie Schiffe, auf deren Rümpfen sich Muscheln festsetzen (und in beiden Fällen ist die Abhilfe gleich: in regelmäßigen Zeitabständen säubern).

Wenn auch für jedes Verfahren objektive Nachweise gefordert werden, so folgt daraus jedoch nicht, daß für jedes ein eigenes Formular benötigt wird. Ein Formular kann die Qualitätsdaten für mehrere Verfahren enthalten. Auch kann es so sein, daß ein einzeln betrachtetes Verfahren keine Eintragung verlangt, daß jedoch andere Verfahren, die mit ihm logisch verbunden sind, eine eigene Eintragung benötigen.

Genau wie Anwender von Verfahren in der Lage sein müssen, sie eindeutig zu verstehen, sollte klar sein, welche Dokumentation zur Durchfüh-

rung eines Verfahrens benötigt wird. Das läßt sich am besten durch ein Numerierungssystem erzielen (im Beispielverfahren ist das Formblatt so numeriert, daß es mit dem entsprechenden Teil des Verfahrens übereinstimmt) und durch eine eindeutige Identifizierung der den relevanten Text umfassenden Dokumentation. In unserem Beispiel lassen sich Formblätter, die sich auf eine bestimmte Verfahrensreihe beziehen, ebenso sinnvoll zu Beginn oder am Ende des Verfahrens auflisten.
- ❏ *Verfahren*
  Verfahren bilden den Kern eines QS-Systems. Sie werden, vielleicht numeriert wie in unserem Beispiel, am besten als kurze Absätze und mit Untertiteln aufgeführt. Der Leser kann dann das Gesuchte schnell finden.
- ❏ *Verantwortung*
  Aus den Verfahren sollte eindeutig hervorgehen, welche Mitarbeiter für die Durchführung welcher Aufgaben verantwortlich sind. In unserem Beispiel ist die Verantwortlichkeit an den geeigneten Stellen innerhalb der Verfahren selbst enthalten. Die Verantwortlichkeiten könnten jedoch auch unter einem bestimmten Unterpunkt angegeben werden.

Das besprochene Beispiel ist nur ein Beispiel, wie Verfahren gestaltet und formatiert werden können. Wir betrachten es als ein fachmännisches Modell, doch wir behaupten nicht, daß es das bestmögliche Modell ist. Andere sind vielleicht viel besser. Wichtig ist jedoch die Konsistenz – entscheiden Sie sich für eine Gestaltungsform, für ein Format, und verwenden Sie dieses für alle Verfahren.

8.3 Von der Überprüfung zu den Verfahren

Die Überprüfung (vgl. Kapitel 7) hat eine Liste von Verfahrensüberschriften ermittelt, die in Abbildung 7.3 vorläufig als W1, W2 usw. numeriert wurden. Diese Liste zeigt auch den Anwendungsumfang der Verfahren an (die Bereiche im Betrieb, für die sie gelten), die Forderungen von ISO 9000, die mittels dieser Verfahren erfüllt werden sollen und ob die Verfahren bereits – auch in nichtschriftlicher Form – existieren. Die Verfahren zu jeder Überschrift können jetzt entwickelt werden, und wir werden anhand eines ausführlichen Beispiels zeigen, wie das geschieht.

In kleinen Organisationen verfügt die für die Entwicklung der Verfahren verantwortliche Person – oft der Projektleiter – über gute Kenntnisse aller Aktivitäten im Unternehmen. Unter diesen Umständen besteht die Versuchung, sich in eine Ecke zurückzuziehen und mit dem Aufzeichnen der Verfahren zu beginnen. Dieser Versuchung muß widerstanden werden. Es ist von entscheidender Bedeutung, daß an der Entwicklung von Verfahren so viele Mitarbeiter wie möglich beteiligt sind. Nur durch diese Beteiligung werden die Mitarbeiter die Verfahren als ihr Eigentum ansehen und nicht als von oben auferlegt empfinden. Das ist wichtig, weil Verfahren nicht nur geschrieben, sondern auch umgesetzt werden müssen; Verfahren, die man nicht „besitzt", werden im allgemeinen auch nicht befolgt. Ebensowenig handelt es sich um eine PR-Maßnahme der Geschäftsführung, auf die viele Fälle einer sogenannten Beteiligung von Mitarbeitern hinauslaufen (die Geschäftsführung beschließt eine Vorgehensweise und bringt in gemeinsamen Besprechungen die Mitarbeiter zu der Ansicht, daß sie selbst es waren, die diese Strategie spontan entwickelt haben). Verfahren, die man ohne Einbeziehung der Mitarbeiter entwickelt, werden nicht einfach deshalb scheitern, weil sie abgelehnt werden (obwohl sie das werden), sondern weil sie fehlerhaft und nicht praktikabel sein werden. Wie versiert der Verfahrensautor auch immer sein mag, er wird die Prozesse nicht genug in ihren Einzelheiten kennen, um gültige Verfahren zu entwickeln. Das geforderte Maß an Verständnis kann nur durch diejenigen erzielt werden, die Tag für Tag am Arbeitsprozeß beteiligt sind.

Es gibt zahlreiche Möglichkeiten, die Beteiligung der Mitarbeiter zu organisieren. Auf einfachster Ebene können sich die Mitarbeiter aus den entsprechenden Abteilungen oder Prozeßbereichen treffen und, beginnend mit einem weißen Blatt Papier, entscheiden, welche Verfahren benötigt werden. In der Praxis müssen die Aktivitäten der Mitarbeiter jedoch in den meisten Fällen in eine bestimmte Richtung gelenkt werden. Der Gruppenleiter (vom Projektleiter ernannt) muß dafür sorgen, daß die Mitarbeiter das Ziel verstehen, und er muß die notwendigen Hilfsmittel für eine die Anforderungen erfüllende Dokumentation bereitstellen. Der Gruppenleiter könnte sogar mit einem eigenen, sehr grob gefaßten Entwurf für eine Verfahrensreihe als Eröffnung und Diskussionsgrundlage beginnen, doch das birgt die Gefahr, daß die „Amateure" einfach nur die Vorschläge akzeptieren, ohne wirklich beteiligt zu sein. Wenn die Gruppe zu groß ist, um alle gleichzeitig sinnvoll an einen Tisch zu setzen – oder nicht alle ihr Tagesgeschäft vernächlässigen können – kann man eine repräsentative Teilgruppe bilden, oder die große Gruppe kann in zwei oder mehrere parallele Gruppen aufgeteilt werden. Eine Teilgruppe sollte repräsentativ sein und nicht nur aus dem Abteilungsleiter und dem Vorarbeiter der Schicht bestehen.

Das wirkungsvollste Instrument bei der Arbeit mit einer Gruppe ist das Flußdiagramm. Wie wir bereits besprochen haben (vgl. Kapitel 6 über die

Unternehmensanalyse), können alle Aktivitäten eines jeden Unternehmens als eine Abfolge von Inputs-Prozessen-Outputs dargestellt werden. Wir haben vorgeschlagen, in der Phase der Unternehmensanalyse das Gesamtunternehmen grafisch darzustellen – allerdings auf einer recht allgemeinen Ebene, auf der die Einzelheiten innerhalb größerer „Kästen" nicht repräsentiert werden. So könnten die Prozesse des Schneidens und Biegens von Draht für die Kleiderbügelproduktion als nur ein einziger Kasten dargestellt werden, der alle damit verbundenen Einzelprozesse umfaßt. In der Phase des Schreibens von Verfahren sollte ein detailliertes Flußdiagramm erstellt werden, das alle Aktivitäten, aus denen sich der beschriebene Prozeß zusammensetzt, darstellt. Wenn wir zurück zu unserem in Abbildung 7.3 dargestellten Beispiel gehen, so setzt sich dort ein ausführliches Flußdiagramm für die als W1 bezeichneten Verfahren aus den Prozessen 1 und 2 (vgl. Abbildung 7.2) zusammen. In diesem Fall sind jedoch, wie bereits erwähnt, beide Prozesse im wesentlichen gleich, und wir gehen davon aus, daß eine einzige Verfahrensreihe beide Prozesse ausreichend beschreiben würde. Somit wird vermutlich ein einziges Flußdiagramm beide Prozesse angemessen repräsentieren. (Es ist wahrscheinlich am besten, für Prozeß 1 ein Flußdiagramm zu entwickeln und dann zu überprüfen, ob damit auch Prozeß 2 repräsentiert ist.)

Der Vorteil des Gebrauchs eines Flußdiagrammes als Instrument bei der Entwicklung von Verfahren liegt darin, daß jeder Prozeß mit Hilfe eines Diagrammes fast immer so einfach zu verstehen ist, als läge er in geschriebener Form vor – wir können die Abfolge von Inputs, Prozessen und Outputs sehen. Das gilt selbst dann, wenn die Arbeit von jemandem ausgeführt wird, der daran gewöhnt ist, Worte als deskriptives Instrument einzusetzen. Es gilt jedoch um so mehr für Mitarbeiter, die gewöhnlich vielleicht niemals Texte verfassen, die länger als kurze Nachrichten sind, und die allenfalls die Boulevardpresse lesen. Eine grafische Darstellung wird nicht nur schnell erfaßt, sondern die Mitglieder einer Verfahrensentwicklungsgruppe werden sich bald sicher genug fühlen, ihre eigenen Diagramme zu erstellen oder einen ersten Entwurf zu verbessern. In der Praxis kann der Gruppenleiter entweder ein leeres Blatt haben und durch Befragung und unter Beteiligung der Gruppe einen ersten Entwurf entwickeln, oder er kann zunächst ein grobes und sogar bewußt vage gehaltenes Diagramm vorbereiten, welches er dann durch die Gruppe verbessern läßt, sobald diese sich mit der Sprache des Diagrammes vertraut gemacht hat.

Ist ein Flußdiagramm einmal entwickelt, enthält es zwangsläufig alle existierenden Verfahren (da sie Teil des skizzierten Prozesses sind), und die Vorbereitung einer offiziellen schriftlichen Verfahrensreihe ist jetzt eine relativ einfach zu bewältigende Aufgabe. Alles, was gesagt werden muß, liegt bereits in grafischer Form vor (teilweise sogar in ausformulierter Form, da das Diagramm verbale Beschreibungen enthalten wird). Wie das alles genau geschieht, werden wir anhand eines praxiserprobten Beispiels veranschaulichen.

Da das Diagramm von der am Prozeß beteiligten Gruppe erstellt wird, repräsentiert es ein gemeinsames und hoffentlich einhelliges Verständnis dessen, was wirklich in der Praxis geschieht, und nicht das, von dem irgend jemand der Ansicht ist, daß es geschehen solle: wirkliche statt idealisierte Verfahren. Das sich ergebende Bild wird alle dazugehörigen Fehler und Schwächen enthalten. Der Prozeß der Diagrammerstellung wird wahrscheinlich einige ineffiziente Bearbeitungsmethoden aufdecken und möglicherweise zu Verbesserungvorschlägen führen. Insgesamt ist es im allgemeinen jedoch besser, die ersten Verfahren auf dem zu basieren, was wirklich geschieht, und nicht auf dem, was geschehen sollte. Die Aufgabe, Mitarbeiter dazu zu bewegen, formal dokumentierte Verfahren zu befolgen, ohne dabei gleichzeitig die Arbeitsmethoden zu verändern, ist schon groß genug. Verändern Sie diese unbedingt erst dann, wenn das QS-System bereits in Betrieb ist. Tatsächlich stellt die in schriftlichen Verfahren repräsentierte Formalisierung von Arbeitsmethoden ein Hilfsmittel dar, um notwendige Veränderungen zu ermitteln – in diesem Sinne ist ein QS-System immer dynamisch. Wir können hinsichtlich dieses Themas jedoch nicht kategorisch sein, denn einige Formen von Ineffizienz werden so auffällig sein, daß einer Veränderung bereits zum Zeitpunkt der Entwicklung der Verfahren nicht widerstanden werden kann. Darüber hinaus müssen die Verfahren die Forderungen der Norm erfüllen, und wenn bei bestehenden Methoden Aktivitäten fehlen, die für die Erfüllung der Norm notwendig sind, ist es wichtig, Veränderungen – gewöhnlich in Form einer Einführung zusätzlicher Verfahren – vorzunehmen. Wird beispielsweise das fertige Produkt keiner Überprüfung unterzogen, müssen zur Erfüllung der Forderungen von ISO 9000 neue Verfahren eingeführt werden.

Um sicherzustellen, daß die Verfahren die Forderungen von ISO 9000 erfüllen, muß der für ihre Entwicklung verantwortliche Mitarbeiter nicht nur wissen, welche Forderungen zu erfüllen sind, sondern er muß auch ihren Inhalt kennen. Durch die Überprüfung sind für jede Verfahrensreihe die zu erfüllenden Forderungen der Norm ermittelt worden (in Abbildung 7.3 müssen die Verfahren W1 beispielsweise *4.9, 4.10, 4.12* und *4.13* von ISO 9001 erfüllen). Es ist klar, daß der veranwortliche Gruppenleiter den Inhalt dieser

Forderungen verstehen muß. Die Gruppe selbst braucht jedoch die Forderungen nicht bis in alle Einzelheiten hinein zu kennen, und der beste Ansatz besteht für den Leiter nach der eigenen Auseinandersetzung mit den Forderungen vielleicht darin, eine kleine Zusammenfassung in Form von Überschriften zu erstellen, wie die nachfolgende Abbildung veranschaulicht.

❏ Kontrollieren Sie, was geschieht (*4.9 Prozeßlenkung*).
❏ Überprüfen Sie,
 – was eingegeben wird,
 – was geschieht,
 – was herauskommt,
 – und machen Sie Aufzeichnungen (*4.10 Prüfungen*).
❏ Wie sehen wir, ob das Produkt die Überprüfung bestanden hat (*4.12 Prüfstatus*)?
❏ Was geschieht mit ihm, wenn es die Prüfung nicht besteht (*4.13 Lenkung fehlerhafter Produkte*)?

Abb. 8.3: Forderungen von ISO 9000 als persönliche Notiz

Zum gegebenen Zeitpunkt kann die Gruppe dazu befragt werden, ob die im Flußdiagramm dargestellten Aktivitäten die Forderungen, so wie sie in der Liste der Überschriften zusammengefaßt sind, erfüllen. Sind die Verfahren einmal geschrieben, kann der Autor durch Vergleich mit einer Vollversion der Norm nochmals prüfen, ob die notwendigen Forderungen der Norm erfüllt werden.

Die an der Vorbereitung des Flußdiagrammes beteiligte Gruppe wird im allgemeinen nicht an der eigentlichen Schreibarbeit bei der Abfassung der endgültigen Verfahren beteiligt sein – selbst wenn geschickte Verbalkünstler darunter sind, ist ein Komitee immer ein schlechter Autor. Wie zuvor bereits erwähnt, sollte es in dieser Phase ein allgemeingültiges Format und Gestaltungsraster sowie eventuell eine ausformulierte Verfahrensreihe geben, die als Muster verwendet werden kann. Sobald der Entwurf vorbereitet ist, sollte die Gruppe nochmals zusammentreten, und der Gruppenleiter sollte die Verbindung zwischen Flußdiagramm und den Verfahren aufzeigen und das fertige Dokument präsentieren. Die Gruppe kann dann gebeten werden, sowohl die erzielte Übereinstimmung über die Verfahren als auch ihre Verständlichkeit zu kommentieren. Sind diese schriftlichen Verfahren in Zukunft durch die an der Entwicklung beteiligten Gruppen umsetzbar?

8.4 Die Entwicklung von Verfahren – Ein praxiserprobtes Beispiel

Das Beispiel, das wir verwendet haben, um die Entwicklung von Verfahren zu veranschaulichen, basiert auf dem Drahtkleiderbügelhersteller aus den früheren Kapiteln. Alle Aktivitäten im Werk des Unternehmens sind in Abbildung 7.2 dargestellt. Der Prozeß teilt sich im wesentlichen in zwei Teile: Schneiden und Biegen des Drahtes und abschließende Fertigung. Wir werden uns auf das Verfahren für das Schneiden und Biegen konzentrieren, das wir im Rahmen der Überprüfung als W1 numeriert haben (umfaßt zwei parallele Abläufe). Die Überprüfung machte deutlich, daß für diesen Prozeß bereits Verfahren existierten, allerdings nicht in schriftlicher Form. Die Forderungen von ISO 9001, die von den Verfahren für alle Prozesse im Werk erfüllt werden müssen (das heißt, Verfahren für das Schneiden und Biegen – W1 – und für die abschließende Fertigung – W2), wurden ebenfalls im Rahmen der Überprüfung ermittelt (*4.9, 4.10, 4.12* und *4.13*).

Bei der Entwicklung der Verfahren für Schneiden und Biegen besteht die erste Aufgabe in der Vorbereitung eines Flußdiagrammes. Das geschieht unter aktiver Beteiligung der Mitarbeiter, die in diesem Produktionsbereich arbeiten. Der Verfahrensautor leitet die Gruppe und bereitet während der Sitzung ein Flußdiagramm vor (entweder mit einem gänzlich leeren Blatt beginnend oder auf seinen ersten Grobentwürfen aufbauend). Das in dieser Sitzung erarbeitete Flußdiagramm wird einerseits durch die Beiträge aller Mitarbeiter eine Fülle von Einzelheiten aufweisen, andererseits durch Durchstreichungen, Veränderungen und Notizen, die sich aufgrund der Beteiligung der Gruppe ergeben, sehr ungeordnet sein.

Im Anschluß an die Sitzung zeichnet der Verfahrensautor das Flußdiagramm nochmals neu und bringt es in eine saubere, lesbare Form. Abbildung 8.4 zeigt diesen ersten sauberen Entwurf. Sollten im Zusammenhang mit irgendeinem Punkt Zweifel bestehen, dann sollte das Diagramm der Gruppe zur Prüfung vorgelegt werden.

In seiner jetzigen Form könnte das Flußdiagramm bereits die Basis für eine Verfahrensreihe sein. Zuvor sollte der Autor jedoch prüfen, ob es nicht besser wäre, den gesamten Prozeß des Schneidens und Biegens in einer Reihe unterschiedlicher Verfahren zu behandeln. Das Diagramm in Abbildung 8.4 (S. 157) ist ziemlich komplex, und es wäre vielleicht besser, es in eine Reihe von Einzelverfahren aufzuteilen, für die entsprechende Verfahrensreihen entwickelt werden. Zu den möglichen Veränderungen, die es in diesem Zusammenhang in Betracht zu ziehen gilt, gehören:

❏ Die Einstellung der Schneidemaschine und die damit verbundene Überprüfung könnte separat und im Rahmen einer einzelnen Verfahrensreihe behandelt werden.
❏ Die Kontrolle des ersten fertigen Produktes der Biegemaschine könnte in ähnlicher Weise einzeln behandelt werden.
❏ Zweifellos gibt es eine natürliche Zweiteilung des Prozesses in Schneiden und Biegen, und es könnte besser sein, die beiden Phasen einzeln zu behandeln.

Darüber hinaus wird bei dem Prozeß, so wie er im Diagramm beschrieben ist, vorausgesetzt, daß etwas Wichtiges vorher geschieht: Das für die Fertigung der Bügel verwendete Material wird im Lager geprüft. Das weist auf die Notwendigkeit eines separaten Verfahrens für diesen Bereich hin (ist später als W1.1 zu bezeichnen).

Zweifellos könnten noch andere Veränderungen und Unterteilungen des Flußdiagrammes in Betracht gezogen werden, wofür es keine eindeutigen und unumstößlichen Regeln geben kann. Der beste Ansatz ist der, dessen Verfahren am klarsten und am einfachsten umzusetzen sind.

Im allgemeinen gilt, daß kürzere Verfahren einfacher darzustellen und anzuwenden sind als lange.

In unserem Beispiel ist das Einstellen und Überprüfen der Schneidemaschine eine gesonderte Tätigkeit mit eigenem Verfahren (mit der bereits verfügbaren Information könnte dieses separate Verfahren entwickelt werden). Im zweiten Schritt wurde das Flußdiagramm wie in Abbildung 8.5 (S. 160) modifiziert. Es enthält jetzt Hinweise auf separate Verfahren für das Prüfen der Spule, das Einstellen der Schneidemaschine und, auf der Ebene der sich direkt daran anschließenden Prozesse, für den Zusammenbau und die Schlußmontage.

Wie zuvor besprochen, sollten alle Verfahren überprüfbar sein; wir sollten an dieser Stelle in der Lage sein, festzustellen, ob die Verfahren wirklich befolgt wurden. In seiner jetzigen Form gibt der Prozeß nur wenig in bezug auf dokumentarische Nachweise her. Jede ungeprüfte Spule wird durch das Vorhandensein (oder Fehlen) eines Kontrollaufklebers sichtbar, doch diese Dokumentation gehört wirklich zu einem separaten Verfahren. Es gibt nichts, das darauf hinweist, daß die korrekte Anzahl von Drahtstücken hergestellt oder daß die im Biegebereich durchgeführte Formprüfung wirklich vollständig durchgeführt wurde. Die naheliegendste Abhilfe zur Führung

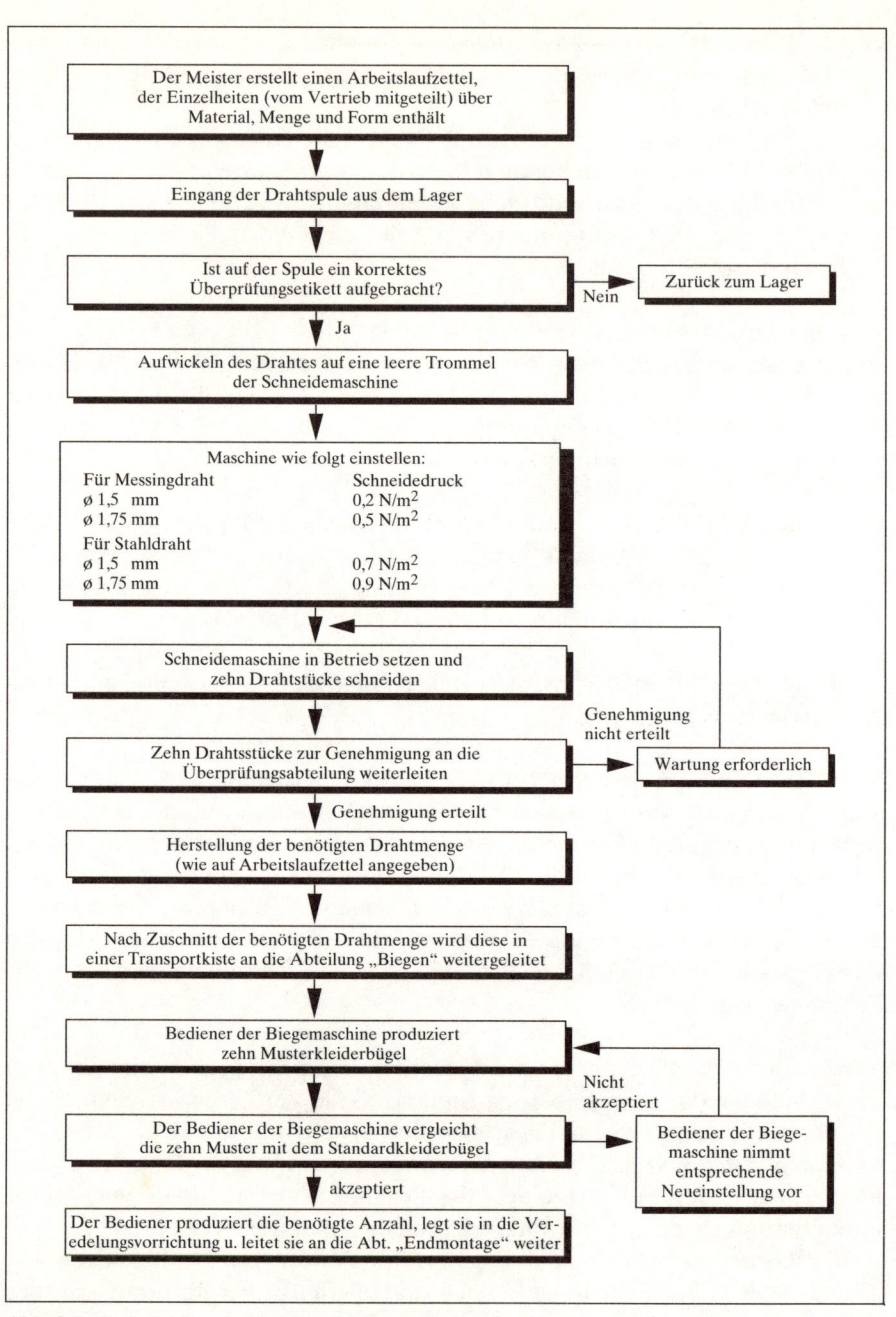

```
┌─────────────────────────────────────────┐
│ Der Meister erstellt einen Arbeitslaufzettel, │
│ der Einzelheiten (vom Vertrieb mitgeteilt) über │
│     Material, Menge und Form enthält    │
└─────────────────────────────────────────┘
                    ↓
┌─────────────────────────────────────────┐
│    Eingang der Drahtspule aus dem Lager │
└─────────────────────────────────────────┘
                    ↓
┌─────────────────────────────────────────┐         ┌──────────────────┐
│    Ist auf der Spule ein korrektes      │  Nein   │ Zurück zum Lager │
│    Überprüfungsetikett aufgebracht?     │────────→│                  │
└─────────────────────────────────────────┘         └──────────────────┘
                    ↓ Ja
┌─────────────────────────────────────────┐
│ Aufwickeln des Drahtes auf eine leere Trommel │
│         der Schneidemaschine            │
└─────────────────────────────────────────┘
                    ↓
┌─────────────────────────────────────────┐
│       Maschine wie folgt einstellen:    │
│ Für Messingdraht      Schneidedruck     │
│   ø 1,5  mm             0,2 N/m²        │
│   ø 1,75 mm             0,5 N/m²        │
│ Für Stahldraht                          │
│   ø 1,5  mm             0,7 N/m²        │
│   ø 1,75 mm             0,9 N/m²        │
└─────────────────────────────────────────┘
                    ↓ ←─────────────────────────────────┐
┌─────────────────────────────────────────┐             │
│   Schneidemaschine in Betrieb setzen und│             │
│        zehn Drahtstücke schneiden       │             │
└─────────────────────────────────────────┘             │
                    ↓                  Genehmigung      │
                                       nicht erteilt    │
┌─────────────────────────────────────────┐         ┌──────────────────┐
│ Zehn Drahtstücke zur Genehmigung an die │────────→│    Wartung       │
│   Überprüfungsabteilung weiterleiten    │         │   erforderlich   │
└─────────────────────────────────────────┘         └──────────────────┘
                    ↓ Genehmigung erteilt
┌─────────────────────────────────────────┐
│    Herstellung der benötigten Drahtmenge│
│    (wie auf Arbeitslaufzettel angegeben)│
└─────────────────────────────────────────┘
                    ↓
┌─────────────────────────────────────────┐
│ Nach Zuschnitt der benötigten Drahtmenge wird diese in │
│ einer Transportkiste an die Abteilung „Biegen" weitergeleitet │
└─────────────────────────────────────────┘
                    ↓  ←──────────────────────────────┐
┌─────────────────────────────────────────┐           │
│     Bediener der Biegemaschine produziert│          │
│          zehn Musterkleiderbügel        │           │
└─────────────────────────────────────────┘           │
                    ↓                   Nicht         │
                                        akzeptiert    │
┌─────────────────────────────────────────┐      ┌──────────────────┐
│  Der Bediener der Biegemaschine vergleicht│────→│ Bediener der Biege-│
│  die zehn Muster mit dem Standardkleiderbügel│  │ maschine nimmt    │
└─────────────────────────────────────────┘      │ entsprechende     │
                    ↓ akzeptiert                 │ Neueinstellung vor│
┌─────────────────────────────────────────┐      └──────────────────┘
│ Der Bediener produziert die benötigte Anzahl, legt sie in die Ver-│
│ edelungsvorrichtung u. leitet sie an die Abt. „Endmontage" weiter │
└─────────────────────────────────────────┘
```

Abb. 8.4: Beispiel für ein Flußdiagramm – 1. Entwurf

dieser Nachweise besteht im Entwurf von separaten Formblättern. Quer durch das gesamte Unternehmen wird das jedoch zu der Explosion der Bürokratie führen, durch die ISO 9000 in Verruf gerät. Obwohl dokumentarische Belege notwendig sind, sollte sich die Anzahl der verwendeten Formulare auf ein Minimum beschränken.

Eine gute Methode bei der Entwicklung von Verfahren besteht in der Überlegung, ob irgendwelche existierenden Dokumentationen (hierzu gehören auch solche aus einer „übergeordneten" Tätigkeit) für die benötigten Aufzeichnungen angepaßt werden können. In unserem Beispiel beginnt der Prozeß durch den Meister, der auf der Basis der vom Vertrieb übermittelten Informationen einen Arbeitslaufzettel anlegt. Kann dieses vorhandene Dokument so angepaßt werden, daß es alle an die Dokumentation gestellten Forderungen für die Schneide- und Biegeverfahren und vielleicht sogar für die nachfolgenden Aktivitäten im Bereich der Schlußmontage und Veredelung erfüllt?

Ob ein neues Formblatt erstellt werden muß oder ein altes modifiziert werden kann: wichtig ist, daß die vorgeschlagene Dokumentation in der Praxis funktioniert. Wer ist für eine Beurteilung dessen besser geeignet als diejenigen, die das Formblatt am Ende verwenden? Der Verfahrensautor bereitet deshalb einen Grobentwurf des neuen Arbeitslaufzettels vor und bittet um Anmerkungen dazu aus den Abteilungen Schneiden und Biegen.

Eine andere wichtige Überlegung ist die Frage, ob die im Flußdiagramm und später in den Verfahren beschriebenen Aktivitäten die Forderungen von ISO 9000 erfüllen, die im Rahmen der Überprüfung ermittelt wurden. In diesem Fall haben wir beschlossen, daß alle Prozesse im Werk zusammen vier Forderungen der Norm erfüllen müssen: *4.9, 4.10, 4.12* und *4.13*. Der Verfahrensautor muß jetzt die im Diagramm dargestellten Aktivitäten, die die Basis der schriftlichen Verfahren bilden, mit den tatsächlichen Forderungen der Norm vergleichen. Im Rahmen unseres Beispiels werden wir uns darauf konzentrieren, ob *4.10 Prüfungen* erfüllt wird.

Diese spezielle Forderung von ISO 9000 hat vier Unterpunkte, von denen jeder für die Aktivitäten relevant sein kann:

4.10.1 Eingangsprüfungen
Das benötigte Material – der Input – sind Drahtspulen, und aus dem Flußdiagramm geht hervor, daß dieses Material vor Prozeßstart geprüft wurde und daß es hierfür schriftliche Belege gibt. Vorausgesetzt, daß für den Emp-

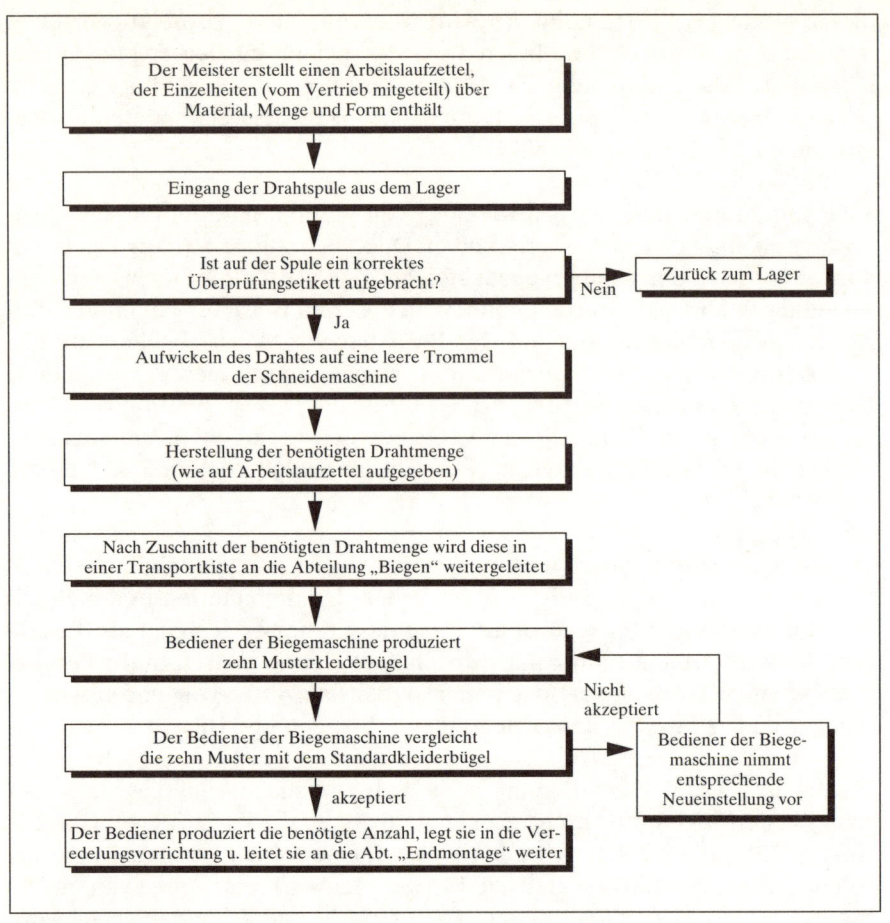

```
┌─────────────────────────────────────────────────┐
│  Der Meister erstellt einen Arbeitslaufzettel,  │
│  der Einzelheiten (vom Vertrieb mitgeteilt) über│
│       Material, Menge und Form enthält          │
└─────────────────────────────────────────────────┘
                        ↓
┌─────────────────────────────────────────────────┐
│       Eingang der Drahtspule aus dem Lager      │
└─────────────────────────────────────────────────┘
                        ↓
┌─────────────────────────────────────┐        ┌──────────────────┐
│  Ist auf der Spule ein korrektes    │  Nein  │ Zurück zum Lager │
│  Überprüfungsetikett aufgebracht?   │───────→│                  │
└─────────────────────────────────────┘        └──────────────────┘
                    ↓ Ja
┌─────────────────────────────────────────────────┐
│   Aufwickeln des Drahtes auf eine leere Trommel │
│              der Schneidemaschine               │
└─────────────────────────────────────────────────┘
                        ↓
┌─────────────────────────────────────────────────┐
│      Herstellung der benötigten Drahtmenge      │
│       (wie auf Arbeitslaufzettel aufgegeben)    │
└─────────────────────────────────────────────────┘
                        ↓
┌─────────────────────────────────────────────────┐
│  Nach Zuschnitt der benötigten Drahtmenge wird  │
│  diese in einer Transportkiste an die Abteilung │
│           „Biegen" weitergeleitet               │
└─────────────────────────────────────────────────┘
                        ↓
┌─────────────────────────────────────────────────┐
│        Bediener der Biegemaschine produziert    │←──────┐
│              zehn Musterkleiderbügel            │       │
└─────────────────────────────────────────────────┘       │
                        ↓                           Nicht │
                                                 akzeptiert
┌─────────────────────────────────────┐        ┌──────────────────┐
│  Der Bediener der Biegemaschine     │        │ Bediener der Bie-│
│  vergleicht die zehn Muster mit dem │───────→│ gemaschine nimmt │
│      Standardkleiderbügel           │        │    entsprechende │
└─────────────────────────────────────┘        │  Neueinstellung  │
                 ↓ akzeptiert                  │        vor       │
                                               └──────────────────┘
┌─────────────────────────────────────────────────┐
│  Der Bediener produziert die benötigte Anzahl,  │
│  legt sie in die Veredelungsvorrichtung u. lei- │
│    tet sie an die Abt. „Endmontage" weiter      │
└─────────────────────────────────────────────────┘
```

Abb. 8.5: Beispiel für ein Flußdiagramm – modifiziert

fänger der Spulen – das Lager – ein entsprechendes Verfahren entwickelt wird, kann diese Forderung erfüllt werden. Ob das der Fall ist oder nicht, hat keine unmittelbaren Auswirkungen für unsere Aufgabenstellung zur Folge.

4.10.2 Zwischenprüfungen

Hierbei handelt es sich um Überprüfungen, die während des Prozesses und im Verlauf der Bearbeitung durchgeführt werden, z.B. in der Phase des Biegens. Darüber hinaus stellt der für das Schneiden verantwortliche Mitarbeiter fest, ob die Stücke die richtige Größe haben. Die Frage, wie diese Prüfungen durchzuführen sind, wird in einem eigenen Verfahren behandelt.

Falls die Verfahren somit diese Art von Überprüfungen enthalten (was der Fall sein wird), werden die Forderungen erfüllt.

4.10.3 Endprüfungen
Das Endprodukt ist kein direktes Ergebnis dieses Prozesses, und somit ist diese spezielle Forderung nicht relevant. Sie ist jedoch für den Prozeß der Endmontage und Schlußveredelung relevant, auf den im Flußdiagramm verwiesen wird.

4.10.4 Prüfaufzeichnungen
Wenn es darum geht, schriftliche Nachweise dafür zu erbringen, daß die Verfahren durchgeführt wurden, gehört hierzu auch der Nachweis über die Durchführung von Prüfungen.

Auf diese Weise kann sich der Mitarbeiter, der die Verfahren schriftlich niederlegt, sicher sein, daß dort, wo es erforderlich ist, die Forderung 4.10 der Norm erfüllt wurde. Mit Hilfe eines ähnlichen Ansatzes kann auch die Übereinstimmung mit den anderen drei Forderungen überprüft werden. Wenn diese Überprüfung anzeigt, daß die Tätigkeiten die Forderungen der Norm nicht erfüllen (wenn zum Beispiel keine Formprüfung durchgeführt wird), müßten weitere Aktivitäten innerhalb des Prozesses in Betracht gezogen und in die Verfahren eingearbeitet werden. Wo diese Situation eintritt, ist es besonders wichtig, die beteiligten Mitarbeiter zu diesem Thema zu befragen. In den meisten Fällen wird der Verfahrensautor nicht qualifiziert genug für die Entscheidung sein, wie die zusätzlichen Arbeiten (z.B. das Prüfen der Form) praktisch durchgeführt werden können.

Nachdem diese Prüfungen abgeschlossen sind, ist der Verfahrensautor nun in der Lage, das Flußdiagramm in eine Reihe schriftlicher Arbeitsanweisungen umzuwandeln. Es ist jedoch sehr nützlich, wenn er zuvor eine geeignete Numerierung einfügt, und zwar die Numerierung aus den Verfahrensentwürfen, wie Abbildung 8.6 veranschaulicht. Den einzelnen Stufen des Flußdiagrammes werden Nummern zugeordnet (z.B. W1.2.1), und diese werden dann in die Verfahrensentwürfe übernommen. Auch andere Verfahren erhalten Nummern (z.B. W1.1).

Die entwickelten Verfahren werden in Abbildung 8.7 dargestellt; sie entsprechen dem Format, das schon an früherer Stelle verwendet wurde. Es wurde ein Formblatt entwickelt – der Arbeitslaufzettel, um die Befolgung des Verfahrens nachprüfbar nachweisen zu können (wir nahmen an, daß ein Arbeitslaufzettel schon vor der Entwicklung der Verfahren existierte). Im

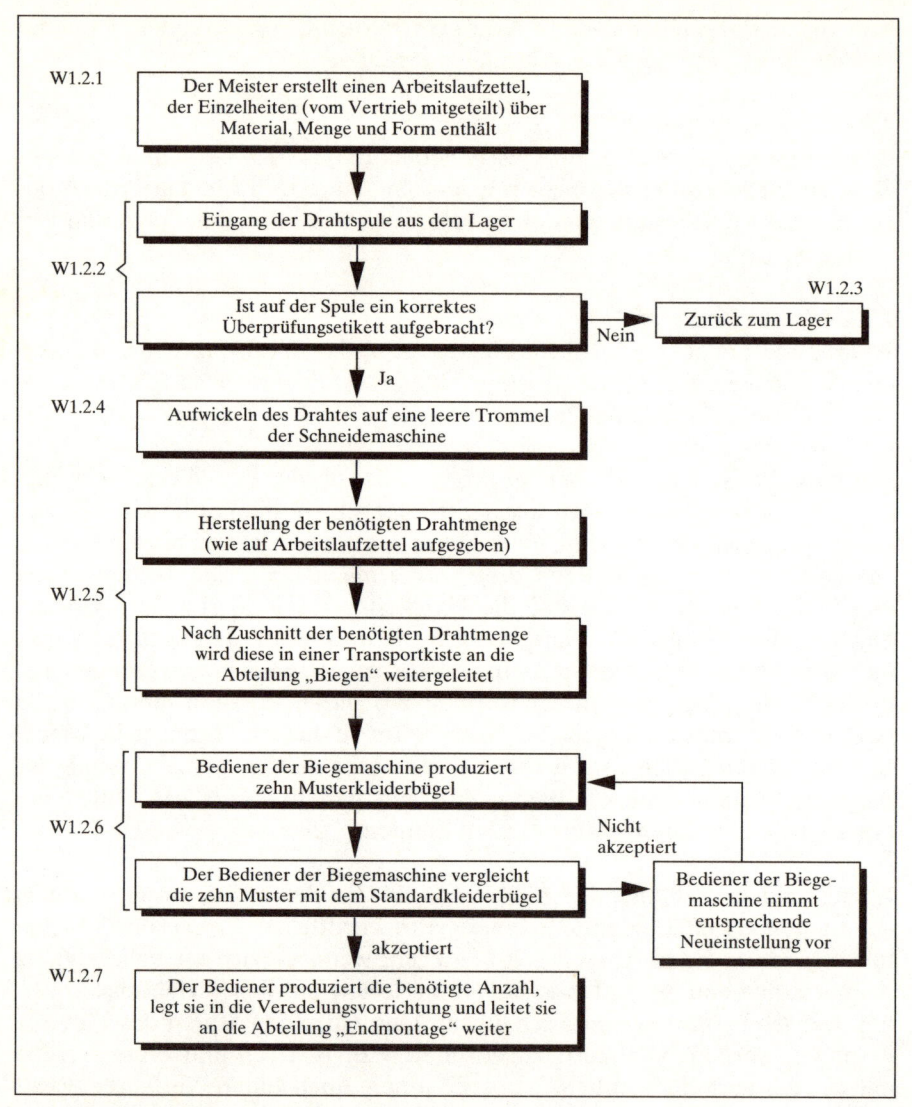

Abb. 8.6: Beispiel für ein Flußdiagramm – numeriert

Beispieldokument wird auf andere Verfahren hingewiesen, die vermutlich noch nicht geschrieben sind, die jedoch numeriert werden können. Das Numerierungssystem ist eine Fortsetzung des im Rahmen der Überprüfung verwendeten Systems (vgl. Abbildung 7.3). Der letzte Verweis bezieht sich auf eine „externe" Quelle – das Handbuch eines Maschinenlieferanten.

VERFAHREN W1.2

Titel	Schneide- und Biegeprozesse
Zweck	Dieses Verfahren beschreibt den durchzuführenden Prozeß des Schneidens und Biegens bei der Produktion von Drahtkleiderbügeln – angefangen vom Empfang der Materialien, über die Weitergabe des geschnittenen und gebogenen Drahtes bis hin zum Prozeß der Veredelung und Endmontage.
Anw.-Umfang	Die Prozesse des Schneidens und Biegens von Draht
Verweise	Materiallager: W1.1 Verfahren zur Einstellung der Schneidemaschine: W1.3 Verfahren zur Endmontage und Veredelung: W2.1 Handbuch des Biegemaschinenlieferanten
Definitionen	Keine
Dokumentation	Arbeitslaufzettel: W1.2.1/1

Verfahren

W1.2.1 *Vorbereitung des Arbeitslaufzettels*
Der Schichtmeister im Bereich Schneide- und Biegeprozesse bereitet einen Arbeitslaufzettel vor – 1.2.1/1 – und trägt darin Einzelheiten zu den verwendeten Materialien, Herstellungsmenge und gewünschte Form ein.

W1.2.2 *Materialempfang*
Die benötigten Materialien kommen aus dem Lager.
Der Bediener der Schneidemaschine kontrolliert, ob an den gelieferten Materialien die korrekten Überprüfungsetiketten angebracht sind (vgl. W1.1).
Wenn aus diesen Überprüfungsnachweisen ersichtlich ist, daß das Material angemessen geprüft wurde, erfolgt das nächste Verfahren gemäß 1.2.3.
Fehlt der Überprüfungsnachweis oder ist das Material nicht als „fehlerfrei" markiert, erfolgt das nächste Verfahren gemäß 1.2.3.

W1.2.3 *Nichtüberprüftes Material*
Nichtüberprüftes Material wird (gemäß 1.2.2) mit einer Nachricht in das Lager zurückgeschickt, aus der der Grund für die Rücksendung hervorgeht.

W1.2.4 *Beladen und Einstellen der Schneidemaschine*
Die Schneidemaschine wird eingestellt und mit dem Material beladen – vgl. hierzu das Verfahren zur Einstellung der Maschinen W1.3 (enthält auch die Überprüfung der Einstellungen der Schneidemaschine – W1.3).
Der Bediener der Schneidemaschine vervollständigt den Arbeitslaufzettel mit den relevanten Daten (W1.2.1/1), um die Korrektheit der Maschinenladung und der Einstellungen aufzuzeichnen.

W1.2.5 *Schneiden der Chargen*
Die Schneidemaschine wird dann in Betrieb gesetzt, um die auf dem Arbeitslaufzettel angegebene Menge zu produzieren (W1.2.1/1).
Falls während des Schneidens das Material ausgeht, werden die Verfahren von W1.2.2 befolgt.

	Nach Beendigung werden die geschnittenen Stücke der gesamten Charge in eine Transportkiste gelegt.
	Die gesamte Transportkiste wird dann zusammen mit dem an ihr befestigten Arbeitslaufzettel (W1.2.1/1) und nach Eintragung der Gesamtmenge an die Abteilung „Biegen" weitergegeben.
W1.2.6	*Einstellung der Biegemaschine*
	Der Bediener der Biegemaschine stellt die Biegemaschine – wie im Handbuch des Lieferanten angegeben – ein, um die für die angegebene Menge die auf dem Arbeitslaufzettel (W1.2.1/1) angegebene Form zu erzeugen.
	Der Bediener der Biegemaschine erzeugt dann eine Menge von zehn gebogenen Bügeln zur Ansicht.
	Der Bediener der Biegemaschine vergleicht dann diese Muster mit der auf dem Arbeitslaufzettel angegebenen Standardform (W1.2.1/1).
	Alle Standardformen sind jederzeit in unmittelbarer Nähe der Biegemaschine verfügbar.
	Wenn die Kleiderbügelmuster mit der entsprechenden Standardform übereinstimmen, nimmt der Bediener einen Eintrag auf dem Arbeitslaufzettel vor (W1.2.1/1), aus dem hervorgeht, daß die Maschine eingestellt und die Einstellungen überprüft sind; er verfährt dann gemäß W2.1.7.
	Falls die Muster nicht mit den entsprechenden Standardformen übereinstimmen, wiederholt der Bediener das Verfahren W1.2.6 solange, bis eine Übereinstimmung erzielt ist.
W1.2.7	*Biegen der Gesamtmenge*
	Die Gesamtmenge wird von der Biegemaschine bearbeitet; der Arbeitslaufzettel (W1.2.1/1) wird vervollständigt.
	Die gebogenen Stücke werden mit dem daran befestigten Arbeitslaufzettel (W1.2.1/1) auf eine Aufspannvorrichtung angebracht und dann an den Bereich „Endmontage und Schlußveredelung" weitergegeben (vgl. W2.1).
W1.2.1/1	**Arbeitslaufzettel**
W1.2.1	*Mengen-Nr. .... Erforderliche Anzahl ....*
	Materialveredelung Messing ( ) Stahl ( ) Durchmesser .... mm
	Form ....
	Unterschrift .... Datum ....
W1.2.4	*Beladen der Maschine*
	Unterschrift .... Datum ....
W1.2.5	*Anzahl der geschnittenen Stücke*
	Unterschrift .... Datum ....
W1.2.6	*Überprüfung der Biegeform*
	Unterschrift .... Datum ....
W1.2.7	*Anzahl der gebogenen Stücke*
	Unterschrift .... Datum ....

Abb. 8.7: Beispielverfahren

8.5 Die Entwicklung von Verfahren für das gesamte Unternehmen

Bei dem ausgearbeiteten Beispiel handelt es sich um Verfahren für einen Prozeß im Werk eines Herstellungsbetriebes. Wir hätten für dieses Beispiel ebenso ein Dienstleistungsunternehmen wählen können; der grundsätzliche Ansatz wäre nicht anders. Die vorgeschlagene Methode kann auch überall im Gesamtunternehmen angewendet werden, um nahezu alle Verfahren zu entwickeln, die im Rahmen der Überprüfung ermittelt wurden. Der Ansatz, Mitarbeiter hinzuzuziehen, die in den Bereichen arbeiten, für die Verfahren beschrieben werden sollen, ist für andere Teile des Betriebsprozesses ebenso praktikabel wie im Werk. Überall, im Vertrieb, Marketing, in der Planung und im After-Sales arbeiten Menschen, die einerseits über die Kenntnisse verfügen, die für die Entwicklung befolgbarer Verfahren benötigt werden, und deren konstruktive Beteiligung andererseits wichtig für eine erfolgreiche Verwirklichung ist. Darüber hinaus ist die Erstellung von Flußdiagrammen in allen diesen Bereichen des Betriebsprozesses praktikabel und empfehlenswert, und die einzige Situation, in der sich die Erstellung eines Arbeitsdiagrammes als schwierig erweisen könnte, ist dort, wo der zu beschreibende Prozeß zu komplex ist, um ihn auf einem einzigen Blatt darzustellen. Wo dieses Problem auftritt, gibt es eine einfache Lösung: Zerlegen Sie den Gesamtprozeß in eine Reihe kleinerer, miteinander verbundener Teilprozesse, selbst wenn die Teilbereiche künstlich sind (eine Produktionslinie kann selbst dann in Unterprozesse aufgeteilt werden, wenn alle gleichzeitig ablaufen). Auf diese Weise wird ein vollständiges Bild des Gesamten aus kleineren Teilen aufgebaut, von denen jedes die Basis für voneinander abgrenzbare Verfahren sein kann. Sprechen wir nochmals einen Aspekt an, auf den wir schon an früherer Stelle hingewiesen haben: Kürzere Verfahren sind sowohl in der Planungs- als auch in der Implementierungsphase wirkungsvoller.

Die gleichen Prinzipien wie bei der Entwicklung von Verfahren können auch für einige der unterstützenden Aktivitäten eines Unternehmens angewendet werden. Im Einkauf gibt es beispielsweise Mitarbeiter, die nach etablierten, wenn auch nicht in schriftlicher Form niedergelegten Verfahren vorgehen, und diese Tätigkeiten lassen sich mit Hilfe eines Flußdiagrammes sehr gut beschreiben.

Für einige andere Bereiche gerät dieser Ansatz allerdings ins Wanken. Das gilt insbesondere für die Verfahren, die wir im Rahmen der Überprüfung als „Lenkung und Management" beschrieben haben. Die hier notwendigen Verfahren entstehen hauptsächlich gerade durch die Entwicklung eines QS-

Systems. Deshalb gibt es keine bestehenden Verfahren irgendeiner Art, kein bestehender Prozeß ist zu skizzieren, und in diese Tätigkeit sind noch keine Mitarbeiter involviert (weil das nicht durchgeführt wird). Weiterhin würde der Flußdiagrammansatz entweder überhaupt nicht funktionieren oder für den Entwurf von Verfahren nur unzureichende Ansatzpunkte liefern (versuchen Sie beispielsweise, die Aktivität *Überprüfung durch die oberste Leitung* – das Beispielverfahren in Abbildung 8.2 – grafisch darzustellen). In diesen Bereichen ist es im allgemeinen besser, die Verfahren direkt auf die in der Überprüfung erzeugten unternehmenspolitischen Aussagen aufzubauen statt auf Flußdiagramme. Die Abfassung von Verfahren besteht in diesem Fall darin, die strategischen Aussagen so umzugestalten, daß die Mitarbeiter sie praktisch umsetzen und den Nachweis erbringen können, daß sie befolgt werden. Das Beispiel in Abbildung 8.2 zeigt, wie das geschehen könnte, so daß die Forderung für die Überprüfung durch die oberste Leitung erfüllt wird. An vielen Stellen dieses Buches werden Musterverfahren vorgestellt, die alle Forderungen für Lenkung und Management erfüllen (abgesehen von Abbildung 8.2, die ein Beispiel für Verfahren zur Überprüfung durch die oberste Leitung darstellt; vgl. auch Kapitel 9 zur Lenkung der Dokumente und Kapitel 10 für ein internes Qualitätsaudit und Verfahren für Korrekturmaßnahmen). Diese Beispiele bieten zumindest eine Basis für den Entwurf von Verfahren, die die Bedürfnisse der meisten kleineren Unternehmen erfüllen.

Die speziellen Probleme, die sich beim Entwurf von Verfahren im Bereich Lenkung und Management ergeben, gelten in einem gewissen Maß auch für andere Arten von unterstützenden Aktivitäten, und hierzu gehört auch das Anfertigen von Aufzeichnungen und die Handhabung von Informationen. So handelt es sich bei Qualitätsaufzeichnungen im allgemeinen eher um eine Reihe von Regeln, die festlegen, wie Daten aufbewahrt werden, als um Verfahren zur Lenkung eines Prozesses. Das gleiche gilt für die Identifikation von Produkten. In Bereichen wie diesen ist es nicht möglich, „Modellverfahren" vorzuschlagen, da die Abweichungen zwischen den Unternehmenstypen groß sind und ein praktischer Ansatz entwickelt werden muß, der individuelle Bedürfnisse erfüllt.

9 Aufbau des Systems

Durch die im Rahmen der Überprüfung durchgeführten Arbeiten (Kapitel 7) und der Entwicklung der Verfahren (Kapitel 8) ist das Material, das zur Erfüllung von ISO 9000 benötigt wird, nahezu vollständig vorhanden. Wir werden jetzt zeigen, wie diese Unterlagen zusammenzufügen sind, damit sich ein zusammenhängendes Ganzes ergibt. Wir werden eine Beschreibung und praktische Empfehlungen für jeden einzelnen Teil des Gesamtsystems geben. Darüber hinaus werden wir auf das Thema *Lenkung der Dokumente* und die praktischen Auswirkungen dieses Konzeptes eingehen.

9.1 Die einzelnen Teile des Systems

Das offiziell dokumentierte System besteht aus drei verschiedenen Teilen: Qualitätshandbuch, Verfahrenshandbuch und Dokumentation.

❑ *Das Qualitätshandbuch*
   Das Qualitätshandbuch ist eine unternehmensstrategische Darstellung. Es spiegelt die allgemeine Qualitätspolitik des Unternehmens (vgl. Kapitel 4) wider, zusammen mit Aussagen darüber, wie die Forderungen von ISO 9000 unter den speziellen Rahmenbedingungen des jeweiligen Unternehmens zu verwirklichen sind. Das Qualitätshandbuch übernimmt eine Vielzahl von Rollen. Eine davon kann als Signalfunktion für externe Auditoren betrachtet werden, deren erste Aufgabe darin besteht, das dokumentierte System mit den Forderungen von ISO 9000 abzugleichen. Ein gut formatiertes Qualitätshandbuch ist eine wirkungsvolle Brücke zwischen der Norm und den tatsächlich im Unternehmen durchgeführten Aktivitäten (das heißt, gemäß den Verfahren). Ein Qualitätshandbuch

kann auch ein nützliches Marketinginstrument sein. Kunden, die eine Bestätigung für die Qualitätszusicherungen des Zulieferers wollen, können eine Kopie des Qualitätshandbuches erhalten.

Falls der von uns vorgeschlagene Ansatz zur Überprüfung befolgt wird (vgl. Kapitel 7), ist der Inhalt eines Qualitätshandbuches bereits in Form der strategischen Aussagen zu den relevanten Forderungen zu ISO 9000 vorhanden. Er muß jetzt nur noch zusammengeschrieben und durch eine passende Einleitung und ähnliche Formalien ergänzt werden. Auf die Vorgehensweise im einzelnen werden wir unten eingehen.

❏ *Das Verfahrenshandbuch*
Im Verfahrenshandbuch sind alle Verfahren zusammengefaßt, die entwickelt wurden, um die in der Überprüfungsphase ermittelten Forderungen zu erfüllen. Abgesehen von einer zusammenhängenden Numerierung (die vielleicht ebenfalls in der Überprüfungsphase festgelegt wurde), einer kurzen Einleitung und einer Liste der im Handbuch enthaltenen Verfahren wird nicht viel mehr benötigt.

Die Norm verweist auf Dokumente mit der Bezeichnung „Arbeitsanweisungen" und „Qualitätspläne". Keines von beiden ist für alle Unternehmen, die sich um die Zertifizierung bemühen, relevant. Der Bequemlichkeit halber werden wir sie als einen speziellen Verfahrenstyp betrachten und sie erst an späterer Stelle besprechen, wenn wir auf weitere Einzelheiten zum Aufbau des Verfahrenshandbuches eingehen.

❏ *Dokumentation*
Zur Dokumentation gehören die von den Verfahren geforderten leeren Formblätter ebenso wie die ausgefüllten Formulare und andere Aufzeichnungen, die angelegt werden, um einen Nachweis über die Befolgung des QS-Systems zu erbringen. Die Originale der leeren Formblätter sind Teil des Verfahrens, auf das sie sich beziehen, und gehören deshalb in das Verfahrenshandbuch. Natürlich sind diese Formblätter über den Gebrauch gedacht, und das System verlangt, daß Kopien überall dort, wo sie benötigt werden, zur Verfügung gestellt werden. Auch für die sichere Aufbewahrung der ausgefüllten Formblätter muß ein System entwickelt werden. Wo sie aufbewahrt werden, für wie lange, und wer für sie zuständig ist – alles das sind Themen, die in einem geeigneten Verfahren festgehalten werden müssen.

Wir werden weitere Einzelheiten zu jedem der genannten Elemente an späterer Stelle in diesem Kapitel geben. Jedem Teil des Systems liegt jedoch der Begriff „Lenkung von Dokumenten" und die damit verbundenen praktischen Konsequenzen zugrunde. Wir wollen dieses Thema als nächstes besprechen.

9.2 Lenkung der Dokumente

Es ist eine ermutigende Information, daß die meisten Unternehmen, die sich um ISO 9000 bemühen, direkt das erste Audit erfolgreich bestehen. Bei denjenigen, denen das nicht beim ersten Versuch gelingt, liegt die häufigste Fehlerursache in einer nicht ausreichenden Lenkung der Dokumente. Das ist schade, da diese Steuerung der Dokumente bei vernünftiger Planung normalerweise kein Problem darstellen sollte.

Mit der Lenkung von Dokumenten sind Aspekte verbunden, die wir nacheinander behandeln werden. Der Kern des Begriffes besagt jedoch, daß ein QS-System aus den zahlreichen Dokumenten besteht, die wir vorgestellt haben, und daß zu einem bestimmten Zeitpunkt alle Mitarbeiter im Unternehmen auf der Basis der gleichen Dokumente arbeiten sollten. Das ist besonders in Zusammenhang mit dem Verfahrenshandbuch wichtig. Wie wir an anderer Stelle angeführt haben, müssen Verfahren verbindlich und einheitlich sein, und das können sie keinesfalls, wenn in den einzelnen Unternehmensbereichen unterschiedliche Versionen bestimmter Verfahrensanweisungen verwendet werden. Ohne angemessene Kontrollen zur Sicherung der Einheitlichkeit sind Abweichungen fast unausweichlich, besonders dann, wenn ein QS-System beginnt, sich zu verändern. Die Lenkung der Dokumente setzt Autorität voraus: Die Dokumente, aus denen ein System besteht, werden durch verantwortliche Mitarbeiter, die wiederum ein beschlossenes Verfahren befolgen, freigegeben. Die Lenkung von Dokumenten wird durch die Einhaltung einiger Grundsätze und durch die Entwicklung der Verfahren auf Basis folgender Prinzipien erzielt:

❏ *Begrenzte und festgelegte Anzahl von Kopien*
Innerhalb eines QS-Systems sollte es eine bestimmte Anzahl genehmigter Kopien sowohl des Qualitäts- als auch des Verfahrenshandbuches geben, und der Standort jeder Kopie sollte bekannt sein (Kopie Nr. 4 wird beispielsweise im Vertriebsbüro aufbewahrt). Für jede Kopie sollte es einen für die Aufbewahrung verantwortlichen Mitarbeiter geben, den „Besitzer der Kopie", oftmals der Leiter der Abteilung, in der sie aufbewahrt wird. Um sicherzustellen, daß die Anzahl, der Standort und der Besitz jeder Kopie genehmigt ist, wird eine *Umlaufliste* geführt, und diese ist Teil des Verfahrens zur Lenkung der Dokumente. Nur die auf dieser Liste identifizierten Kopien sollten als *genehmigte Kopien* erachtet werden. In Abbildung 9.1 wird ein Beispiel für eine solche Umlaufliste gegeben.

Verfahrens-handbuch Exemplar	Besitzer	Standort	Bemerkungen
1	Beauftragter der obersten Leitung	Verwaltung	Original
2	Beauftragter der obersten Leitung	Verwaltung	Exemplar des Autors
3	Werksleiter	Werksbüro	
4	Vertriebsleiter	Vertriebsbüro	
5	Einkäufer	Beschaffungsbüro	
6	Versandleiter	Lager	

Abb. 9.1: Beispiel für eine Umlaufliste

- *Nur genehmigte Kopien im Umlauf*
  Innerhalb des Unternehmens sollten nur genehmigte Kopien eines Qualitäts- und Verfahrenshandbuches (anzahlmäßig begrenzt) nach der Implementierung des QS-Systems verwendet werden. Es sollten keine weiteren „ungenehmigten" Kopien innerhalb des Unternehmens in Umlauf sein, obwohl ungenehmigte Kopien des Qualitätshandbuches (nicht jedoch des Verfahrenshandbuches) außerhalb der Firma in Umlauf gebracht werden können. Genehmigte Kopien der Dokumente sollten deshalb eindeutig erkennbar sein und nicht durch unbefugte Mitarbeiter leichtfertig kopiert werden. Es gibt zahlreiche Möglichkeiten, das zu erzielen: durch Druck auf Spezialpapier (z.B. mit rotem Rand) und die Unterschrift der für die Ausgabe der Kopien verantwortlichen Person auf jeder Seite einer Kopie. (Denken Sie daran, daß Unterschriften auch erforderlich sind, wenn Teile der Dokumente überarbeitet werden, was extrem mühselig werden kann, wenn das System mit vielen Kopien arbeitet.)

- *Zugang zu den genehmigten Kopien*
  Eine logische Folge des Prinzips, daß nur genehmigte Kopien in Gebrauch sein sollen, besteht darin, daß sie für die Mitarbeiter, die sie benötigen, zugänglich sein müssen. Ein Mitarbeiter kann kaum für die Nichteinhaltung eines Verfahrens zur Rechenschaft gezogen werden, wenn ihm die schriftliche Version nicht zur Verfügung steht. Das Problem der Verfügbarkeit könnte gelöst werden, indem jedem Mitarbeiter eine genehmigte Kopie zur Verfügung gestellt wird. Das empfehlen wir jedoch

auf keinen Fall, denn je zahlreicher die Kopien, desto größer das Problem ihrer Kontrolle und ihrer späteren Überarbeitung.

❑ *Eine angemessene Anzahl Kopien*
Es muß darüber entschieden werden, wie viele Kopien der genehmigten Dokumente gedruckt (und auf der Umlaufliste aufgeführt) werden sollten. In der Praxis muß eine sinnvolle Balance bestehen zwischen einer ausreichenden Anzahl an verfügbaren Exemplaren einerseits, die andererseits aber nicht so groß sein darf, daß die Kontrolle zusammenbricht. Da die Unternehmen hinsichtlich ihrer Struktur, Größe und Anordnung – alles Faktoren, die die Entscheidung beeinflussen müssen – sehr variieren, kann es hierfür keine allgemeingültigen Hinweise geben. Nur als Beispiel: In einer Firma gibt es sieben genehmigte Kopien sowohl des Qualitäts- als auch des Verfahrenshandbuches, und in der Praxis hat sich das als ausreichend für 75 Mitarbeiter erwiesen, die sich auf fünf verschiedene Abteilungen verteilen. In jeder Abteilung steht eine Kopie zur Verfügung; daneben gibt es eine weitere, die von den Prüfern benutzt wird, sowie das Original, das vom Beauftragten der obersten Leitung aufbewahrt wird.

Generell gilt: Es ist besser, mit sowenig Kopien wie möglich zu beginnen und die Anzahl nur dann zu erhöhen, wenn sich herausstellt, daß durch die bestehende Anzahl die praktische Verfügbarkeit eingeschränkt ist. Vermeiden Sie auch die Statusfalle: Nicht jede Führungskraft oberhalb einer bestimmten Ebene muß ihr eigenes Exemplar haben. Einige Abteilungsleiter können designierte „Handbuchbesitzer" sein, doch selbst sie sollten die Dokumente dort aufbewahren, wo sie für alle Mitarbeiter zugänglich sind, und nicht in einem verschlossenen Büro.

❑ *Alle im Gebrauch befindlichen Kopien müssen auf dem neuesten Stand sein*
Wie wir noch besprechen werden, ist es wichtig, genehmigte Veränderungen des Systems vorzusehen. Sobald sich jedoch das System zu verändern beginnt, müssen Mechanismen geschaffen werden, die sicherstellen, daß jedes genehmigte Handbuch auf dem neuesten Stand und vollständig ist. Diese Forderung ist der Hauptgrund dafür, warum ungenehmigte Kopien nicht zugelassen werden dürfen (da sie nicht genehmigt sind, können sie zum gegebenen Zeitpunkt nicht verändert werden und sind dann überholt). Zu den Mechanismen zur Gewährleistung, daß Kopien auf dem neuesten Stand sind, gehört der Einbehalt einer Version der Dokumente als Original – am besten unter der persönlichen Verantwortung des Beauftragten der obersten Leitung. Diese ist die Referenzversion, mit der jede andere genehmigte Kopie verglichen werden kann; weiterhin gehört dazu ein System regelmäßiger Kontrollen aller Kopien zur Überprüfung,

ob sie dem aktuellen Stand entsprechen. Außerdem gehört das Beschriften von Seiten dazu. Das Beschriften jeder einzelnen Seite des Handbuches ist ein einfaches Instrument zur Überprüfung, ob alle Seiten, die zu einem Verfahren oder einem bestimmten Bereich im Handbuch gehören, vorhanden sind, um welche Version es sich handelt (und damit, ob die aktuelle Version vorliegt) und wer das Dokument genehmigt hat. Abbildung 9.2 gibt ein Beispiel für eine solche Beschriftung.

W2.1　　　　　　　　　　　　　　　　　　　　　　　Seite 1/5

　　　　Grund für die Ausgabe: Revision
　　　　Revision: 2
　　　　Datum: 1. Juni 1994
　　　　Autorität: Johannes Bergmann

Kommentar

W2.1 – Verfahrensnummer

Seite 1/5 – Das Verfahren besteht aus fünf Seiten, von denen diese die erste ist.

Grund für die Ausgabe: Revision – Dieses Exemplar wurde aufgrund einer Veränderung in den Verfahren ausgegeben.

Revision: 2 – Es handelt sich um die zweite Revision (die erste und gleichzeitig Originalausgabe könnte als „1" oder gar nicht numeriert dargestellt werden).

Datum: 1. Juni 1994 – Dieses ist das Ausgabedatum dieser Version. Es muß im Rahmen einer einheitlichen Strategie festgelegt werden, ob es sich hierbei auch um das Datum handelt, an dem das überarbeitete Verfahren praktisch angewendet wird. Ist das nicht der Fall, sollte es eine Methode zur Bestimmung des Implementierungsdatums geben.

Autorität: Johannes Bergmann – Die Veränderung wurde auf Veranlassung von Johannes Bergmann durchgeführt. Es sollte möglich sein, mit Hilfe anderer Quellen zu ermitteln, daß Herr Bergmann wirklich befugt war, die Veränderung durchzuführen – daß er zum Beispiel der Beauftragte der obersten Leitung ist.

Abb. 9.2: Beispiel für eine Seitenbeschriftung

❏ *Genehmigte Veränderungen*
Es ist wichtig, eine Möglichkeit zur Veränderung des QS-Systems vorzusehen. Der Versuch, ein QS-System aufzubauen, wird zwangsläufig Probleme mit sich bringen, so daß dieses schon bald nach seiner Implementierung einer Veränderung bedürfen wird, wenn es funktionieren soll. Darüber hinaus wird selbst ein von Anfang an perfektes System (und keines ist jemals wirklich perfekt) überarbeitet werden müssen, um Veränderungen innerhalb des Unternehmens und seiner Umgebung Rechnung zu tragen. Somit sind Veränderungen des Dokumentationssystems unausweichlich und auch wünschenswert, doch sie müssen auf kontrollierte Weise durchgeführt werden, um sicherzustellen, daß die Veränderungen hinreichend durchdacht sind und daß sie überall im Unternehmen einheitlich implementiert werden.

❏ *Der Ausgangspunkt einer Veränderung*
Wenn eine Veränderung genehmigt werden soll, dann muß sie offiziell veranlaßt und verabschiedet werden. In der Praxis wird das am besten durch ein Verfahren für eine Korrekturmaßnahme erzielt. Weitere Einzelheiten (und ein Beispiel) zu dieser Art von Verfahren werden wir im nachfolgenden Kapitel ansprechen. Im Augenblick genügt der Hinweis, daß das Verfahren einen Mechanismus für die Untersuchung von innerhalb eines QS-Systems auftretenden Problemen sowie für die Verabschiedung und Durchführung der notwendigen Veränderungen zur Lösung des Problems (Überprüfung durch die oberste Leitung) bietet. Es mag anfangs merkwürdig erscheinen, daß ein QS-System nur dann verändert wird, wenn Probleme festgestellt werden, doch wir verwenden den Begriff „Problem" im weitesten Sinne und zählen hierzu auch die Situation, in der irgend jemand glaubt, das System bedürfe einer Verbesserung. Abbildung 9.3 veranschaulicht das Konzept der Veränderungen eines QS-Systems auf der Basis von Korrekturmaßnahmen. Die oberste Reihe zeigt, auf welche Weise das Problem auftritt – hierzu gehören auch „gute Ideen". Der Kasten für Korrekturmaßnahmen umfaßt die Untersuchung des Problems sowie Empfehlungen für eine Veränderung (oder auch nicht, denn nicht alle Probleme bedürfen unbedingt einer Veränderung des Systems). Im Rahmen der Überprüfung durch die oberste Leitung wird dann entschieden, ob eine Veränderungsempfehlung implementiert wird oder nicht. Falls sie befolgt wird, stellt der Veränderungsmechanismus sicher, daß alle relevanten Kopien des Dokumentationssystems entsprechend angepaßt werden.

❏ *Verantwortung für die Durchführung von Veränderungen*
Sobald Veränderungen durch das Verfahren für Korrekturmaßnahmen verabschiedet und veranlaßt sind, sollte ein bestimmter Mitarbeiter für

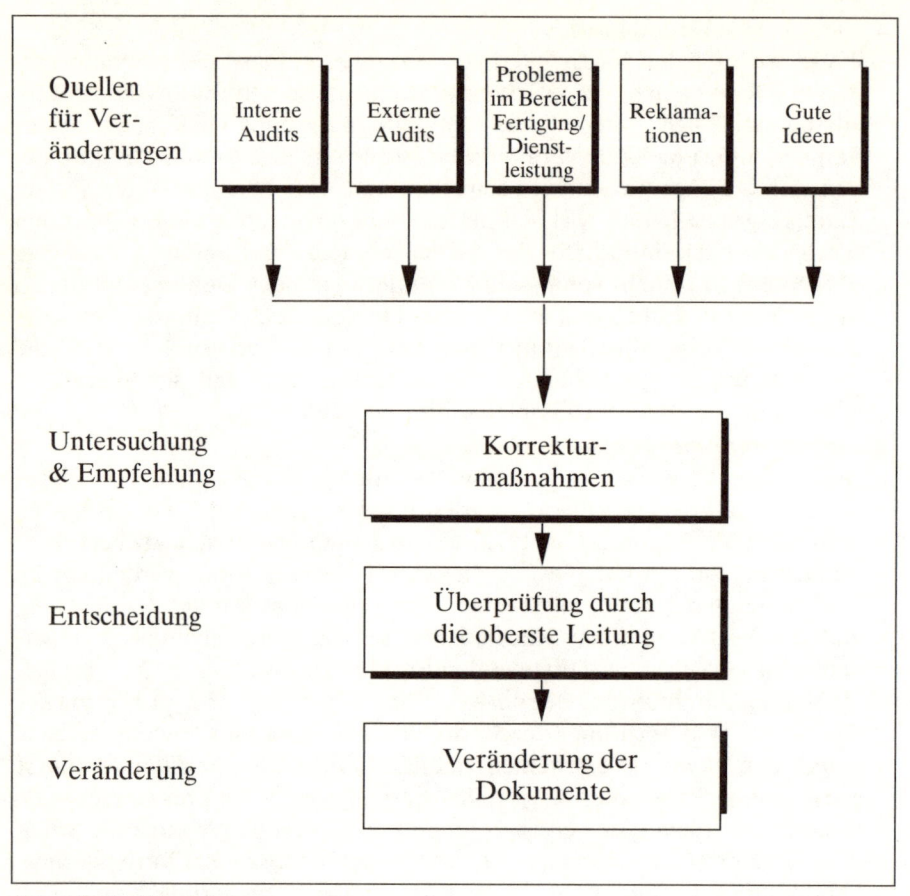

```
Quellen         Interne   Externe   Probleme    Reklama-   Gute
für Ver-        Audits    Audits    im Bereich  tionen     Ideen
änderungen                          Fertigung/
                                    Dienst-
                                    leistung
                   │         │         │          │          │
                   │         │         ▼          │          │
                   └─────────┴───────┬─┴──────────┴──────────┘
                                     ▼
Untersuchung                  ┌──────────────┐
& Empfehlung                  │ Korrektur-   │
                              │ maßnahmen    │
                              └──────┬───────┘
                                     ▼
Entscheidung                  ┌──────────────┐
                              │ Überprüfung durch │
                              │ die oberste Leitung │
                              └──────┬───────┘
                                     ▼
Veränderung                   ┌──────────────┐
                              │ Veränderung der │
                              │ Dokumente    │
                              └──────────────┘
```

Abb. 9.3: Der Veränderungsprozeß

die Umsetzung der Veränderung verantwortlich sein. Das wird im allgemeinen der Beauftragte der obersten Leitung sein (in Kapitel 10 wird diese Funktion näher besprochen), und – zumindest in kleineren Unternehmen – wird er sehr wahrscheinlich auch alle die Dinge unternehmen, die mit der Veränderung der Unterlagen verbunden sind.

❑ *Die Überarbeitung der Dokumente*
Der erste Schritt ist das Umschreiben des entsprechenden Absatzes im zu verändernden Dokument. Innerhalb des Dokumentes muß es einen Mindestumfang für eine Überarbeitung geben. Das kann eine einzelne Seite sein; für das Verfahrenshandbuch ist eine Veränderung des Gesamtverfahrens üblich (das, wie wir im vorangehenden Kapitel besprochen

haben, ziemlich kurz sein sollte), wenn es um die Veränderung eines beliebigen Teils des Verfahrens geht. Wenn wir beispielsweise in W1.2 des Beispielverfahrens in Kapitel 8 eine Veränderung in bezug auf denjenigen vornehmen wollen, der für die Vorbereitung des Arbeitslaufzettels verantwortlich ist, dann wird W1.2, welches nur drei bis vier Seiten lang ist, in seiner Gesamtheit neu gedruckt und in allen genehmigten Kopien des Verfahrenshandbuches ausgetauscht. Auch das Qualitätshandbuch läßt sich in „Veränderungsebenen" aufteilen. Da dieses Dokument jedoch insgesamt relativ kurz ist, und Veränderungen im allgemeinen weniger häufig als beim Verfahrenshandbuch auftreten, wird man im Qualitätshandbuch das Gesamtdokument überarbeiten, wenn irgendein Teilabschnitt geändert werden soll. Nach dem Umschreiben wird die Anzahl der überarbeiteten Seiten, die zur Veränderung jeder genehmigten Kopie des Dokumentes notwendig sind, plus eine zusätzliche Kopie neu gedruckt (siehe unten).

❏ *Veränderungen markieren*
Eine oft angewandte Möglichkeit bei der Neufassung eines Dokumentes besteht darin, den überarbeiteten Teil optisch hervorzuheben. Das kann durch Unterstreichung geschehen (vorausgesetzt, daß Unterstreichungen nicht für andere Zwecke verwendet werden), durch eine vertikale Linie neben dem Text oder durch „Schattierung" des Textes. Auf diese Weise werden die Veränderungen dem Benutzer des Dokumentes dann unmittelbar ersichtlich. Im Laufe der Zeit wird das Dokument vielleicht ein zweites oder ein weiteres Mal überarbeitet. Dann wird die jeweils letzte Überarbeitung hervorgehoben, und die Markierungen für die vorangegangenen Veränderungen entfernt. Im Rahmen der Seitenbeschriftung kann eingetragen werden, wann die Veränderung durchgeführt wurde.

❏ *Dokumentenliste*
Das Verfahrenshandbuch muß zumindest eine Liste aller Dokumente enthalten, aus denen sich das vollständige Handbuch bis hinunter auf die Ebene, auf der die Veränderungen durchgeführt werden, zusammensetzt. Die Liste würde deshalb Verfahren W2.1 und den dazugehörigen Titel als einen Eintrag aufführen (gefolgt von W2.2 usw.). Neben jedem aufgelisteten Dokument steht die letzte Revisionsnummer und das Datum der letzten Veränderung. Abbildung 9.4 gibt ein Beispiel für eine solche Liste (in diesem Fall bedeutet ein fehlender Eintrag unter der Spalte *Überarbeitung*, daß es sich bei dem Dokument um die Originalausgabe handelt; alternativ dazu hätte die Numerierung bei 1 beginnen können). Eine solche Dokumentenliste erfüllt viele Zwecke: sie ist im Grunde das Inhaltsverzeichnis des Verfahrenshandbuches, sie ermöglicht die Überprüfung

der Vollständigkeit des Handbuches und gibt eine Zusammenfassung aller Veränderungen des Systems. Auch für das Qualitätshandbuch wird eine Dokumentenliste benötigt, falls nicht entschieden wird, es bei jeder Veränderung in seiner Gesamtheit zu verändern.

Verfahrens- handbuch Verfahrensnr.	Titel	Revision	Datum der Revision
E1.1	Einleitung	1	1. März 1994
W1.1	Materiallager		1. Januar 1994
W1.2	Schneiden & Biegen		1. Januar 1994
W1.3	Einstellen der Schneidemaschine		
W2.1	Endmontage		1. Januar 1994
etc.			
etc.			

Abb. 9.4: Beispiel für eine Dokumentenliste

❑ *Aufzeichnung der Veränderungen*
Alle Veränderungen sollten aufgezeichnet und aufbewahrt werden. Das läßt sich bequem realisieren, indem die Kopien der früheren, durch die Veränderung überholten Seiten (welches diejenigen sein können, die im Original des Dokumentes ersetzt wurden) an einem geeigneten Ort zusammen mit den neuen, überarbeiteten Seiten abgelegt werden. Es ist wünschenswert, das überholte Dokument mit der Nummer der Korrekturmaßnahme, die zu der Veränderung geführt hat und mit dem Namen dessen, der sie veranlaßt hat, zu versehen (vgl. nachfolgendes Kapitel). Auch kann es sich als nützlich erweisen, in der Veränderungsakte einen Eintrag über alle Veränderungen – in der Reihenfolge ihrer Durchführung – vorzunehmen und jede Veränderung mit einem Verweis auf das Dokument zu versehen, zum Beispiel mit der Verfahrensnummer und der dazugehörigen Nummer der Korrekturmaßnahme. Aufzeichnungen dieser Art liegen normalerweise in der Verantwortung des Beauftragten der obersten Leitung oder der Mitarbeiter, die ihm direkt unterstellt sind.

❑ *Durchführung der Veränderungen*
Wir sind jetzt bereit, die eigentliche Veränderung der Dokumente in allen genehmigten Kopien des Verfahrens- oder Qualitätshandbuches vorzunehmen. Um zu gewährleisten, daß alle genehmigten Kopien innerhalb kurzer Zeit entsprechend angepaßt werden, bedarf es eines Mechanismus. In kleinen Unternehmen kann die Arbeit durch den Beauftragten der obersten Leitung persönlich oder durch einen der Mitarbeiter, die ihm direkt unterstellt sind, durchgeführt werden. Wenn die Anzahl der Kopien jedoch zunimmt, zum Beispiel auf zehn, oder die Kopien räumlich getrennt aufbewahrt werden, dann wird eine solche Kontrolle nicht mehr praktikabel oder zu zeitaufwendig sein. Eine Alternative bestünde darin, die neuen Seiten mit einer Anweisung, sie an der richtigen Stelle einzufügen, an die Besitzer der Handbücher auszugeben und die alten an die Geschäftsführung zurückzuschicken. Letzteres ist wichtig, um einerseits den Nachweis zu haben, daß die alten Seiten wirklich ausgetauscht wurden, und andererseits um sicherzustellen, daß keine alten Dokumente mehr im Umlauf sind. Wer immer die Veränderung durchführt, die ersetzten Seiten werden bis auf die Kopie, die für die oben angeführten Aufzeichnungen notwendig ist, vernichtet. Unabhängig davon, ob die Veränderungen durch den Beauftragten der obersten Leitung oder durch Umlauf durchgeführt werden – es ist wünschenswert, eine Art Checkliste zu haben, auf der die Veränderung jeder genehmigten Kopie abgehakt wird. Für diesen Zweck kann eine Kopie der Umlaufliste angepaßt werden. Weil es so wichtig ist, sicherzustellen, daß alle Kopien der genehmigten Dokumentation verändert und aktualisiert werden, empfehlen wir, in die Verfahren irgendeine Überprüfungsroutine für alle Kopien einzuarbeiten. Alternativ dazu kann eine regelmäßige Prüfung auch als Teil des internen Audits durchgeführt werden (vgl. nachfolgendes Kapitel).

❑ *Datum der Veränderung*
Alle Mitarbeiter sollten wissen, wann eine Veränderung wirksam wird, und alle sollten ein neues Verfahren gleichzeitig implementieren. Das geschieht am besten dadurch, daß das Datum der Seitenbeschriftung mit dem Implementierungsdatum übereinstimmt. Das einzige Problem dabei besteht darin, daß dieses Datum vorgeplant werden muß, so daß genügend Zeit zum Schreiben, Drucken und Verändern jeder Kopie der genehmigten Dokumentation besteht.

Abbildung 9.5 gibt ein Beispielverfahren, das alle Bereiche, die in unserer Diskussion der Lenkung von Dokumenten angesprochen wurden, enthält. Ein solches Verfahren wird unbedingt benötigt und ist auch eine offizielle Forderung der Norm (*4.5 Lenkung von Dokumenten* (ISO 9001)). Es ist

VERFAHREN UA9.2

Titel Lenkung von Dokumenten

Zweck Definition von Verfahren für die Lenkung der Dokumentation des QS-Systems und zur Durchführung befugter Veränderungen dieser Dokumentation

Anwendungs- Gesamtinhalt der Qualitäts- und Verfahrenshandbücher und jede
umfang Überarbeitung dieser Dokumente

Verweise Qualitätshandbuch
Verfahrenshandbuch: I 1.1 UA9.4

Definitionen *Handbuchbesitzer:* ein Mitarbeiter des Unternehmens – definiert durch die Bezeichnung seiner Tätigkeit und verantwortlich für die sichere Aufbewahrung von genehmigten Dokumenten

Dokumentation Keine

Verfahren

UA9.2.1 *Verantwortung*
Der Beauftragte der obersten Leitung ist verantwortlich für die Implementierung der Verfahren UA9.2.
Handbuchbesitzer sind verantwortlich für die sichere Aufbewahrung der genehmigten Dokumente, für die sie zuständig sind. Hierzu gehört die Sicherstellung, daß genehmigte Dokumente keiner Veränderung unterzogen werden; die einzige Ausnahme hierzu ist die UA9.2.4.

UA9.2.2 *Umlauf- und Dokumentenliste*
Die Umlauf- und Dokumentenliste ist Teil des Verfahrenshandbuches – vgl. I 1.1; sie ist Teil des Qualitätshandbuches.
Eine Umlaufliste verzeichnet jede Kopie des Handbuches, benennt den Besitzer der Kopie und ihren Standort.
Die Dokumentenliste enthält alle Verfahren, aus denen sich das Verfahrenshandbuch zusammensetzt, und zeigt für jedes den aktuellen Überarbeitungsstand an sowie das Datum, an dem diese Revision durchgeführt wurde. Wann immer Verfahren Veränderungen irgendeiner Art unterzogen werden (gemäß UA9.2.5), soll die Dokumentenliste entsprechend angepaßt werden.

UA9.2.3 *Genehmigte und nichtgenehmigte Kopien des Qualitäts- und Verfahrenshandbuches*
Genehmigte Kopien der Handbücher werden auf leicht identifizierbares Spezialpapier gedruckt.
Der Gebrauch nichtgenehmigter Handbücher ist innerhalb des Unternehmens nicht zulässig.
Nichtgenehmigte Kopien des Qualitätshandbuches dürfen außerhalb des Unternehmens in Umlauf gebracht werden. Sie sollen als „nichtgenehmigt" erkennbar sein, und das Unternehmen kann keine Gewähr dafür geben, daß solche nichtgenehmigten Kopien auf dem aktuellen Stand sind.
Keine Kopie des Verfahrenshandbuches – weder genehmigt noch nichtgenehmigt – darf aus dem Unternehmen hinaus nach außen gelangen.

UA9.2.4	*Befugte Veränderungen der genehmigten Dokumentation* Veränderungen des Qualitäts- und Verfahrenshandbuches dürfen nur durch Befugnis gemäß des Verfahrens für Korrekturmaßnahmen (vgl. UA9.4) durchgeführt werden. Jede Änderung in einem Verfahren erfordert die Veränderung des gesamten Verfahrens (bis auf die zweite Ebene der Numerierung – z.B. UA9.2). Jede Veränderung des Qualitätshandbuches bedarf einer Veränderung des gesamten Qualitätshandbuches.
UA9.2.5	*Verfahren zur Veränderung von Dokumenten* Der Vertreter der obersten Leitung soll die Vorbereitung einer überarbeiteten Kopie im gebräuchlichen Format veranlassen. Die jeweiligen Veränderungen im Dokument sollen durch entsprechende Schattierungen im Text kenntlich gemacht werden. Textschattierungen von früheren Überarbeitungen sollen entfernt werden. Die erforderlichen Kopien des Dokumentes sollen auf das Papier gedruckt werden, das für genehmigte Dokumente verwendet wird (die erforderliche Anzahl entspricht der erforderlichen Anzahl der Kopien gemäß Umlaufliste plus eins). Der Beauftragte der obersten Leitung oder ein ihm unterstellter Mitarbeiter ist dafür verantwortlich, daß die neue Version des Dokumentes in alle Kopien des Verfahrenshandbuches eingefügt wird (oder das Qualitätshandbuch durch die neueste Version ersetzt wird) und daß gleichzeitig die überholten Dokumente entfernt werden. Eine Kopie des neuen und eine Kopie des überholten Dokumentes sind mit einem Vermerk auf die entsprechende Korrekturmaßnahme auf dem überholten Dokument zum Nachweis der Befugnis zur Durchführung einer Veränderung in geeigneter Weise aufzubewahren. Alle anderen Kopien des überholten Dokumentes sind zu vernichten. Nach jeder Veränderung im Verfahrenshandbuch muß die Dokumentenliste angepaßt werden (vgl. E1.1), und in den Aufzeichnungen zu den Korrekturmaßnahmen sind die Einträge vorzunehmen, die gemäß des Verfahrens für Korrekturmaßnahmen erforderlich sind – vgl. UA9.4.
UA9.2.6	*Überprüfung der genehmigten Dokumente* Zweimal jährlich überprüft der Beauftragte der obersten Leitung jede Kopie des Qualitäts- und des Verfahrenshandbuches. Die Überprüfung wird auf der Rückseite des Deckblattes des Handbuches vermerkt. Jeder in einem Handbuch aufgefundene Fehler ist unverzüglich zu korrigieren, und der Grund für diesen Fehler ist gemäß dem Verfahren für Korrekturmaßnahmen zu untersuchen – vgl. UA9.4.

Abb. 9.5: Beispielverfahren

jedoch nur ein Beispiel für ein angemessenes Verfahren (für ein kleineres Unternehmen geeignet) und bedarf vielleicht der Modifikation, wenn nicht einer radikalen Veränderung, um die Bedürfnisse einer großen Organisation zu erfüllen.

Nachdem wir den Begriff der genehmigten Dokumentation behandelt haben, wenden wir uns jetzt den einzelnen Elementen zu, aus denen sich ein dokumentiertes System zusammensetzt; wir werden einige praktische Vorschläge für ihre Integration in ein QS-System machen.

9.3 Qualitätshandbuch

Der Kern des Qualitätshandbuches besteht aus einer Reihe von Aussagen darüber, wie die einzelnen Forderungen der Norm in einem bestimmten Unternehmen erfüllt werden, sowie aus Querverweisen auf das Verfahrenshandbuch. In Kapitel 7 haben wir Vorschläge für die Gestaltung solcher Aussagen gemacht und in Abbildung 7.7 ein Beispiel für eine offizielle Aussage zu *4.1 Verantwortung der obersten Leitung* (ISO 9001) und einen Verweis auf ein Verfahren (UA9.1) gegeben. Wenn im Rahmen der Überprüfung alle erforderlichen Punkte vorbereitet worden sind, können sie jetzt zusammengeschrieben und in der Reihenfolge der Numerierung in der entsprechenden Norm (d.h. in den meisten Fällen ISO 9001 und 9002) ausgeführt werden. Auf diese Weise zusammengefaßt, werden sich alle Aussagen wahrscheinlich über etwa zehn DIN-A4-Seiten erstrecken. Sie bilden den letzten, aber größten Teil des Qualitätshandbuches, und ihm würde vielleicht eine Aussage wie die nachfolgende vorangehen:

„Der Aufbau dieses Abschnittes entspricht der Numerierung von ISO 9001 (oder 9002 usw.)."

Abgesehen hiervon besteht der verbleibende Rest des Qualitätshandbuches im wesentlichen aus folgenden Formalitäten:

- *Titelblatt*
  Auf dem Titelblatt steht beispielsweise: „Qualitätshandbuch von ABC GmbH". Dieses Blatt sollte auch die Nummer der genehmigten Kopie enthalten (1,2 usw.), falls es sich nicht um eine ungenehmigte Version handelt (das sollte vermerkt sein, wobei das Handbuch auf einfaches statt auf das Spezialpapier gedruckt sein sollte, das den genehmigten Dokumenten vorbehalten ist – siehe Funktion nichtgenehmigter Kopien).
- *Inhalt*
  Wenn das Qualitätshandbuch in eine Reihe von Abschnitten gegliedert werden soll, von denen jeder unabhängig von einem anderen ausgetauscht werden kann, dann kann die Liste zur Kontrolle der Dokumente ideal als Inhaltsverzeichnis dienen. Falls das Handbuch andererseits bei

Veränderungen einfach als Gesamtdokument behandelt wird, kann statt dessen eine Liste mit Seitenangaben eingefügt werden.

❏ *Vorwort*
In diesem kurzen Abschnitt könnte zum Ausdruck gebracht werden, daß das Qualitätshandbuch ein Element des QS-Systems der ABC GmbH ist und daß weiterhin zum System das Verfahrenshandbuch gehört. Der Zweck des Qualitätshandbuches kann dann wie folgt umrissen werden: „Dieses Handbuch definiert die Qualitätspolitik und -ziele der ABC GmbH und beschreibt, auf welche Weise das QS-System implementiert wurde, damit der Dienst am Kunden höchste Qualitätsansprüche erfüllt. An gegebenen Stellen erfolgen Querverweise auf das Verfahrenshandbuch."

❏ *Umlauf*
Zum Handbuch gehört eine Umlaufliste. Auf ihr sind alle genehmigten Kopien und die dazugehörigen verantwortlichen Besitzer aufgeführt (vgl. das Beispiel an früherer Stelle). Sie gibt an, wie genehmigte Kopien identifiziert werden können (z.B. durch Druck auf Spezialpapier). Weiterhin sollte sie den Vermerk enthalten, daß die Verwendung anderer, nichtgenehmigter Kopien des Qualitätshandbuches innerhalb des Unternehmens nicht gestattet ist, daß sie jedoch außerhalb des Unternehmens benutzt werden dürfen. Der Grund dafür besteht darin, daß Kunden Kopien des Qualitätshandbuches als Nachweis über die zugesicherte Qualität verlangen können, oder das Unternehmen kann sich dazu entschließen, das Dokument als positives Marketinginstrument einzusetzen und es an Kunden zu versenden. In beiden Fällen sind es nichtgenehmigte Kopien, die nach außen gelangen, und deshalb kann keine Gewähr dafür übernommen werden, daß eine solche Kopie auf dem neuesten Stand ist (auf jeden Fall wird sie nicht im Rahmen des Verfahrens zur Lenkung der Dokumente aktualisiert).

❏ *Einleitung*
Dieser Teil des Handbuches enthält normalerweise eine sehr kurze Beschreibung des Unternehmens, die Art der Geschäftstätigkeit und den Standort. Eine halbe Seite reicht vermutlich aus, um dem Leser einige Hintergrundinformationen zum Unternehmen zu vermitteln. Auch ein Organigramm des Unternehmens kann in diesen Teil des Handbuches mit aufgenommen werden, obwohl eine gute Alternative hierzu darin besteht, dieses der strategischen Aussage zur Erfüllung der Forderungen der Norm in bezug auf die Verantwortung der obersten Leitung voranzustellen.

❏ *Übergeordnete Qualitätspolitik des Unternehmens*
Wir haben an früherer Stelle die Formulierung einer übergeordneten Qualitätspolitik des Unternehmens besprochen und ein Beispiel hierfür

gegeben (vgl. Kapitel 4). Ihr Entwurf sollte fertig sein, wenn das Qualitätshandbuch zusammengestellt wird und in das Dokument mit aufgenommen werden.
❑ *Umfang des QS-Systems*
Das Qualitätshandbuch sollte angeben, welche Teile des Unternehmens durch das QS-System abgedeckt werden. In den meisten kleineren Unternehmen könnte diese Aussage einfach wie folgt formuliert werden: „Das QS-System erstreckt sich über alle Aktivitäten in allen Abteilungen und in allen Geschäftsstellen." Falls beabsichtigt ist, ISO 9000 nur auf einen speziellen Teil des Unternehmens anzuwenden, muß gründlich durchdacht werden, auf welche Bereiche des Unternehmens sich das QS-System erstrecken soll und auf welche nicht.

Richtig numeriert, ergeben alle diese Abschnitte zusammen das Qualitätshandbuch. Jede Seite der genehmigten Kopien enthält eine Seitenbeschriftung und wird in geeigneter Weise gedruckt. Das Gesamtdokument umfaßt im allgemeinen weniger als zwanzig Seiten und sollte in fester Form gebunden werden. Alternativ hierzu können die genehmigten Kopien auch als herausnehmbare Blätter in einem separaten Teil des Verfahrenshandbuches eingeheftet werden. Kopien, die zu Marketingzwecken das Haus verlassen, sollten so gut wie möglich präsentiert werden. Hierbei sollte, vor allem wenn es um eine größere Anzahl von Exemplaren geht, ein professioneller Druck in Erwägung gezogen werden.

Das Qualitätshandbuch ist ein wichtiger Teil des Gesamtsystems, und es ist im allgemeinen der Ausgangspunkt für die Untersuchung durch die externen Auditoren. Auf die Frage jedoch, wieviel ein Handbuch täglich im Unternehmen nützt, lautet die ehrliche Antwort: nicht viel. Es sollte den Mitarbeitern als Nachweis für die Qualitätsverpflichtung des Unternehmens zur Verfügung stehen, und vielleicht wird es vom Beauftragten der obersten Leitung und vom internen Auditteam herangezogen; doch man sollte nicht davon ausgehen, daß die übrigen Mitarbeiter das Dokument häufiger verwenden werden. Ob im täglichen Gebrauch oder nicht, jedes QS-System braucht ein Qualitätshandbuch in der einen oder anderen Form.

9.4 Verfahrenshandbuch

Im Gegensatz zum Qualitätshandbuch wird das Verfahrenshandbuch täglich verwendet und ist eine praktische Anleitung für die Verwirklichung des QS-Systems. Der Inhalt des Handbuches besteht praktisch aus nichts anderem als den Verfahren selbst, die – einmal entwickelt (vgl. letztes Kapitel) – nur noch in die richtige Reihenfolge gebracht werden müssen. Falls vor oder während der Entwicklung der Verfahren ein Numerierungssystem aufgestellt wurde, steht die Reihenfolge bereits fest. Andernfalls muß ein geeignetes Nummernsystem eingeführt, Verweise für die Verfahren eingefügt und in einer sinnvollen Reihenfolge angeordnet werden.

Zu den Verfahren gehören Formulare, die gewöhnlich am Ende jedes einzelnen Verfahrens dazugeheftet werden (wie im Beispiel in Kapitel 8). Einige zusätzliche Hinweise über Lenkung und Umlauf von Formblättern werden wir noch an späterer Stelle geben.

Abgesehen von den Verfahren und den dazugehörigen Formularen gehört zum Verfahrenshandbuch nur noch eine kurze Einleitung. Diese kann sich auf eine Aussage zum Zweck des Handbuches beschränken sowie auf eine Warnung, daß nur genehmigte Kopien des Verfahrenshandbuches innerhalb des Unternehmens verwendet werden dürfen, und den Hinweis enthalten, daß die Befolgung der Verfahren Pflicht ist. Der Einleitung können die Umlauf- und Dokumentenlisten für das Verfahrenshandbuch folgen, wobei letztere auch als Inhaltsverzeichnis dienen. Da die Einleitung, technisch gesehen, Teil eines genehmigten Dokumentes ist, muß sie in den Anwendungsumfang des Verfahrens für die Lenkung der Dokumente gebracht werden. Das geschieht am besten dadurch, daß sie im System als Verfahren mit einer eigenen Nummer behandelt wird (z.B. E1.1), obwohl sie hinsichtlich der Gestaltung nicht zu den anderen Verfahren paßt. Die Umlauf- und Dokumentenlisten können dann wie die Formblätter behandelt und numeriert werden (z.B. I 1.2.1/Umlaufliste usw.), die sich auf diesen Abschnitt beziehen. Es sollte jedoch daran gedacht werden, daß die Dokumentenliste der Anpassung bedarf, wann immer am Verfahrenshandbuch Veränderungen vorgenommen werden.

Ein Ordner, in den lose Blätter eingeheftet werden, ist für ein Verfahrenshandbuch die einzig praktische Form der Bindung. Jedes Verfahren kann damit, wenn es notwendig wird, einzeln verändert werden. Um unbefugten Umgang mit den Handbüchern zu verhindern, kann es sich auszahlen, in eine Form der Bindung zu investieren, die sonst nirgendwo im Unternehmen benutzt wird (z.B. vier Löcher). Darüber hinaus empfehlen wir auch die Verwendung spezieller, auf der Vorderseite bedruckter Aktendeckel. Für nur wenig Geld sehen die fertigen Dokumente so bei weitem besser aus und können leicht als genehmigte Dokumente identifiziert werden.

Bisher hat es nach unserer Formulierung den Anschein, als bestehe das Verfahrenshandbuch aus nur einem Dokument. In einem kleineren Unternehmen werden die Dokumente kaum so umfangreich sein, daß sie nicht auch zusammengebunden werden könnten, doch in größeren Unternehmen kann eine breitgefächerte Produktpalette dazu führen, daß die Verfahren mehrere Bände umfassen. In diesem Fall, und selbst dort, wo sie sich in einem Ordner unterbringen lassen, könnte es angemessen sein, den einzelnen Abteilungen nur die Verfahren zukommen zu lassen, die für ihre eigenen Arbeitsabläufe relevant sind. Das ist absolut akzeptabel, obwohl gründlich darüber nachgedacht werden sollte, welche Verfahren im Einzelfall anzuwenden sind, da einige von ihnen, wie zum Beispiel *Lenkung der Dokumente*, für den gesamten Arbeitsablauf gelten. Auch muß diese Zerstückelung des Handbuches auf der Umlaufliste sorgfältig vermerkt werden. Es ist ganz besonders wichtig, daß im Unternehmen nur genehmigte Kopien des Verfahrenshandbuches verwendet werden. Das kann in der Schulungsphase einige Probleme mit sich bringen, auf die wir im nächsten Kapitel noch eingehen werden. Wie auch beim Qualitätshandbuch können ungenehmigte Kopien dagegen außerhalb des Unternehmens zugelassen werden, doch das erscheint aus Geheimhaltungsgründen nicht sinnvoll. Nachdem wir den ganzen Aufwand und alle mit der Entwicklung von Verfahren zur Erfüllung der Bedürfnisse des Unternehmens verbundenen Kosten auf uns genommen haben, erscheint es unklug, Handbuchkopien allen – inklusive unseren Wettbewerbern – einfach zugänglich zu machen. Im allgemeinen ist es sinnvoller, das Dokument als vertraulich einzustufen und den Umlauf auf genehmigte Kopien innerhalb des Unternehmens zu beschränken. Es kann jedoch sinnvoll sein, von dieser Strategie abzuweichen, um spezielle Verfahren denjenigen zur Verfügung zu stellen, die sie kennen müssen (z.B. Unterlieferanten). Vielleicht lohnt es sich in der Praxis auch nicht, den Aspekt der Vertraulichkeit zu eifrig zu verfolgen. Am Ende werden Kopien oder wenigstens Teile des Handbuches sehr wahrscheinlich doch nach außen gelangen.

Der letzte Aspekt des Verfahrenshandbuches, den es zu betrachten gilt, ist die Rolle der Arbeitsanweisungen und Qualitätspläne, die wir mehr aus Gründen der Bequemlichkeit als streng der Logik folgend an dieser Stelle betrachten wollen. Sowohl Arbeitsanweisungen als auch Qualitätspläne werden in der Norm explizit angesprochen (z.B. ISO 9001, *4.2 Qualitätssicherungssystem* und *4.9 Prozeßlenkung*). Der Hinweis erfolgt jedoch in einer Form, die anzeigt, daß keine der beiden Dokumenttypen in allen Fällen und in allen Unternehmen benötigt wird. Tatsächlich neigen wir zu der Ansicht, daß beide nur in relativen Ausnahmefällen benötigt werden – zumindest in kleinen Unternehmen.

Arbeitsanweisungen werden am ehesten in Unternehmen benötigt, die Standardprodukte herstellen, wobei es sinnvoll ist, die Verfahren durch ein „Rezept" für jedes einzelne Produkt zu ergänzen. Solche Anweisungen würden wichtige Einzelheiten für die Erstellung des jeweiligen Modells enthalten. Bei der Arbeit an unseren Kleiderbügeln könnten Anweisungen für jedes Modell entwickelt werden, die dann Einzelheiten zu den verwendeten Materialien enthielten, den Einstellungen der Schneidemaschine, die geforderte Form, wie die fertigen Produkte gestapelt und verpackt werden usw. Mit Hilfe eines Referenzmodells und diesen Arbeitsanweisungen wäre in jedem Teil der Fabrik bekannt, wie der jeweils geforderte Kleiderbügel anzufertigen wäre. In diesem Fall sind Anweisungen dieser Art jedoch nicht so entscheidend, da die Information auf andere Weise vermittelt werden könnte. Dennoch könnten sie sich langfristig als vorteilhaft herausstellen. Wenn man sich für ihre Verwendung entscheidet, sollten es natürlich genehmigte Dokumente sein, die formal mit dem Verfahrenshandbuch verbunden sind. Sie könnten alle in einer Gruppe zusammengefaßt werden, die dann innerhalb des Handbuches ein gesondertes Verfahren darstellten, und auf das dort, wo es in anderen Verfahren angemessen ist, verwiesen wird (so daß sie so numeriert werden sollten, daß es mit dem Gesamtnumerierungssystem kompatibel ist). Generell raten wir dazu, Arbeitsanweisungen nicht von Anfang an in das System zu integrieren, wenn sie nicht bereits in irgendeiner Form in Gebrauch sind. Arbeitsanweisungen können später, nach erfolgreicher Implementierung des Systems, ergänzt werden, falls Einstimmigkeit darüber herrscht, daß sie echte praktische Vorteile bieten.

Während Arbeitsanweisungen für Standardprodukte gelten, sind Qualitätspläne für umfangreiche, einmalige Projekte geeignet (obwohl sie auch bei der Ersteinführung eines neuen Produktes für dessen Überprüfung verwendet werden können). Die typischen Anwendungsbereiche finden sich im Bauwesen, im Tiefbau und beim Bau großer Anlagen. Eine andere Eigenschaft dieser Pläne besteht darin, daß ihr Gebrauch normalerweise gemeinsam von Lieferant und Kunde beschlossen wird und daß sie im Vertrag gesondert erwähnt werden. Qualitätspläne bringen im allgemeinen auch die aktive Beteiligung des Kunden in wichtigen Phasen der Herstellung mit sich; dem Kunden wird zum Beispiel die Möglichkeit eingeräumt, Qualitätsüberprüfungen vorzunehmen. Dort, wo sie verwendet werden, gehören Qualitätspläne zur Dokumentation des QS-Systems und nicht in das Verfahrenshandbuch. Mit Hilfe eines speziellen Verfahrens (oder einem Teil eines größeren Verfahrens) würde der Zeitpunkt der Verwendung derartiger Pläne, ihre Form und die Zuständigkeit für ihre Erstellung festgelegt werden. Auch hier empfehlen wir, Qualitätspläne nicht zu einem Teil des ursprünglichen QS-Systems zu machen, wenn sie im Unternehmen nicht bereits in Gebrauch sind; in diesem Falle läge die Notwendigkeit ihrer Integration auf der Hand. Unserer Auffassung nach sind Qualitätspläne so speziell, daß ihre weitere Besprechung hier nicht angebracht ist.

9.5 Qualitätsdokumentation

Zur Qualitätsdokumentation gehören sowohl leere als auch ausgefüllte Formulare (und andere ähnliche Aufzeichnungen). Wie bereits erwähnt, sollten die leeren Formblätter zusammen mit den dazugehörigen Verfahren abgelegt und am besten so numeriert werden, daß sie als zu einem speziellen Verfahren gehörig erkennbar sind (im Beispielverfahren in Abb. 8.6 wird auf das Formblatt W1.2.1/1 zuerst im Verfahren W1.2.1 verwiesen). Bei auftretenden Problemen werden nicht nur die Verfahren selbst, sondern auch die Formblätter verändert, um sie den veränderten Umständen anzupassen, und es sollte erkennbar sein, ob es sich bei einem bestimmten Formblatt um die neueste oder um eine frühere (überholte) Version handelt. Das läßt sich durch die bereits besprochene Form der Seitenbeschriftung kontrollieren, was jedoch oft als nicht praktikabel empfunden wird. Ein Problem besteht darin, daß ein im Gebrauch befindliches Formblatt die Größe einer ganzen Seite haben muß und somit keinen Platz mehr für den Beschriftungseintrag bietet. Als Alternative könnte die Referenznummer um eine Revisionsnummer ergänzt werden: In unserem oben angeführten Beispiel erhielte somit die erste und gleichzeitig Originalversion des Arbeitslaufzettels die Bezeichnung W1.2.1/1, und die erste Überarbeitung lautete dann W1.2.1/1 R1 usw.

Eine Kopie jedes Formblattes wird an der entsprechenden Stelle in jedes genehmigte Exemplar des Verfahrenshandbuches eingeheftet, auf das jeweils im Gebrauch befindliche Spezialpapier gedruckt und gehört damit natürlich zur genehmigten Dokumentation. Formblätter werden jedoch erstellt, damit sie gebraucht werden, und es ist klar, daß die in das Verfahrenshandbuch eingehefteten Formulare nicht verwendet werden können. Im Beispiel mit den Kleiderbügeln wird für jede einzelne im Werk hergestellte Produktionsmenge ein Arbeitslaufzettel ausgefüllt. Die im Gebrauch befindlichen Formulare können als ungenehmigte Versionen der genehmigten Dokumente angesehen werden. Es ist jedoch wichtig, daß, wann immer ein Formblatt geändert wird (gemäß Verfahren zur Lenkung von Dokumenten), die im Gebrauch befindlichen Formblätter ebenfalls entsprechend verändert werden. Das läßt sich dadurch erzielen, daß die Mitarbeiter angewiesen werden, Kopien von den benötigten Formblättern direkt von der ihnen zur Verfügung stehenden Version des Verfahrenshandbuches zu erstellen und immer, wenn sich das Formblatt verändert, die alten Kopien sorgfältig zu vernichten. Obwohl dieses System alle theoretischen Forderungen erfüllt, erachten wir es dennoch insgesamt als unpraktisch und problematisch. Beim Kopieren direkt vom Handbuch besteht die Gefahr, daß das Handbuch selbst irgendwie beschädigt wird. Darüber hinaus hängt die Einführung neuer Fomblätter von der Zuverlässigkeit zu vieler Mitarbeiter ab. Es besteht immer die Möglichkeit, daß alte Versionen der Formblätter nicht vernichtet und mit den neuen vermischt werden.

Zumindest in kleineren Unternehmen ist es wahrscheinlich besser, das Ersetzen alter Versionen.durch neue Formblätter in das Verfahren zur Lenkung der Dokumente zu integrieren. Als Teil der Veränderung eines Verfahrens (hierzu gehört auch der allgemein übliche Fall, daß nur das mit einem speziellen Verfahren verbundene Formblatt verändert wird) kann der Beauftragte der obersten Leitung oder ein anderer, ihm unmittelbar unterstehender Mitarbeiter eine angemessene Anzahl Exemplare der neuen Version drucken lassen und dabei gleichzeitig alle alten Versionen vernichten. Eine Variante dieses Ansatzes bestünde darin, den mit dem Druck oder Kopieren beauftragten Mitarbeiter zu diesem Zweck zu einem Bevollmächtigten des Beauftragten der obersten Leitung zu ernennen. Solche Verfahren zur Gewährleistung, daß stets aktuelle Versionen von Formblättern im Gebrauch sind, können ausführlich im entsprechenden Verfahren *(Lenkung von Dokumenten)* dargestellt werden.

Ein letzter Tip im Zusammenhang mit leeren Formblättern: Drucken Sie sie auf andersfarbiges Papier, welches nur für diesen einzigen Zweck verwendet wird. Damit ist es einfach, die Qualitätsdokumentation unter allen anderen Unterlagen überall im Unternehmen zu finden.

Zu den ausgefüllten Formularen und ähnlichen Aufzeichnungen gehören gemäß den Forderungen von *4.16* aus ISO 9001 auch die Qualitätsaufzeichnungen. Laut Norm werden spezielle Verfahren benötigt für Identifikation, Sammlung, Indexierung, Ordnung, Aufbewahrung, Pflege und Bereitstellung von Qualitätsaufzeichnungen.

Zur Identifikation können sowohl die Referenzangabe des Formblattes (z.B. W1.2.1/1) als auch die Produktidentifikation gehören, auf die sich die spezielle Version des Formblattes (oder Einträge darauf) beziehen. Sammlung, Indexierung, Ordnung und Aufbewahrung beziehen sich darauf, wie und wo alle Aufzeichnungen aufbewahrt werden. An anderer Stelle verweist die

Norm auf die Notwendigkeit einer Rückverfolgbarkeit der Aufzeichnungen, da sie natürlich keinen Sinn erfüllen, wenn sie nicht auffindbar sind. Zur Dokumentenpflege gehört es, die Aufzeichnungen für eine bestimmte, festgelegte Zeit in verwendbarer Form aufzubewahren. Die Zeitdauer variiert dabei je nach Produkt- und Geschäftsart. Zum Zwecke eines Audits reichen im allgemeinen zwei Jahre aus, doch wenn das Produkt eine lange Lebensdauer besitzt, können andere Aspekte für eine längere Aufbewahrungszeit der Aufzeichnungen sprechen. Für das QS-System muß die Aufbewahrungsdauer jedoch lediglich so lang sein, daß interne oder externe Audits durchgeführt werden können. Im allgemeinen entspricht die Aufbewahrung der Aufzeichnungen zwei Ansätzen: Entweder werden alle Aufzeichnungen zu einem bestimmten Produkt oder Projekt zusammengestellt und zentral aufbewahrt, oder die Aufzeichnungen werden von jeder Abteilung oder bei jedem Prozeß, so wie sie dort anfallen, selbst aufbewahrt. Der erste Ansatz kann für Dienstleistungsaktivitäten geeignet sein, wo sich Aufzeichnungen auf voneinander unterscheidbare und umfangreiche Aufgaben beziehen (z.B. Aufträge zur Marktforschung), während sich der zweite Ansatz eher für Standardprodukte eignet. Die Entscheidung muß jedoch individuell für den Einzelfall getroffen werden.

Für die Qualitätsaufzeichnungen werden weiterhin formale Verfahren benötigt, die angeben, wer für die Aufbewahrung der Aufzeichnungen verantwortlich ist, wie sie aufbewahrt werden, wie lange usw. Solche Verfahren können entweder in die anderen, die Aufzeichnungen erzeugenden Verfahren integriert werden, oder sie werden einzeln aufgeführt und beschreiben alle Tätigkeiten (hierzu gehören auch die, die wir als *Unterstützende Aktivitäten* bezeichnet haben, wie z.B. Schulung und Überprüfung von Prüfmitteln). Es kann sogar ein in zweifacher Hinsicht abgesicherter Ansatz verwendet werden, bei dem die Verfahren sowohl integriert als auch in einem „gemeinsamen" Verfahren extra aufgeführt werden. Für welchen Ansatz man sich auch immer entscheidet, sie werden sich in diesem Bereich zwischen verschiedenen Unternehmen und Geschäftsarten sehr stark voneinander unterscheiden, so daß wir aus diesem Grunde keine sinnvollen Beispielverfahren anbieten können.

Da Qualitätsaufzeichnungen zu den Haupthilfsmitteln für die Durchführung von Prüfungen gehören – inklusive der Aufzeichnungen externer Auditoren –, stellen sie einen wichtigen Bestandteil eines wirksamen QS-Systems dar. Kein Unternehmen darf erwarten, ISO 9000 ohne die Durchführung angemessener Qualitätsaufzeichnungen zu erhalten.

10 Implementierung

Ein QS-System besteht aus mehr als nur aus Dokumenten. Gut durchdachte Qualitäts- und Verfahrenshandbücher sind wichtig, doch ein QS-System hängt auch von den Menschen ab, die es anwenden. Die Mitarbeiter, und hierzu gehören auch diejenigen, denen besondere Aufgaben im Qualitätsmanagement übertragen wurden, bestimmen, ob ein System erfolgreich ist oder nicht.

In diesem Kapitel zeigen wir Ihnen, wie Sie das QS-System erfolgreich implementieren. Zu den behandelten Themen gehören die Verwaltung des QS-Systems, das Audit und die Auditoren, die Schulung des Personals, die ersten Schritte nach der Implementierung und das, was zu tun ist, wenn das System versagt. Auch zwei weitere Beispielverfahren, interne Qualitätsaudits und Korrekturmaßnahmen, werden in diesem Kapitel angeführt.

10.1 Die Verwaltung des QS-Systems

Die Verantwortung für die Verwaltung des QS-Systems liegt letztlich bei den leitenden Mitarbeitern der Unternehmen – in kleineren Firmen sind das meistens die Geschäftsführer. Damit das System jedoch funktionieren kann, müssen tagtäglich viele Routinearbeiten erledigt werden. Hierzu gehören:

❏ Verantwortung für die Lenkung der Dokumente inklusive Ausgabe der zu verwendenden Formblätter für die Dokumentation des QS-Systems (vgl. Kapitel 9),
❏ Leitung des Auditteams (nachfolgend besprochen),

- Durchführung des Korrekturmaßnahmeverfahrens (ebenfalls an späterer Stelle in diesem Kapitel besprochen),
- Sicherstellen, daß die Geschäftsleitung das System überprüft und allen notwendigen Veränderungen zustimmt – auch die Protokolle als Aufzeichnungen zu den Besprechungen müssen geschrieben werden,
- Umsetzung verabschiedeter Veränderungen (vgl. Kapitel 9),
- Schulung der Mitarbeiter für den Umgang mit dem QS-System,
- Umgang mit externen Auditoren,
- angemessene Aufbewahrung der Qualitätsaufzeichnungen.

Diese Aufgaben sollten in der Verantwortung eines einzigen Mitarbeiters liegen (selbst wenn er seinerseits vielleicht Aufgaben delegiert), und das ist in der „ISO-Sprache" der Beauftragte der obersten Leitung. In den entsprechenden Musterverfahren dieses Buches haben wir diesen Begriff verwendet, doch es ist genauso akzeptabel, ihn durch einen anderen Ausdruck zu ersetzen, falls dieser dem bestehenden Sprachgebrauch eines Unternehmens besser gerecht wird. Oft passen die Aufgaben, die der Beauftragte der obersten Leitung zu erledigen hat, gut zu anderen Managementfunktionen, wie sie beispielsweise der Assistent der Geschäftsleitung, der Finanzdirektor oder der Verwaltungsleiter erfüllt; und wenn absehbar ist, daß das für einige Zeit der Fall sein wird, kann im Verfahrenshandbuch die jeweilige Funktionsbezeichnung anstelle von „Beauftragter der obersten Leitung" verwendet werden. In diesem Fall sollte das jedoch im Qualitätshandbuch unter der unternehmensstrategischen Aussage, die sich auf *4.1.2 Verantwortung der obersten Leitung – Organisation* bezieht, vermerkt werden:

„Der Verwaltungsleiter soll als Beauftragter der obersten Leitung agieren und für die Implementierung und Pflege des QS-Systems verantwortlich sein."

Welcher Ansatz auch immer verfolgt wird, es ist wichtig, daß jeder im Unternehmen weiß, wer die Funktion des Beauftragten der obersten Leitung innehat.

Da dieser eine zentrale Rolle bei der erfolgreichen Implementierung eines QS-Systems spielt, ist es sehr wichtig, wer diese Aufgabe übernimmt, obwohl in den meisten kleineren Unternehmen wahrscheinlich nur wenige Kandidaten zur Auswahl stehen werden. In Kapitel 4 haben wir über die Auswahl des Projektleiters gesprochen; oft wird dieser Mitarbeiter automatisch auch zum Beauftragten der obersten Leitung ernannt. Das ist nicht unbedingt schlecht, denn wenigstens zu Beginn ist der Projektleiter wahrscheinlich für diese Aufgabe am besten qualifiziert. Langfristig kann jedoch sicher ein anderer diese

Rolle übernehmen. Die Eigenschaften, über die ein erfolgreicher Beauftragter der obersten Leitung verfügen sollte, sind wirklich diejenigen, die jedem leitenden Mitarbeiter zum Erfolg verhelfen – und hierzu gehört die Fähigkeit, zu planen und Personal zu führen.

In vielerlei Hinsicht hängt die erfolgreiche Implementierung eines QS-Systems davon ab, ob Details richtig funktionieren. Der Beauftragte der obersten Leitung muß somit auf einer sehr detailtiefen Ebene Sorge für die Funktionsfähigkeit des Systems tragen. Er muß sich darum kümmern, daß jedes Verfahren befolgt wird, daß die richtigen Formblätter für die Eintragung der Qualitätsdaten verwendet werden, daß die Aufzeichnungen am richtigen Ort aufbewahrt werden usw. Der Beauftragte der obersten Leitung muß auch über die notwendige Autorität verfügen, um zu erreichen, daß alle Mitarbeiter ausnahmslos das QS-System unterstützen. Hierzu gehören auch alle leitenden Angestellten, die bei der Durchführung ihrer Aufgaben nun selbst Verfahren befolgen wie auch gleichzeitig ihre Mitarbeiter dazu ermahnen müssen. Der Beauftragte der obersten Leitung muß in der Lage sein, bei den leitenden Angestellten ebenso wie bei allen anderen Mitarbeitern seinen Standpunkt zu vertreten, und er sollte deshalb in der Hierarchie nicht viel tiefer als die Hauptentscheidungsträger angesiedelt sein. Die Rolle des Beauftragten der obersten Leitung ist, klar gesagt, mehr als nur ein Bürojob.

In vielen kleineren Unternehmen wird ein Geschäftsführer gleichzeitig die Rolle eines Beauftragten übernehmen und seine Zeit zwischen diesen Aufgaben und den mit seinem Hauptverantwortungsbereich verbundenen Pflichten aufteilen müssen. Er muß sich für diese Aufgabe genügend Zeit freihalten, obwohl – wie fast überall im Management – das Delegieren von Aufgaben ein wichtiger Erfolgsfaktor ist. Und wenn auch die Aktualisierung der genehmigten Dokumentation in seinen Aufgabenbereich gehört, so muß er doch nicht alle Seiten im Verfahrenshandbuch persönlich ändern.

Er ist zwar wichtig, doch er sollte nicht der einzige sein, der für den Erfolg oder Nichterfolg der Implementierung verantwortlich bleibt: Ein QS-System darf keine Privatangelegenheit sein. Andere leitende Mitarbeiter müssen sowohl durch ihre tägliche Arbeit als auch in Form von Besprechungen im Rahmen der gemeinsamen Überprüfungen durch die oberste Leitung am QS-System beteiligt werden. In Kapitel 8 haben wir ein Musterbeispiel eines Verfahrens für diese Besprechungen angeführt, das sich auf den Unternehmenstyp und die besonderen Umstände der meisten Unternehmen anpassen läßt. Offizielle Besprechungen dieser Art sollten wenigstens mehrere Male im Jahr abgehalten werden (im Musterverfahren vierteljährlich) und in den ersten Phasen der Implementierung des Systems sogar noch häufiger stattfinden, am besten monatlich. In den meisten kleineren Unternehmen sind die Hauptteilnehmer der Sitzung gewöhnlich die leitenden Angestellten der Firma (wobei einer von ihnen als Vorsitzender fungiert) und der Beauftragte der obersten Leitung (wenn er nicht selbst gleichzeitig der Geschäftsführung angehört). Finden regelmäßige, offizielle Vorstandssitzungen statt, kann es sinnvoll sein, die Sitzungen zur Überprüfung des Systems im Anschluß daran abzuhalten.

Zum Verfahren für diese Sitzungen zur Überprüfung durch die oberste Leitung sollte eine offizielle Tagesordnung gehören, und die Diskussionsthemen sollten die Ergebnisse der Audits, die durchgeführten Korrekturmaßnahmen sowie die daraus resultierenden Entscheidungen (sie werden nachfolgend besprochen), Veränderungen in der Systemdokumentation und alle eingegangenen Kommentare von Kunden (oder Reklamationen) beinhalten. Die meisten der Informationen, die in die Sitzung einfließen, werden vom Beauftragten der obersten Leitung stammen, und es könnte vorteilhaft sein, sie bereits im voraus in Form eines kurzen schriftlichen Berichts vorliegen zu haben, so daß während der Sitzung genügend Zeit zur Diskussion bleibt. Auch Protokolle sind Teil des offiziellen Verfahrens für eine Sitzung zur Überprüfung durch die oberste Leitung, wobei sich der Beauftragte der Geschäftsführung vermutlich am besten für die Protokollführung eignet. Im Rahmen des Audits wird nach Nachweisen für die tatsächliche Durchführung dieser Sitzungen gesucht und hierfür sind die Sitzungsprotokolle ein wichtiger und geeigneter Beleg.

10.2 Interne Prüfung und Prüfer

Auch wenn interne Prüfungen nicht zu den offiziellen Forderungen von ISO 9000 gehören (vgl. *4.17 Interne Qualitätsaufzeichnungen*, ISO 9001), muß diese sehr wichtige Aktivität dennoch durchgeführt werden. Es ist einfach unmöglich, daß ein QS-System funktionieren kann, wenn es nicht überprüft und überwacht wird. Nur durch die aktive Suche nach Fehlern lassen sich Probleme identifizieren und Lösungen finden.

In einfachster Form bedeutet ein Audit die Feststellung, ob die Forderungen des offiziellen QS-Systems in allen Einzelheiten befolgt werden. Im Beispiel mit den Kleiderbügeln (vgl. Kapitel 8) ist der Bediener der Schneidemaschine verpflichtet, auf dem Arbeitslaufzettel bestimmte Einträge zur Liefermenge vorzunehmen. Bei der Überprüfung dieses Punktes würde der Auditor versuchen zu ermitteln, ob diese Einträge in der richtigen Weise vorgenommen wurden; das wäre anhand der Nummer des Bügelmusters auf dem Arbeitslaufzettel zu erkennen oder indem man eine Anzahl von Kleiderbügelmustern durch den Produktionsprozeß hindurch rückverfolgt und feststellt, ob die entsprechenden Einträge vorgenommen wurden.

Das Audit konzentriert sich auf objektive Belege für die Befolgung des QS-Systems. Ein Verfahren wurde entweder befolgt oder nicht. (Wenn es unmöglich ist, das festzustellen, stimmt etwas mit dem Verfahren nicht.) Im Audit wird nicht beurteilt, warum ein Verfahren nicht befolgt wurde. Vielleicht wurde die erforderliche Information nicht eingetragen, weil der Bediener der Maschine das einfach vergessen hatte oder mit anderen Dingen zu beschäftigt war. Oder das Verfahren konnte einfach nicht befolgt werden. Jeder dieser Gründe und viele andere mehr könnten erklären, warum ein Verfahren nicht eingehalten wurde, doch wir wiederholen nochmals, daß im Rahmen des Audits der Grund für den Fehler nicht beurteilt wird, und noch weniger werden irgendwelche Schuldzuweisungen vorgenommen. Die Aufgabe der Prüfung besteht lediglich darin, die Nichtbefolgung zu ermitteln, und nicht darin, Lösungen anzubieten – um die geht es später.

Eine Prüfung benötigt Prüfer. In kleineren Unternehmen wird diese interne Prüfung im allgemeinen von Mitarbeitern durchgeführt, die eigentlich andere Hauptaufgaben haben. Ist das System einmal etabliert, erfordert die Prüfungsarbeit von jedem Prüfungsmitarbeiter vielleicht etwa ein bis zwei Tage Zeit pro Monat und ist somit eine nicht zu große Belastung. Es ist ratsam, jederzeit wenigstens zwei interne Prüfer verfügbar zu haben; sie arbeiten möglicherweise sehr effizient zusammen, und die Prüfungsarbeit wird auch dann fortgeführt, wenn einer einmal nicht anwesend ist. Der Beauftragte der obersten Leitung leitet das Auditteam und gehört in diesem Sinne dazu; er braucht an den eigentlichen Prüfungen jedoch nicht teilzunehmen (und wahrscheinlich ist es auch besser, wenn er das nicht tut).

Die Auswahl dieser Teilzeitprüfer ist wichtig, wobei in kleineren Unternehmen die Anzahl der zur Auswahl stehenden Kandidaten nicht sehr groß sein wird. Doch wer auch immer für diese Arbeit ausgewählt wird, er sollte zumindest über die folgenden drei typischen Eigenschaften verfügen:

❑ *Unabhängigkeit*
   Hierbei geht es um zwei Aspekte. Zuerst muß die Prüfung eines jeden Unternehmensbereiches von jemandem durchgeführt werden, der nicht

in die täglichen Abläufe involviert ist: Jemand, der die Zusammenhänge und Abläufe kennt, konzentriert sich vermutlich eher darauf, was geschehen sollte, als darauf, was *tatsächlich* geschieht (aus dem gleichen Grunde kann ein Autor sein eigenes Manuskript nicht sehr gut Korrektur lesen). Deshalb sollten Prüfer besser aus der Gruppe der Mitarbeiter gewählt werden, die nicht in die Kernaktivitäten des Unternehmens involviert sind: möglicherweise aus dem Bereich der Verwaltung (z.B. Finanzwesen).

Der zweite Aspekt der Unabhängigkeit besteht darin, in der Lage zu sein, Urteile zu fällen und trotz Druckes durch andere, möglicherweise leitende Mitarbeiter, das eigene Urteil aufrechtzuerhalten. Obwohl es bei der Prüfung lediglich um die Ermittlung von Fakten und nicht um eine Beurteilung gehen sollte – das Verfahren wurde befolgt oder nicht – könnte sich ein leitender Mitarbeiter sehr wohl durch die Entdeckung von Fehlern in der Funktionsweise des QS-Systems in seinem Bereich bedroht fühlen, insbesondere, wenn das Problem darin besteht, daß seine Mitarbeiter sich nicht genügend um die Einhaltung des Systems bemühen. Unter solchen Umständen versucht dieser Mitarbeiter vielleicht das Problem dadurch zu lösen, daß er den Prüfer einschüchtert und versucht, ihn von der Einhaltung der Verfahren zu überzeugen oder davon, daß sie befolgt wurden, „so gut es ging". Der Prüfer muß dem widerstehen und in aller Höflichkeit berichten, daß die Forderungen des Systems in diesem Fall nicht befolgt wurden. Eine solche Unabhängigkeit hängt von der Persönlichkeit des Prüfers ab, obwohl sich der Prüfer bei der Ausführung seiner Aufgabe klar sein muß, daß er die Politik der Unternehmensführung unterstützt (und wiederum ihre Unterstützung hat).

❏ *Diplomatie*

Diplomatie hat eindeutig etwas mit Unabhängigkeit zu tun. Um die mit einer Prüfung verbundenen möglichen Belastungen zu minimieren, müssen die Prüfer taktvoll mit den Mitarbeitern einer Abteilung umgehen. Was immer sie vielleicht manchmal denken mögen, Prüfer sind nicht dazu da, „böse" Kollegen zu entdecken und sie zu bestrafen. Wird ein Fehler gefunden, sollten zwischen Prüfer und Geprüften Übereinstimmung über den objektiven Tatbestand bestehen, daß zum Beispiel auf irgendeinem Arbeitslaufzettel die Eintragungen zur Einstellung der Maschine fehlen. Der Prüfer darf nicht andeuten, daß er aufgrund dieses Mangels der Ansicht sei, die Mitarbeiter der Abteilung oder der Abteilungsleiter kämen ihrer Arbeit nicht sorgfältig genug nach. Mitarbeiter, deren Arbeit der Gegenstand der Prüfung ist, müssen dem Prüfer Zeit widmen. Es bedarf eines gewissen Feingefühls, um diese Mitarbeiter zu überreden, der Prüfung die notwendige Zeit zur Verfügung zu stellen (obwohl diese oft nur minimal ist, da viel Arbeit auf die Durchsicht der Aufzeichnungen entfällt, die in einer zugänglichen Form verfügbar sein sollten). Manchmal wird der Prüfer mit Mitarbeitern zu tun haben, die mangelnde Zeit als Entschuldigung dafür anführen, eine Prüfung insgesamt abzulehnen. Falls der Auditor (nach einer Schulung) nicht über die Fähigkeit verfügt, mit dieser oder ähnlichen Situationen umzugehen, ist er für diese Aufgabe nicht geeignet.

❏ *Aufmerksamkeit gegenüber Details*
Ein Prüfer benötigt kein Fachwissen über den zu prüfenden Gegenstand. Zumindest im Prinzip verlangt ein Audit im Kleiderbügelwerk keine Kenntnisse über das Biegen von Draht. Der Prüfer muß sich jedoch mit den Details beschäftigen. Es reicht nicht aus, daß der Bediener der Maschine scheinbar hin und wieder etwas aufschreibt: Die Einträge zu den Einstellungen der Maschine müssen in der vorgeschriebenen Weise auf dem richtigen Formular erfolgen. Der Prüfer muß in der Lage sein, in allen Einzelheiten zu erkennen, was einerseits verlangt wird, und was andererseits tatsächlich getan wurde. In diesem Fall ist Kleinlichkeit eine Tugend.

Nach ihrer Berufung müssen interne Prüfer geschult werden (es gibt eine ISO-Norm, die für die Durchführung von Audits relevant ist, ISO 10 011). Nur durch Prüfungen ist es möglich zu beurteilen, ob das System einigermaßen gut funktioniert.

Die Prüfung als Prozeß sollte über ein eigenes Verfahren verfügen – ein Element des Abschnitts „Lenkung des Systems". Weiter unten geben wir ein Musterverfahren für Prüfungen, doch zunächst wollen wir einige der zugrundeliegenden Prinzipien diskutieren.

Prüfungsberichte

Wie in anderen Bereichen des QS-Systems auch, reicht es nicht aus, daß ein Verfahren nur Anwendung findet, sondern es muß auch objektive Belege dafür geben, daß es befolgt wurde. Im Beispielverfahren gehören zu den Aufzeichnungen ein Prüfungszeitplan, ein Verzeichnis und gesonderte Berichte über jede durchgeführte Prüfung. Auch auf andere Weise können ausreichende Aufzeichnungen erstellt werden, wobei die enthaltene Information weitgehend dieselbe sein sollte.

Häufigkeit der Prüfung

Die erforderliche Häufigkeit interner Audits hängt von der Größe und der Komplexität eines Unternehmens ab. Jeder Teil des QS-Systems sollte jedoch wenigstens einmal pro Jahr einer Überprüfung unterzogen werden, und die Häufigkeit dieser Prüfung sollte so sein, daß das Überprüfungsziel erreicht wird. In einem „durchschnittlichen" kleineren Unternehmen sollte eine Prüfung mindestens vierteljährlich durchgeführt werden. Angesichts der Tatsache, daß die tatsächliche Häufigkeit der Prüfung selbst von externen Auditoren überprüft werden kann (da sie offiziell zum QS-System gehört), ist es ratsam, Mindestanforderungen zu formulieren („... Prüfungen sollen wenigstens einmal pro Vierteljahr durchgeführt werden"). In der Praxis ist es besser, mehr als das Minimum zu tun, wobei monatliche Prüfungen oft sinnvoll sind und eine gute Übung darstellen. Wie bereits erwähnt, sollte man mit den Prüfungen bald nach Einführung des Systems beginnen, und es ist ratsam, in der Zeit zwischen Beginn und externem Audit eher mehr als weniger interne Prüfungen durchzuführen. Auf diese Weise lassen sich Probleme ermitteln und Schritte unternehmen, um bei nächster Gelegenheit Abhilfe zu schaffen.

Umfang der internen Prüfung

Vor jeder Prüfung muß ihr Umfang festgelegt werden. Eine Prüfung, die beispielsweise einen Tag andauert – wozu auch die Anfertigung entsprechender Aufzeichnungen gehört – kann unmöglich mehr als nur einen geringen Teil des QS-Systems umfassen. Um welchen Teil es sich dabei handelt, sollte bei der Festlegung der Prüfungsbereiche entschieden werden. Dieser Prüfungsumfang kann entweder mit den Begriffen des QS-Systems selbst beschrieben werden, das heißt z.B. eine bestimmte Anzahl von Verfahren oder – in organisatorischen Begriffen – z.B. die Abteilungen „Schneiden" und „Biegen" und alle dort anzuwendenden Verfahren. Die Festlegung des Umfanges einer bestimmten Prüfung unterliegt der Verantwortung des Beauftragten der obersten Leitung. Es sollte eine Art Prüfungsverzeichnis geführt werden, auf dem der Umfang jeder Prüfung zusammen mit anderen sachdienlichen Einzelheiten eingetragen wird (die aufeinanderfolgend numeriert werden können).

Aufstellung eines Zeitplanes

Es sollte für jedes Jahr ein Zeitplan aufgestellt werden, der die Termine und den Umfang für die geplanten Prüfungen beinhaltet. Dieser Zeitplan zeigt an, daß das gesamte QS-System mindestens einmal pro Jahr überprüft wird.

Der Zeitplan kann verschiedenartig gestaltet werden, aber er sollte so einfach wie ein einseitiger Jahresplaner zu lesen sein, auf dem die Daten und der Umfang jeder Prüfung eingetragen sind (auf dem Plan kann das Datum annäherungsweise angegeben sein – der Monat der Prüfung statt eines speziellen Tages). Der Zeitplan wird üblicherweise vom Beauftragten der obersten Leitung erstellt und „veröffentlicht", so daß die betroffenen Mitarbeiter und Prüfer wissen, wann die Prüfungen im Verlauf des Jahres durchgeführt werden sollen.

Während diese Pläne später am Anfang eines Jahres erstellt werden sollten, kann es besser sein, die Erstellung des ersten Planes um einen oder zwei Monate nach dem Stichtag der Einführung des Systems nach hinten zu verschieben. Durch mangelnde Implementierung kann es für den Beauftragten der obersten Leitung schwierig sein, vorauszusehen, was während einer Prüfung erreicht werden kann und wie viele Prüfungen während eines Jahres notwendig sind, um das Gesamtsystem zu erfassen.

Obwohl der Zeitplan anzeigt, daß Prüfungen geplant sind, sollte er doch niemals unveränderbar sein. Manchmal entstehen Probleme, die es ratsam erscheinen lassen, aus Dringlichkeitsgründen einen bestimmten Bereich zu prüfen, obwohl er nach Plan nicht fällig gewesen wäre.

Prüfungsvorbereitung

Die Inhalte jeder Prüfung sollten vorher sorgfältig geplant werden. Der Umfang der Prüfung sollte in einer Sitzung zwischen dem Beauftragten der obersten Leitung und den Prüfern besprochen werden. Jeder Bericht über frühere Prüfungen mit ähnlichem Umfang sollte gelesen werden, um zu sehen, welche Feststellungen getroffen wurden und ob es in einem bestimmten Bereich ein Problem gab. Es kann vielleicht sinnvoll sein, diesem Problem dann spezielle Beachtung zu schenken und nachzusehen, ob es wiederholt aufgetreten ist. Die Sitzung zur Vorbereitung der Prüfung stellt auch für das gesamte Team (Beauftragter der Unternehmensleitung und Prüfer) eine Gelegenheit dar, den allgemeinen Fortgang der Gesamtprüfung einer Revision zu unterziehen und alle auftretenden Probleme zu besprechen. Auch die Notwendigkeit zusätzlicher Schulungen für Auditoren muß vielleicht diskutiert werden. Finden die Prüfungen monatlich statt, erachtet man derart allgemeine Themen vielleicht als nicht wert, in jeder dieser Sitzung angesprochen zu werden, sondern nur einmal vierteljährlich. Diese „Sonderbesprechungen" sollten dann auch auf Schulungen eingehen, wobei ein – wenn auch kurzer Bericht – zu den Inhalten der Sitzung angefertigt werden sollte. Dieser kann als Beleg dafür verwendet werden, daß die Forderungen der Norm bezüglich der Ausbildung von Prüfern erfüllt wurden.

Ebenso wie die Sitzung zur Prüfungsvorbereitung gehören auch die Aufstellung einer Checkliste und die Absprache von Terminen mit den zu Prüfenden zur Vorbereitung. Eine Checkliste ist nur für die Prüfer von Vorteil und wird von ihnen vorbereitet. Sie kann mehrere Formulare umfassen, doch ein verbreiteter Ansatz besteht darin, jeden Teil des Systems, der geprüft werden muß, zusammen (für das Beispiel in Kapitel 8 könnte eine geeignete Schreibweise beispielsweise so aussehen: *W1.2.5 Schneiden*) mit den Aufzeichnungen, die im Zusammenhang mit diesem Teil des Systems untersucht werden sollen, aufzuführen (z.B. Arbeitslaufzettel). Während ein wichtiger Teil der Prüfung darin besteht, sich Belege in Form objektiver Aufzeichnungen anzusehen, kann es als angemessen erachtet werden, auch die entsprechenden Mitarbeiter danach zu befragen, wie sie ihre Aufgaben in bezug auf das QS-System sehen. Das können externe Prüfer durchaus tun, so daß es sinnvoll ist, eine solche Situation zu proben. Somit kann die Checkliste auch Fragen enthalten, die im Rahmen der Prüfung gestellt werden.

Der letzte Teil der Prüfungsvorbereitung besteht in den Absprachen, die mit den beteiligten Mitarbeitern getroffen werden. Das ist nicht nur eine Frage der Höflichkeit: Es hat keinen Sinn, in einer Abteilung aufzutauchen, um eine Prüfung durchzuführen, wenn alle Mitarbeiter abwesend sind, um irgendwelchen anderen Arbeiten nachzugehen. Wie formal solche Absprachen sind, variiert in Abhängigkeit von der Größe, der Lage und dem Arbeitsstil eines Unternehmens. In einem kleineren Unternehmen kann es völlig ausreichen, am Abend vor der Prüfung ein Telefonat durchzuführen, während in anderen Fällen die Bekanntgabe zwei Wochen vor dem Termin noch kaum ausreicht. Dennoch ein Wort der Warnung: Lassen Sie es nicht zu, daß Ausreden bezüglich zu viel Arbeit die Prüfung endlos hinausschieben. Die erfolgreiche Implementierung und schließlich die abschließende Zertifizierung hängen von diesen Prüfungen ab.

Das Audit

Es ist schwierig, mehr über das zu sagen, was wirklich während eines Audits geschieht. Der springende Punkt besteht sowohl im Prinzip als auch in der Praxis darin, daß der Auditor feststellt, was gemäß QS-System geschehen sollte – in fast allen Fällen handelt es sich dabei um das, was im Verfahrenshandbuch vorgeschrieben ist –, und dann versucht herauszufinden, was in der

Praxis wirklich passiert. Letzteres kann durch Beobachtung geschehen (z.B. die Beobachtung des Bedieners der Schneidemaschine, um zu sehen, ob er die Verfahren befolgt), durch Befragung (indem er beispielsweise den Bediener danach fragt, was er tut) und, am wichtigsten von allem, durch die Suche nach dokumentarischen Beweisen für die Einhaltung des Systems (z.B. die Untersuchung von Arbeitslaufzetteln). Hinsichtlich der dokumentarischen Beweise ist es einfach unmöglich, alle für das jeweilige Verfahren relevanten Aufzeichnungen durchzusehen (z.B. jeden einzelnen Arbeitslaufzettel), so daß ein repräsentativer Querschnitt gefunden werden muß. Das kann auf verschiedenen Wegen geschehen, und in den meisten Fällen sollte sich ein geeigneter Ansatz von selbst anbieten. Das Ziel sollte jedoch eine annähernd willkürliche Probe sein, das heißt, eine Probe, in der jedes Element des zu prüfenden Teil des Verfahrens eine gleich große Chance besitzt, ausgewählt zu werden. Eine nicht zufällige Stichprobe, wie beispielsweise eine, die alle Arbeiten ausschließt, die schiefgingen, oder umgekehrt, nur solche, die problematisch waren, muß unbedingt vermieden werden. Eine Ungleichgewichtung ergibt sich z.B., wenn der Abteilungsleiter das zu prüfende Verfahren auswählt. Er wird möglicherweise beweisen wollen, daß er das System bis zum letzten Buchstaben verfolgt, und unvollständige Aufzeichnungen „verstecken".

Wenn der Auditor Beweise für Mängel findet, z.B. fehlende Einträge, wo sie verlangt sind, sollte er das mit dem Prüfling besprechen. Der Sinn besteht jedoch nicht darin, herauszufinden, warum dieser Mangel aufgetreten ist (obwohl dort, wo ein Grund angeführt wird, dieser notiert werden kann), und noch weniger darin, zu diskutieren, ob das System in diesem speziellen Fall angewendet werden kann oder nicht. Alles, was in diesem Gespräch erzielt werden soll, ist Einigkeit darüber, daß, aus welchem Grund auch immer, dieser Fehler existiert. Da der Auditor mit objektiven Beweisen umgeht, sollte es nicht schwer sein, diese Einigkeit zu erzielen; der Arbeitslaufzettel ist entweder vollständig oder nicht. Vor allem sollten lange Debatten über die grundsätzliche Möglichkeit einer Einhaltung des Verfahrens vermieden werden. Eine Untersuchung der Gründe für die aufgetretenen Mängel ist ein eigener Prozeß, der erst nach dem Audit durchgeführt wird.

Kein QS-System kann von Anfang an perfekt sein, und man muß mit der Feststellung von Fehlern während eines Audits rechnen. Sie sind kein Hinweis dafür, daß das System nicht funktioniert, sondern sie sind ein Mittel zur Durchführung echter Verbesserungen. Die Arbeit des internen Prüfers spiegelt die des unabhängigen externen Auditors wider, der erwartet, Beweise für interne Prüfungen zur Ermittlung von Fehlern vorzufinden, die dann mittels Korrekturmaßnahmen behoben werden. Zu viele Aufzeichnungen zu Prüfungen, aus denen hervorgeht, daß keine Probleme festgestellt wurden, sind vermutlich ein Beleg dafür, daß die internen Prüfungen nicht gründlich genug durchgeführt wurden.

Prüfberichte

Während der Durchführung der Prüfung sollten sich die Prüfer Notizen zu allen ihren Feststellungen machen und nach Abschluß einen schriftlichen Bericht vorbereiten. Das braucht kein umfangreiches Dokument zu sein. Im allgemeinen reicht eine Seite aus. Dieser Bericht sollte folgende Informationen enthalten:

❏ Datum der Prüfung,
❏ Name des Prüfers,
❏ Umfang der Prüfung (wie gesagt, das wird vorher entschieden),
❏ Angabe aller in der Prüfung festgestellten Fehler. Da jeder einzelne Fehler zur Durchführung einer Korrekturmaßnahme führen sollte, ist alles, was im Prüfungsbericht selbst vermerkt werden sollte, ein Querverweis auf das entsprechende Korrekturmaßnahmenformular, wie beispielsweise „vgl. Korrekturmaßnahmenformular Nummer 23". Eine solche Angabe von Fehlern kann als „Prüfungsergebnis" bezeichnet werden, und falls keine Mängel während der Prüfung ermittelt wurden, lautet der korrekte Eintrag unter Ergebnis „keine".
❏ Alle weiteren Anmerkungen oder „Beobachtungen", die entweder für die Begutachtung der Funktionsweise des QS-Systems oder für die Durchführung zukünftiger Prüfungen im gleichen Bereich hilfreich sein könnten. Beispiele hierfür wären: Die Mitarbeiter klagen, daß die Vorbereitung der Aufzeichnungen bei weitem mehr Zeit beansprucht, als dafür vorgesehen wurde.
Oder: Obwohl die Aufzeichnungen vollständig sind, besteht der Verdacht, daß sie erst nach vollständiger Beendigung der Aufgabe ausgefüllt wurden. In der nächsten Prüfung sollte versucht werden herauszufinden, ob die Formulare parallel zur Durchführung der Aufgabe ausgefüllt wurden.

Der Bericht sollte vom Prüfer unterschrieben werden und dem Beauftragten der obersten Leitung zur Durchführung weiterer Schritte – Korrekturmaßnahmen und Aufbewahrung an einem geeigneten Standort – ausgehändigt werden. Auch im Prüfungsverzeichnis sollten die entsprechenden Einträge vorgenommen werden, um anzuzeigen, daß die Prüfung durchgeführt und ein Bericht angefertigt wurde.

Weiterverfolgungsprüfungen

Der Sinn der Prüfungen besteht nicht nur in der Ermittlung von Problemen, sondern sie sollten auch mittels Korrekturmaßnahmen am Ende zu Verbesserungen des QS-Systems und seiner Verwirklichung führen. Es ist nicht Aufgabe des Auditors, Lösungsvorschläge zu Problemen zu unterbreiten, sondern, als zusätzliche Aufgabe im Rahmen des Audits selbst, zu ermitteln, ob zufriedenstellende Lösungen zu den in der internen Prüfung ermittelten Fehlern gefunden wurden. Das wird durch Weiterverfolgungsprüfungen erreicht.

Weiterverfolgungsprüfungen werden durchgeführt, wenn die erste Prüfung Fehler ergeben hat. Diese führen immer zur Einleitung von Korrekturmaßnahmenverfahren, die ihrerseits in Empfehlungen für durchzuführende Handlungen resultieren, mit deren Hilfe das ermittelte Problem gelöst werden soll. Diese Empfehlungen teilen sich hauptsächlich in zwei Gruppen: eine Veränderung des Verfahrens – das gilt für jene Fälle, bei denen das Problem im wesentlichen durch das System selbst begründet ist (z.B. wenn Daten nicht vermerkt werden können, weil es nicht genügend freien Platz auf einem Formblatt gibt) – oder eine Veränderung der Art und Weise, in der das Verfahren angewendet wird. Letzteres kann einfach auf eine Ermahnung der Mitarbeiter hinauslaufen, sich stärker zu bemühen. Der Zweck der Weiterverfolgungsprüfung besteht in der Ermittlung, ob die in der ursprünglichen Prüfung entdeckten Mängel beseitigt wurden oder nicht. Der Umfang einer Weiterverfolgungsprüfung ist somit eingeschränkt: Es werden nur jene Teile des QS-Systems geprüft, die in der ersten Prüfung Fehler aufwiesen. Falls sich bei der ersten Prüfung des Schneide- und Biegebereiches ein Problem beim Eintrag der Chargennummer auf dem Arbeitslaufzettel fände, würde sich die Weiterverfolgungsprüfung nur darauf konzentrieren, ob die Daten jetzt richtig eingetragen wurden oder nicht.

Weiterverfolgungsprüfungen setzen voraus, daß ein Korrekturmaßnahmenverfahren vollständig befolgt wurde. Hierzu gehört die Untersuchung des Problems, der Vorschlag einer Lösung, die Entscheidung, ob die Lösung akzeptiert wird oder nicht, und, wo es angebracht ist, eine genehmigte Veränderung des Systems durchzuführen. Selbstverständlich braucht das alles genügend Zeit, so daß eine Weiterverfolgungsprüfung nicht sofort nach der ursprünglichen Prüfung stattfinden sollte. Wie lange ist „genügend"? Hierzu kann es keine allgemeingültige Antwort geben; es hängt alles vom Typ des Unternehmens und der Funktionsweise seines QS-Systems ab. Wenn wir jedoch annehmen, daß die Behebung eines Mangels in einer Veränderung des Systems besteht, dann sollte die Zeit zwischen diesen beiden Prüfungen zumindest so lang sein, wie benötigt wird, um diese Veränderung durchzuführen. Hierzu gehören die Empfehlung einer Veränderung im Rahmen einer Korrekturmaßnahme, die Zustimmung der Geschäftsleitung zur Durchführung der Veränderung und die Veränderung des Verfahrens selbst. Im nachfolgend angeführten Beispielverfahren für Audits beträgt die bis zur Weiterverfolgungsprüfung zugestandene Zeit 45 Tage. Für einige Unternehmen kann diese Zeitspanne unrealistisch kurz sein.

Es sollte auch ein Bericht zum Ergebnis der Weiterverfolgungsprüfung verfaßt werden (hierzu gehören auch die Einträge im Prüfungsverzeichnis, die die Aufzeichnungen vervollständigen). Der Bericht der Weiterverfolgungsprüfung kann kürzer sein als der Bericht über die ursprüngliche Prüfung – alles, was aufgezeichnet werden muß, ist, ob das Problem gelöst wurde oder noch immer besteht. Das kann durch „vollständig" (Problem gelöst) oder „unvollständig" ausgedrückt werden.

Wo die Weiterverfolgungsprüfung ergibt, daß das Problem nicht gelöst wurde und der Mangel noch immer besteht, können zwei alternative Ansätze in Betracht gezogen und in die Verfahren integriert werden. Der eine besteht darin, die Angelegenheit, soweit es den Prozeß der Prüfung betrifft, als beendet anzusehen. Dies kann jedoch keine geeignete Lösungsalternative sein, da das QS-System in diesem Bereich vermutlich nicht funktioniert und irgendeine Abhilfe notwendig ist. Diese kann durch eine Entscheidung im Rahmen der nächsten Sitzung zur Überprüfung durch die oberste Leitung herbeigeführt werden, in der alle Prüfberichte sowie „unvollständige" Weiterverfolgungsprüfungen besprochen werden. Alternativ dazu kann als Ergebnis der Weiterverfolgungsprüfung eine Korrekturmaßnahme und eine Wiederholung der Weiterverfolgungsprüfung initiiert werden. Dieser Zyklus läßt sich wiederholen, bis das Problem am Ende gelöst ist (bis dahin werden alle der ganzen Angelegenheit so überdrüssig sein, daß ganz sicher eine Lösung gefunden wird).

Wir beenden unsere Ausführungen zum Audit und zu den Auditoren mit einem Musterverfahren, das nach einigen Feinabstimmungen in die meisten QS-Systeme von Unternehmen integriert werden kann (Abbildung 10.1, S. 203-208). Es wird gezeigt, daß der Prüfer seinen Bericht erst nach der Überprüfungssitzung mit dem Beauftragten der Unternehmensleitung, im Rahmen derer jedes benötigte Korrekturmaßnahmenformular ausgegeben wird, anfertigt.

VERFAHREN UA9.3

Titel	Interne Qualitätsprüfungen
Zweck	Die Definition von Verfahren für die interne Prüfung von QS-Systemen
Anw.-Umfang	Das gesamte QS-System
Verweise	Qualitätshandbuch Verfahrenshandbuch UA9.4
Definitionen	*Interne Qualitätsprüfung:* Ermittlung der Befolgung des QS-Systems durch Mitarbeiter des Unternehmens, die dem zu prüfenden Übernehmensbereich nicht angehören
Dokumentation	Prüfplan: UA9.3.2/1 Prüfungsverzeichnis: UA9.3.3/1 Prüfberichtsformular: UA9.3.4/1 Bericht zur Weiterverfolgungsprüfung: UA9.3.5/1

Verfahren

UA9.3.1 *Internes Qualitätsprüfungsteam*
Der Beauftragte der obersten Leitung ernennt die Mitarbeiter, die als interne Qualitätsprüfer fungieren (IQP).
Es gibt mindestens zwei Qualitätsprüfer.
Der Beauftragte der obersten Leitung kann Qualitätsprüfer sein.
Der Beauftragte der obersten Leitung stellt sicher, daß die IQP angemessen geschult werden; er erstellt einen Bericht zu dieser Schulung und bewahrt ihn auf.

UA9.3.2 *Häufigkeit und Umfang der Prüfungen*
Jedes Vierteljahr soll wenigstens eine Prüfung durchgeführt werden.
Im Verlaufe eines Jahres sollen alle Teile des QS-Systems wenigstens einmal geprüft werden.
Im Januar jedes Jahres soll der Beauftragte der obersten Leitung einen Prüfplan für das gesamte Jahr erstellen – UA9.3.2/1.

UA9.3.3 *Besprechungen der IQP*
Vor jeder Prüfung soll der Beauftragte der obersten Leitung eine Sitzung der IQP zusammenrufen, um
– dem Auditteam und einzelnen Prüfern unter Bezugnahme auf spezielle Elemente des QS-Systems Prüfungen zuzuweisen. Die Audits sollen durchgehend numeriert werden, wobei relevante Einzelheiten im Prüfverzeichnis vermerkt werden – UA9.3.3/1,
– den Fortgang der Prüfungen während des laufenden Jahres zu überwachen,
– die Leistungen der IQP zu bewerten und den Schulungsbedarf zu ermitteln.

UA9.3.4 *Die Prüfung*
Nach Zuweisung einer Prüfung sehen die IQP die Aufzeichnungen jeder relevanten zuvor durchgeführten Prüfung innerhalb der vergangenen zwei Jahre daraufhin durch, ob sich daraus Konsequenzen für die geplante Prüfung ergeben.
Eine geeignete Prüfungscheckliste wird zuvor von den IQP vorbereitet.

Die IQP vereinbaren mit den in den zu prüfenden Arbeitsbereichen betroffenen Mitarbeitern passende Zeitpunkte für die Prüfung.

Die IQP führen dann die Prüfung durch und besprechen die Ergebnisse mit dem Beauftragten der obersten Leitung und den durch die Prüfung betroffenen Mitarbeitern.

Wo es erforderlich ist, gibt der Beauftragte der obersten Leitung Korrekturmaßnahmeformulare aus – vgl. UA9.4.

Die IQP erstellen dann unter Verwendung des Formulars UA9.3.4/1 einen Prüfbericht und händigen ihn dem Beauftragten der obersten Leitung zusammen mit den ausgefüllten Korrekturmaßnahmeformularen aus, die das Prüfergebnis beschreiben.

Der Beauftragte der obersten Leitung nimmt die entsprechenden Einträge im Prüfverzeichnis UA9.3.3/1 vor, bewahrt den Bericht auf und befolgt, wo es angemessen ist, die Korrekturmaßnahmeverfahren – vgl. UA9.4.

UA9.3.5   *Weiterverfolgungsprüfungen*

Wird als Ergebnis einer Prüfung eine Korrekturmaßnahme veranlaßt, weist der Beauftragte der obersten Leitung die IQP zur Durchführung einer Weiterverfolgungsprüfung innerhalb von 45 Tagen seit Durchführung der ursprünglichen Prüfung an.

Das Ziel einer solchen Weiterverfolgungsprüfung ist die Ermittlung der für jede Korrekturmaßnahme, die sich aus der ursprünglichen Prüfung ergeben hat, erzielten Ergebnisse.

Nach Beendigung einer Weiterverfolgungsprüfung erstellen die IQP einen Weiterverfolgungsprüfbericht – UA9.3.5/1 – und übergeben diesen an den Beauftragten der obersten Leitung, der die entsprechenden Einträge im Prüfverzeichnis UA9.3.3/1 vornimmt.

UA9.3.2/1 Prüfplan

Prüfungsnummer	Vorgesehenes Prüfungsdatum	Umfang der Prüfung

UA9.3.3/1 Prüfungsverzeichnis

Prüfungs nummer	Prüfungs- beginn (Datum)	Umfang der Prüfung	Prüfer	Bericht erhalten (Datum)	Weiter- verfolgungs- prüfung (Datum)

UA9.3.4/1 Prüfbericht

Prüfungs- Datum Berichts-
nummer _____ der Prüfung _____ datum _____

Umfang:

Befund – Gemäß Nummer des Korrekturmaßnahmenformulars:

Anmerkungen:

Unterschrift des Prüfers: _____

UA9.3.5/1 Bericht zur Weiterverfolgungsprüfung

Prüfungs-   Datum   Berichts-
nummer _____ der Prüfung _____ datum _____

Korrekturmaßnahme	Abgeschlossen	Nicht abgeschlossen

Anmerkungen:

Unterschrift des Prüfers: _____

Abb. 10.1: Beispiel für ein Verfahren

10.3 Mitarbeiterschulung

An der Verwirklichung eines QS-Systems ist jeder beteiligt, so daß vor der Einführung alle Mitarbeiter geschult werden müssen. Die wichtigste Schulung besteht in der Vermittlung der Erkenntnis, daß die Mitarbeiter die Verfahren, mit denen sie bei ihrer täglichen Arbeit konfrontiert werden, befolgen müssen. Falls die Mitarbeiter jedoch eng an der Entwicklung dieser Verfahren beteiligt waren – und dafür haben wir plädiert – werden sie bereits ein gutes Verständnis dafür haben, was von ihnen erwartet wird. Während die Verfahren entwickelt wurden, haben sie diese vielleicht bereits im Entwurf gelesen, so daß es einfach sein sollte, sie in „ihren eigenen" Verfahren zu schulen. Dennoch benötigen sie ein Verständnis des QS-Systems, das über das Wissen, wie sie die Verfahren bei ihrer eigenen Arbeit befolgen müssen, hinausgeht.

Nicht alle Beschäftigten im Unternehmen müssen das QS-System gleich gut verstehen. Die Geschäftsführung sollte den Großteil des Systems in allen Einzelheiten kennen (wie könnte sie andernfalls an Überprüfungen durch die oberste Leitung teilnehmen?). Auch leitende Angestellte sollten ein umfassendes Verständnis haben, jedoch reicht – abgesehen von den Bereichen, in denen sie jeden Tag tätig sind – eine geringere Detailtiefe. Andere Mitarbeiter müssen verstehen, wie sie die für ihre spezielle Tätigkeit benötigten Verfahren anwenden müssen, und brauchen darüber hinaus auch ein allgemeineres Verständnis dessen, was über Fragen zu dem kleinen Teil des Systems, der sie täglich betrifft, hinausgeht. Das hat teilweise auch Einfluß auf die Motivation; es ist einfacher, Regeln zu befolgen, deren Sinn man verstanden hat, als solche, die als reine Willkür der Geschäftsleitung empfunden werden. Ebenso sind jedoch alle Mitarbeiter auch in Verfahren involviert, die über ihre normale Tätigkeit hinausgehen. Hierzu gehört beispielsweise die Prüfung (warum überprüfen mich diese Leute?) und Korrekturmaßnahmen (was habe ich dieses Mal falsch gemacht?). Darüber hinaus sind die Mitarbeiter eines bestimmten Bereiches auch von übergeordneten oder untergeordneten Verfahren betroffen. Wir empfehlen deshalb, daß die Schulung für das QS-System für alle Mitarbeiter mindestens folgende Inhalte haben sollte:

❏ Warum wird ein offizielles QS-System eingeführt, und warum wird davon ausgegangen, daß ISO 9000 den Aufwand wert ist?
❏ Alle Mitarbeiter sind vom QS-System betroffen, und von jetzt an ist die aktive Beteiligung am System für das Unternehmen unentbehrlich. Die Entschuldigung „ich habe keine Zeit, die Verfahren zu befolgen" wird nicht akzeptiert.

- Die übergeordnete Qualitätspolitik des Unternehmens. Sie wird mittlerweile in schriftlicher Form vorliegen, und überall im Unternehmen sollten Kopien verteilt werden (auch am Empfang für die Besucher). Die Qualitätspolitik sollte den Mitarbeitern erklärt werden und sie zum Nachdenken darüber anregen, was diese Politik für sie selbst in der Praxis bedeutet. Während eines Audits könnte der Fall eintreten, daß der eine oder andere Mitarbeiter aufgefordert wird, die Qualitätspolitik des Unternehmens zu erklären. Sie müssen nicht in der Lage sein, diese Wort für Wort zitieren zu können, sollten jedoch fähig sein, in ihren eigenen Worten wiederzugeben, was damit gemeint ist.
- Die Dokumente, aus denen sich das System zusammensetzt, speziell das Verfahrenshandbuch und seine Zugänglichkeit (Standort der Handbücher).
- Die Bedeutung der Verfahren im allgemeinen: Alle „ziehen am gleichen Strang".
- Die Gestaltung des gesamten Verfahrenshandbuches, die Rolle jeder einzelnen Verfahrensreihe und wie sie zusammenhängen.
- Die Verwendung von Formularen und anderer Aufzeichnungsarten innerhalb des QS-Systems. Die Formblätter, die von bestimmten Arbeitsgruppen Tag für Tag verwendet werden, müssen ausführlich besprochen werden.
- Die Rolle der internen Prüfer.
- Korrekturmaßnahmen und die Zugänglichkeit dieses Verfahrens für alle Mitarbeiter (siehe unten).
- Was ist mit der Prüfung für ISO 9000 verbunden?

Obwohl diese Themen bei allen Mitarbeitern angesprochen werden sollten, kann es notwendig sein, sie unterschiedlich zu formulieren, um die Bedürfnisse individueller Zuhörergruppen zu erfüllen. In einem kleineren Unternehmen können allgemeine Themen vielleicht in einer oder zwei Besprechungen mit allen Mitarbeitern behandelt werden, gefolgt von Sitzungen in kleineren Arbeitsgruppen, in denen man sich mit einzelnen relevanten Verfahren und Qualitätsaufzeichnungen ausführlich beschäftigt.

Natürlich bedürfen Schulungen zur Übermittlung der notwendigen Grundlagen einer sorgfältigen inhaltlichen und zeitlichen Planung. Hierzu gehört die Übertragung von Aufgaben an ausgesuchte Schulungsleiter, die jedoch fast immer selbst Schulung im QS-System benötigen.

Es ist wichtig, daß die Mitarbeiter in der Schulungsphase die Verfahren, die ihre tägliche Arbeit betreffen, selbst lesen. Das kann jedoch zu praktischen

Problemen führen, da die Anzahl der Handbuchexemplare, wie wir im vorhergehenden Kapitel gesagt haben, streng begrenzt sein sollte, was ganz sicher nicht eine Kopie für jeden bedeutet. Zudem gilt das wichtige Prinzip, daß innerhalb des Unternehmens keine weiteren, ungenehmigten Kopien des Handbuches „im Gebrauch" sein sollten.

Ein Lösungsansatz besteht darin, die Schulungen bereits ein oder zwei Wochen vor dem Einführungstag durchzuführen, so daß genügend Zeit zum Lesen der genehmigten Kopie für alle Mitarbeiter vorhanden ist. Es kann vernünftigerweise auch argumentiert werden, daß sich vor der Implementierung alle Dokumente noch in der Entwurfsphase befinden, so daß es *ausschließlich zu Schulungszwecken* akzeptabel ist, weitere Kopien des Handbuches oder Auszüge daraus anzufertigen (da das System noch nicht implementiert wurde, sind diese „ungenehmigten" Kopien nicht „im Gebrauch"). Natürlich sollten solche Kopien am Tage der Systemeinführung zurückgezogen und vernichtet werden.

In kleineren Unternehmen ist oft eine einzige Person Projektleiter, Hauptautor der Verfahren, Organisator der Schulung und auch Beauftragter der obersten Leitung zugleich. Selbst wenn hoffentlich alle Mitarbeiter beteiligt wurden, wird man ihn als die letztendliche Autorität in bezug auf das QS-System und seiner Implementierung ansehen. Eine praktische, daraus resultierende Konsequenz ist, daß man ihn während der Schulung und hinterher bitten wird, eventuelle Widersprüche in den schriftlichen Verfahren zu erklären und aufzulösen. Soweit wie möglich sollten die Mitarbeiter jedoch dazu angehalten werden, die Verfahren so zu befolgen, wie sie in den Handbüchern niedergeschrieben sind, ohne daß diese – auch nicht vom Autor selbst – interpretiert werden. Der Grund dafür besteht darin, daß andernfalls für die Mitarbeiter, die um Interpretation gebeten hatten, verschiedene Versionen eines Verfahrens existierten – die schriftliche und die interpretierte Version, und daß es dann keine gemeinsamen Verfahren innerhalb des gesamten Unternehmens mehr gäbe.

Natürlich werden trotz aller Bemühungen einige Verfahren mehrdeutig, unklar oder unter von den Autoren unvorhergesehenen Umständen schwierig anzuwenden sein. Die Lösung besteht darin, sie im Rahmen des Veränderungsverfahrens zu modifizieren, nachdem das Problem ermittelt und im Rahmen des Korrekturmaßnahmenverfahrens untersucht worden ist. Letzteres kann aufgrund einer Prüfung oder durch die Initiative des Mitarbeiters erfolgen, der das Problem entdeckt hatte.

10.4 Stichtag für die Einführung des Systems

Die einzige wichtige Entscheidung, die für den Stichtag der Einführung getroffen werden muß, kann folgendermaßen interpretiert werden: „großer Knall" oder „sanftes Hineingleiten".

Beim „großen Knall" gilt das System überall im gesamten Unternehmen gleichzeitig, zum Beispiel ab Montag, 1. September, 9.00 Uhr. Von jedem Mitarbeiter in allen Abteilungen wird dann erwartet, das QS-System zu befolgen. Der Vorteil dieses Ansatzes liegt darin, daß alles eindeutig ist: Es sollten keine Unsicherheiten im Zusammenhang mit dem QS-System mehr bestehen. Darüber hinaus bedeutet der „große Knall" im Vergleich zum „sanften Hineingleiten" im allgemeinen eine Abkürzung auf dem Weg zur Prüfung und damit zum Zertifikat als dem Höhepunkt des Projektes. Die Hauptnachteile des „großen Knalls" liegen in der teilweisen Unterbrechung der normalen Arbeit und den Anforderungen an den Beauftragten der obersten Leitung. Die Unterbrechung kann derart sein, daß etwa eine Woche lang im gesamten Unternehmen die Aufmerksamkeit auf den formalen Aspekten der Befolgung des neuen Systems liegt – bis hin zur Vernachlässigung des Tagesgeschäftes. Es hat jedoch keinen Sinn, ISO 9000 zu erhalten, wenn seine Implementierung so von umsatzbringenden Aktivitäten ablenkt, daß die Zukunft des Unternehmens bedroht wäre. Das wäre jedoch eine extreme Situation, die wahrscheinlich nur zeigte, daß das System vor allem nicht gut durchdacht wurde.

In der Zeit nach der Einführung mit „großem Knall" wird der Beauftragte der obersten Leitung sehr damit beschäftigt sein, festzustellen, ob das System funktioniert; hierfür wird am Anfang ein beträchtlicher Zeitaufwand in Kauf zu nehmen sein. Wenn der QS-Beauftragte, wie es in kleineren Unternehmen üblich ist, diese Funktion parallel zu anderen wichtigen Tätigkeiten ausübt, kann die Belastung für ihn zuviel werden.

Wenn man sich für den Ansatz des „großen Knalls" entscheidet (und nach Meinung der Autoren ist das oft der bessere Weg), sollte der „Qualitätstag" zu einem großen Ereignis gemacht werden. Publicity im Vorfeld sowie Schulungen sollten bei den Mitarbeitern keinen Zweifel über das Datum oder seine Wichtigkeit aufkommen lassen. Am entscheidenden Tag selbst kann ein Mitglied des Vorstandes eine kurze Rede halten, in der nochmals die sich aus dem System ergebenden Vorteile sowie die Notwendigkeit einer unternehmensweiten Beteiligung betont werden. Je nach Unternehmenskultur können Aufkleber, Anstecker, Luftballons oder andere Werbemittel die Bedeutung des Geschehens wirkungsvoll unterstreichen. Die Qualitätspolitik des Unternehmens sollte überall in den Geschäftsräumen ausgehängt werden.

Das „sanfte Hineingleiten" in den Start besteht darin, das QS-System zunächst in nur ein oder zwei Abteilungen einzuführen und es nach und nach auf andere auszudehnen, bis es schließlich überall im gesamten Unternehmen verwirklicht ist. Durch diesen Ansatz können die Probleme der Unterbrechung und des excessiven Druckes auf den Beauftragten der obersten Leitung vermieden werden, die sich durch den „lauten Knall" ergeben. Darüber hinaus kann das QS-System in weniger (oder mehr) problematischen Bereichen des Unternehmens ausprobiert werden. Auf diese Weise werden Erfahrungen gesammelt, bevor das gesamte Unternehmen einbezogen wird. Die Nachteile bestehen darin, daß sich der Zeitraum bis zur Prüfung verlängern kann, Verwirrung über die Verpflichtung des Unternehmens zum QS-System entstehen oder auch Schnittstellenprobleme auftreten können. Es ist einfach zu sagen, daß am Anfang nur eine einzige Abteilung das QS-System befolgen wird, doch in der Praxis sind die einzelnen Abteilungen im allgemeinen eng miteinander verzahnt. Die Befolgung von Verfahren in einer Abteilung kann zum Beispiel bestimmte Tätigkeiten in den übergeordneten Abteilungen erfordern. Im Beispiel der Kleiderbügelfabrik kann die Abteilung, in der die Fertigstellung der Kleiderbügel erfolgt, keine Einträge auf dem Arbeitslaufzettel vornehmen, wenn es ihn selbst nicht gibt, weil in der Abteilung „Schneiden und Biegen" das QS-System noch nicht eingeführt wurde.

In einigen Unternehmen besteht das Problem, daß sich zum Zeitpunkt der Systemeinführung – egal, ob per „lautem Knall" oder „sanftem Hineingleiten" – Projekte in der Durchführung befinden. Dann hat man im allgemeinen die Wahl, entweder das neue System nur auf Projekte anzuwenden, die erst nach der Einführung begonnen werden, oder in der Reihenfolge, wie sie in den einzelnen Abteilungen anfallen. Der erste Ansatz ist dort der bessere, wo der gesamte Prozeßzyklus relativ kurz ist, während letzterer sinnvoller sein kann, wo der Zyklus lang ist (andernfalls können verknüpfte Prozesse vielleicht das System für einige Zeit nicht einhalten, so daß sich deshalb die Zeit bis zur Prüfung verlängert). In beiden Fällen muß jedoch überall im Unternehmen klar und bekannt sein, wie vorzugehen ist.

Noch ein letzter Punkt im Zusammenhang mit dem Stichtag der Einführung: Beginnen Sie mit den internen Prüfungen sehr bald danach. Nur durch den Prozeß des Prüfens kann die Effizienz des Systems beurteilt werden. Es reicht nicht aus, daß das System „im großen und ganzen gut funktioniert".

Die Verwirklichung eines QS-Systems erfordert die Beachtung aller Details. Die Bewertung der Effizienz zu Beginn erfordert die disziplinierte Durchführung von Prüfungen.

10.5 Was tun, wenn Probleme auftreten?

Kein QS-System ist perfekt, besonders nicht am Anfang. Man kann somit erwarten, daß schon bald nach seiner Implementierung Probleme auftreten werden. Selbst wenn das System am Anfang fast perfekt ist, wird langfristig eine Anpassung an veränderte Umgebungsbedingungen erforderlich werden; in einer Kleiderbügelfabrik können zum Beispiel neue Materialien verwendet werden, die im ursprünglichen Prozeß einfach nicht berücksichtigt waren. Doch selbst wenn es perfekt sein könnte: Das System wird von fehlbaren Menschen verwirklicht, und das ist in der Praxis gewöhnlich die Quelle der meisten Probleme. Diese können am Anfang ganz besonders akut sein, wenn die Mitarbeiter – trotz Schulung – mit dem System noch nicht vollständig vertraut sind. Selbst wenn der Höhepunkt der Lernkurve erreicht ist, werden immer wieder Probleme und Fehler durch menschliche Irrtümer auftreten. Um mit allen diesen Problemen fertig zu werden, muß das QS-System über einen entsprechenden, eingebauten Problemlösungsmechanismus verfügen. Und genau das entspricht auch einer offiziellen Forderung der Norm (*4.14 Korrekturmaßnahmen,* ISO 9001). Der Mechanismus der Korrekturmaßnahmen besteht aus vier Phasen:

1. Feststellung des Problems
2. Untersuchung und Lösungsvorschlag
3. Entscheidung über die Akzeptanz dieses Lösungsvorschlages
4. je nach Situation: Veränderung des Systems oder Verbesserung der Implementierung

Wir werden nun nacheinander jede dieser Phasen besprechen und auch ein Beispielverfahren für Korrekturmaßnahmen anführen.

In Kapitel 9 haben wir die Ursachen vorgestellt, die zur Veranlassung von Veränderungen im QS-System führen (vgl. Abb. 9.3). Der interne Prüfprozeß wird unweigerlich Mängel und Probleme in der Funktionsweise des QS-Systems aufdecken, und am Anfang werden die meisten Korrekturmaßnahmen durch die Arbeit des internen Auditteams veranlaßt. Später, bei der Überprüfung des Systems durch unabhängige Auditoren, werden auch sie Fehler entdecken (auch als „Nichtkonformität" bezeichnet) und erwarten, daß sie durch das Korrekturmaßnahmenverfahren behoben werden. In einem wirksamen QS-System obliegt die Ermittlung von Problemen jedoch nicht einzig den „Qualitätsprofis". Jeder, der in einem Unternehmen den Zweck eines QS-Systems verstanden hat – und das sollten alle sein –, ist in der Lage, Probleme bezüglich der Funktionsweise oder Qualitätsprobleme in den einzelnen Verfahren zu entdecken. Da sich das QS-System auf alle Ursachen für Veränderungen bezieht, bedeutet die Feststellung eines Verfahrensproblems – beschädigte Kleiderbügel usw. – das Vorhandensein eines Problems im QS-System. Wer ist besser dafür geeignet, Probleme in einem Prozeß aufzudecken, als diejenigen, die Tag für Tag an diesem Prozeß beteiligt sind?

Ein anderer Vorteil von Korrekturmaßnahmenverfahren besteht für die Mitarbeiter darin, daß es ein Instrument sein kann, mit dessen Hilfe Sachangelegenheiten von Personen getrennt werden. Ein Problem könnte beispielsweise darin bestehen, daß ein Mitarbeiter von einem anderen keine richtigen Arbeitsanweisungen erhält, was nur zu oft zu einem Zusammenprall der beiden führen kann. Wenn es ein Korrekturmaßnahmenverfahren gibt, braucht der eine jetzt nur noch zu berichten, daß er die vorgeschriebenen Arbeitsanweisungen nicht erhält; das Ganze wird dann als Problem innerhalb des QS-Systems untersucht (und es heißt nicht „Mitarbeiter gegen Mitarbeiter"). Sobald das QS-System eingeführt ist, ist es somit ein gutes Zeichen, wenn Mitarbeiter das Korrekturmaßnahmenverfahren auslösen.

Eine andere Möglichkeit zur Feststellung von Problemen sind Reklamationen von Kunden (oder vielleicht Zulieferern). Sie können spontan auftreten oder während eines Prozesses, während dessen man sich aktiv um die Zufriedenstellung des Kunden bemüht. Wenn ein Kunde unzufrieden ist, muß das jeweilige Problem jedoch zuerst gelöst werden, wo immer das möglich ist. Der Kunde besteht möglicherweise sowieso darauf. Besteht die Reklamation darin, daß die Kleiderbügel verformt sind, hat der Austausch der fehlerhaften Produkte oberste Priorität, was dann den Kunden hoffentlich besänftigen wird. Die Tatsache jedoch, daß der Fehler überhaupt aufgetreten ist, weist auf einen Fehler im QS-System selbst hin, und es ist wichtig, die Wurzel des Übels zu finden, um eine Wiederholung zu verhindern. Aus diesem Grund bedeutet Problemlösung mittels Korrekturmaßnahmen nicht mehr länger das Löschen von Bränden. Statt dessen werden dauerhafte Lösungen für das QS-System gefunden.

Nebenbei bemerkt: Ein QS-System sollte ein formalisiertes Verfahren zur Überwachung der Zufriedenheit des Kunden mit dem vom Unternehmen gebotenen Service besitzen. Das kann je nach Art des Unternehmens auf unterschiedliche Weise geschehen. Auch sind einige externe Prüfer der Ansicht, daß es ein Verfahren zum Umgang mit Reklamationen geben sollte, das die Entgegennahme und die Untersuchung von Reklamationen sowie die Rückkopplung an den Kunden (Mitteilung, wie das Problem behandelt wurde) enthält.

Die letzte Möglichkeit der Feststellung eines Problems ist die „gute Idee". Das System funktioniert gut genug, aber irgend jemand glaubt, daß durch eine Veränderung eine Verbesserung erzielt werden würde. Solche Vorschläge sind Anzeichen für die Qualitätsverpflichtung des Unternehmens. Die Tatsache, daß eine Verbesserung vorgeschlagen wird, impliziert, daß das existierende QS-System auf irgendeine Weise nicht dem Optimum entspricht. Deshalb sind „gute Ideen" im Grunde eine weitere Methode zur Aufdeckung von Mängeln im weitesten Sinne des Wortes.

Natürlich kann bei sehr motivierten Mitarbeitern diese gesamte Problemermittlung leicht aus der Kontrolle geraten. Es ist deshalb am besten, als Teil des Korrekturmaßnahmenverfahrens eine Art Test einzubauen, mit dessen Hilfe entschieden werden kann, ob es sich um einen Tatbestand handelt, der den Aufwand einer Untersuchung Wert wäre. Das kann durch die Forderung geschehen, Probleme und Fehler auf einem speziellen Formular festzuhalten, das vom Beauftragten der obersten Leitung ausgehändigt wird. Dieser entscheidet dann, ob diese Angelegenheit durch ein Korrekturmaßnahmenverfahren angemessen behandelt wird.

Es ist wichtig, daß der Auslöser der Korrekturmaßnahme (die Person, die das Problem entdeckt) das Problem einfach nur angibt, ohne dabei eine Lösung vorzuschlagen. Es kann auf der Hand liegen, daß der Grund für die Verformung der Kleiderbügel ein Fehler der Biegemaschine ist, doch der erste Eintrag auf einem Korrekturmaßnahmenformular sollte das Problem benennen, und nur das allein, so daß auf dieser Basis die Gründe umfassend untersucht werden können (vielleicht hat die Maschine das Problem zwar verursacht, doch warum wurden die fehlerhaften Produkte nicht aus der Serie entfernt?). Der Beauftragte der obersten Leitung muß deshalb streng darauf achten, daß der Initiator nur das Problem benennt und nicht bereits zu einer Lösung kommt.

Nach der Ermittlung und Aufzeichnung des Problems besteht der nächste Schritt in einer Untersuchung zur Feststellung der Gründe für das Problem und zur Formulierung eines Lösungsvorschlages. Der Beauftragte der obersten Leitung muß für diese Aufgabe einen Mitarbeiter auswählen. Im allgemeinen ist es für den Auslöser der Korrekturmaßnahme besser, nicht für die Untersuchung des Problems zuständig zu sein. Eine Ausnahme hiervon ist die Korrekturmaßnahme als Folge einer „guten Idee". In diesem Fall wäre eine Trennung von Auslösung und Untersuchung künstlich – das Problem entsteht nur, weil der Initiator einen Lösungsvorschlag hat. Doch selbst dann kann der Beauftragte der obersten Leitung noch immer die Durchführung einer unabhängigen Untersuchung verlangen, bevor eine Entscheidung der Geschäftsleitung getroffen wird. Es besteht für den Untersuchenden sicherlich nicht die Notwendigkeit, nicht zu dem Bereich zu gehören, in dem das Problem aufgetreten ist. Im Gegenteil, oft sind die einzigen Mitarbeiter, die qualifiziert genug für die Ermittlung der Fehlerursachen und die Unterbreitung von Vorschlägen sind, diejenigen, die in das Verfahren selbst involviert sind. Wie wir kurz besprechen wollen, können die Gründe für Mängel ebenso gut in der Implementierung des Verfahrens wie beim Verfahren selbst liegen. Diese Situation kann für den Beauftragten der obersten Leitung am Anfang auf der Hand liegen, und er entscheidet deshalb vielleicht, daß die Untersuchung am besten von der Person durchgeführt wird, die Schwierigkeiten in der Einhaltung der Verfahren hat. Das kann ein sehr praktischer Ansatz sein, doch Achtung: Korrekturmaßnahmen sind keine disziplinarischen Mittel gegen Mitarbeiter, die das System nicht befolgen, und sie sollten auch nicht so eingesetzt werden. Wenn Mitarbeiter sich bewußt dazu entschließen, das System nicht zu befolgen, werden früher oder später disziplinarische Maßnahmen benötigt, doch diese gehören als solche nicht zum QS-System.

Der Untersuchende muß des weiteren erkennen, daß Mängel nicht unbedingt Fehler im System bedeuten. Das Verfahren kann absolut vernünftig und durchführbar sein, doch aufgrund unzureichender Schulung oder aus welchen Gründen auch immer befolgen die betroffenen Mitarbeiter das Verfahren nicht. Am Anfang wird es viele Probleme dieser Art geben. Die vordringlichste Aufgabe einer Untersuchung besteht deshalb in der Ermittlung, ob der Mangel etwas mit dem System oder mit dem Personal zu tun hat (gelegentlich kann das Problem mit beiden zu tun haben). Hat das Problem mit dem System zu tun, besteht der Lösungsvorschlag in einer Veränderung des Systems; hat es mit dem Personal zu tun, besteht die Lösung wahrscheinlich in einer Wiederholung der Schulung.

In der Praxis kann sich ein personalbezogenes Problem auch durch die Untersuchung selbst lösen: Eine Mitarbeiterin z.B. befolgte die Verfahren nicht, da sie nicht wußte, daß sie das überhaupt mußte. In einem solchen Fall läuft die Untersuchung möglicherweise lediglich auf eine Notiz hinaus, die besagt, daß die Lösung bekannt ist; dennoch wird die formale Entscheidung durch die Geschäftsleitung im Anschluß an die Untersuchung benötigt (da es sich hierbei um einen Schritt innerhalb eines offiziellen Verfahrens handelt).

Nach Abschluß der Untersuchung ist eine Entscheidung der Geschäftsleitung zur Akzeptanz des Lösungsvorschlages erforderlich. Auch das kann wiederum zu einer Veränderung des Systems durch das Veränderungsverfahren (vgl. Kapitel 9) oder zur Schulung der Mitarbeiter bezüglich der Art und Weise der Verwirklichung des Systems führen. Jede dieser Entscheidungen wird entweder in einer vollzähligen Sitzung zur Überprüfung durch die Unternehmensleitung oder durch einen anderen, der als Beauftragter der obersten Leitung fungiert, getroffen. Ob eine Entscheidung delegiert wird oder ob sie vom Beauftragten der obersten Leitung alleine getroffen wird, kann davon abhängen, wie grundlegend diese Entscheidung und, um ehrlich zu sein, das in den Beauftragten der obersten Leitung gesetzte Vertrauen ist. Der Beauftragte der obersten Leitung kann z.B. selbst entscheiden, ob der Lösungsvorschlag des Untersuchenden implementiert wird oder nicht oder ob die Angelegenheit weitergereicht wird. In einigen Unternehmen wird man der Ansicht sein, daß der Beauftragte der obersten Leitung hierdurch zuviel Macht erhält. In den meisten Unternehmen wird es jedoch nicht möglich sein, alle Entscheidungen aufzuschieben, bis sie in einer der relativ selten durchgeführten Sitzungen zur Sprache kommen; das gilt insbesondere dort, wo das Problem eher eine Frage der Implementierung des Systems als seiner Veränderung ist. Wer auch immer befugt ist, eine Entscheidung zu treffen, darf nicht an den Lösungsvorschlag des Untersuchenden gebunden sein. Vielleicht gibt es eine andere, bessere Lösung?

Ob das Resultat einer Korrekturmaßnahme eine Veränderung des Verfahrens selbst oder der Art und Weise seiner Implementierung ist, in beiden Fällen muß sowohl die Abteilungsleitung als auch das Personal in der betroffenen Abteilung informiert werden. Eine Verbesserung der Implementierung durch nochmalige Schulung oder eine andere Förderung kann nur innerhalb des betroffenen Arbeitsbereiches erzielt werden; und wenn eine Veränderung der Vorgehensweisen in einer Abteilung vorgesehen ist, wäre es dumm, diese nicht zu beteiligen. Ohne eine solche Beteiligung bestehen gute Aussichten, daß das Verfahren noch immer nicht geeignet oder richtig umgesetzt wird, da die Mitarbeiter es nicht „besitzen".

Wenn das Resultat der Korrekturmaßnahme eine Entscheidung zur Veränderung des Systems ist, muß sie mit Hilfe eines offiziellen Veränderungsverfahrens erfolgen, wobei, wenn möglich, ein konkreter Zeitplan festgesetzt

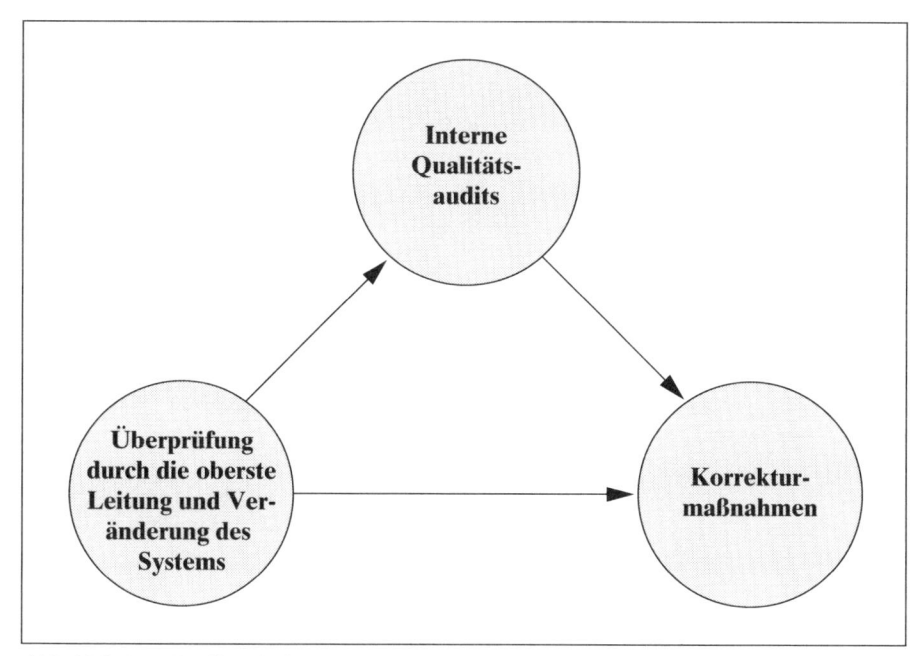

Abb. 10.2: Das Qualitätsdreieck

wird – wahrscheinlich innerhalb des für die Weiterverfolgungsprüfung zulässigen Zeitraumes. In der Tat hängen, wie wir im vorangehenden Kapitel besprochen haben, Veränderungsverfahren und Korrekturmaßnahmen eng zusammen; Veränderungen können durch Auslösung des Korrekturmaßnahmenverfahrens initiiert werden. Abbildung 10.2 wiederholt das Konzept des „Qualitätsdreieckes", das wir bereits in Kapitel 2 kennengelernt haben. Hierbei werden Probleme mittels Korrekturmaßnahmenverfahren festgestellt und untersucht; die Überprüfung durch die oberste Leitung entscheidet über Konsequenzen, und es werden, falls notwendig, Veränderungen durchgeführt. Im Rahmen von internen Audits wird danach ermittelt, ob das Problem gelöst wurde. Besteht das Problem noch immer, beginnt der Zyklus erneut, bis das Problem endgültig gelöst ist. Diese drei Elemente des Dreieckes gewährleisten nicht nur die Wirksamkeit des QS-Systems, sondern führen, sofern sie korrekt angewendet werden, zu einem andauernden Verbesserungsprozeß.

Wir beenden dieses Kapitel mit einem Beispielverfahren für Korrekturmaßnahmen, das sich an die Betriebsabläufe der meisten kleineren Unternehmen anpassen läßt (Abbildung 10.3, S. 221 – S. 224). Wie bei allen offiziellen Verfahren, besteht die Möglichkeit, die Durchführung schriftlich zu vermerken. In unserem Beispiel geschieht das in Form eines Korrekturmaßnahmenverzeichnisses und von in aufsteigender Reihenfolge numerierter Formblätter. Letztere nehmen die Feststellung des Mangels, die Ergebnisse der Untersuchung, die unterbreiteten Lösungsvorschläge, die Entscheidung der Geschäftsführung und gegebenenfalls das Datum, an dem Veränderungen des QS-Systems vorgenommen werden (durch die Veränderungsverfahren), auf. Auch Einzelheiten zu den beteiligten Mitarbeitern werden aufgezeichnet (alle diese Informationen könnten jedoch natürlich auch auf andere Weise gespeichert werden).

VERFAHREN UA9.4

Titel	Korrekturmaßnahme
Zweck	Die Definition von Verfahren für die Ermittlung der Gründe aller auftretenden Fehler im QS-System und seiner Implementierung sowie die Erwägung von Handlungen, um derartige Fehler zu beseitigen
Anw.-Umfang	Das gesamte QS-System
Verweise	Qualitätshandbuch Verfahrenshandbuch: UA9.1 UA9.2
Definitionen	*Kundenbeschwerden:* durch einen Kunden geäußerte negative oder unvorteilhafte Kommentare jeder Art über die vom Unternehmen erbrachten Leistungen mit speziellem und substantiellem Inhalt
Dokumentation	Korrekturmaßnahmenformular: UA9.4.1/1 Korrekturmaßnahmenverzeichnis: UA9.4.2/1

Verfahren

UA9.4.1   *Initiierung einer Korrekturmaßnahme*
Jeder Mitarbeiter, der einen Fehler im QS-System oder seiner Implementierung entdeckt, soll ein Korrekturmaßnahmenverfahren initiieren, indem er den Beauftragten der obersten Leitung um die Ausgabe eines Korrekturmaßnahmenformulars – UA9.4.1/1 – bittet.

UA9.4.2   *Ausgabe eines Korrekturmaßnahmenformulars*
Nach Erhalt einer entsprechenden Anfrage, wie oben angeführt, gibt der Beauftragte der obersten Leitung, wenn er das für angemessen erachtet, dem Initiator ein Korrekturmaßnahmenformular – UA9.4.1/1 –, das mit einer Nummer versehen ist, die mit der nachfolgenden Nummer im Korrekturmaßnahmenverzeichnis – UA9.4.2/1 – korrespondiert.
Bei Ausgabe eines Korrekturmaßnahmenformulares nimmt der Beauftragte der obersten Leitung einen entsprechenden Eintrag in das Korrekturmaßnahmenverzeichnis – UA9.4.2/1 – vor.

UA9.4.3   *Fehlerbeschreibung*
Der Initiator füllt entsprechende Teile des Korrekturmaßnahmenformulars – UA9.4.1/1 – aus und beschreibt die Art des Fehlers.
Der Initiator gibt das Formular dem Beauftragen der obersten Leitung zurück, der einen entsprechenden Eintrag im Korrekturmaßnahmenverzeichnis – UA9.4.2/1 – vornimmt.

UA9.4.4   *Untersuchung des Fehlers*
Der Beauftragte der obersten Leitung beauftragt einen Mitarbeiter, den er als geeignet erachtet, die Ursachen für den Fehler zu untersuchen und eine Empfehlung auszusprechen, ob eine Veränderung des QS-Systems erforderlich ist und falls ja, welcher Art diese Veränderung sein sollte. Der Untersuchende kann auch, oder statt dessen, eine Empfehlung bezüglich der Implementierung des QS-Systems selbst aussprechen; hierzu gehört auch die Empfehlung zur Schulung von Mitarbeitern.
Der Beauftragte der obersten Leitung übergibt dem Untersuchenden das entsprechende Korrekturmaßnahmenformular – UA9.4.1/1 – und

nimmt die entsprechenden Einträge im Korrekturmaßnahmenverzeichnis – UA9.4.2/1 – vor.
Der Untersuchende verzeichnet die Ergebnisse der Untersuchung auf dem Korrekturmaßnahmenformular – UA9.4.1/1 – und übergibt das ausgefüllte Formular dem Beauftragten der obersten Leitung.

UA9.4.5 *Weiterleitung oder Maßnahmen des Beauftragten der obersten Leitung*
Nach eigenem Ermessen ergreift der Beauftragte der obersten Leitung in bezug auf die Korrekturmaßnahme entweder selbst Maßnahmen zur Beseitigung des Fehlers oder übergibt die Angelegenheit in der nächsten Sitzung zur Überprüfung durch die oberste Leitung (vgl. UA9.1).
In beiden Fällen wird die Entscheidung auf dem Korrekturmaßnahmenformular – UA9.4.1/1 – und im Korrekturmaßnahmenverzeichnis – UA9.4.2/1 – vermerkt.

UA9.4.6 *Entscheidung der Geschäftsleitung*
Der Beauftragte der obersten Leitung oder die oberste Leitung überprüft die Korrekturmaßnahme und entscheidet sich dafür,
- ❑ entweder eine Veränderung des QS-Systems entsprechend der Empfehlung des Untersuchenden vorzunehmen oder andernfalls einen Zeitplan für die Durchführung der Veränderung festzusetzen. Eine solche Veränderung erfolgt durch das Verfahren zur Lenkung der Dokumente – UA9.2.
- ❑ oder keine Veränderung des QS-Systems vorzunehmen, sondern, wo es sinnvoll ist, Maßnahmen bezüglich der Implementierung des QS-Systems unter Berücksichtigung einer eventuellen Notwendigkeit der Schulung von Mitarbeitern zu ergreifen.

Der Beauftragte der obersten Leitung vermerkt diese Entscheidung auf dem entsprechenden Korrekturmaßnahmenformular – UA9.4.1/1 – und im Korrekturmaßnahmenverzeichnis – UA9.4.2/1.

UA9.4.1/1 Korrekturmaßnahmenformular   Formular-Nr. _____

1. Beschreibung des Fehlers

   _____
   _____
   _____

   Unterschrift _____ (Person, die den Fehler meldet)

   Datum _____

2. Untersuchungsbericht

   _____
   _____
   _____

   Unterschrift _____ (Untersucher)

   Datum _____

3. Weiterleiten/Durch den Vertreter der obersten Leitung eingeleitete Maßnahme

   Weiterleiten ( )   Maßnahme durch VOL ( )

4. Entscheidung zur Durchführung einer Verfahrensänderung

   Implementierung der Empfehlungen des Untersuchers ( )   Keine Veränderung ( )

   Andere Veränderungen – siehe unten

   _____
   _____

5. Datum für die Implementierung der Veränderung (falls zutreffend) _____

UA9.4.2/1 Verzeichnis der Korrekturmaßnahmen									
Formular-Nr.	Datum der Ausgabe	Ausgegeben an	Kurze Fehlerbeschreibung	Datum der Rückgabe	Untersucher	Datum der Untersuchung	Datum der Rückgabe	Weiterleiten/Maßnahmen durch VOL	Entscheidung zur Durchführung einer Verfahrensänderung	Datum der Implementierung

Abb. 10.3: Beispiel für ein Verfahren

11 Audit

Der Höhepunkt eines ISO-9000-Projektes ist die erfolgreiche Prüfung. Wir werden in diesem Kapitel auf die Wahl des Zertifizierungsinstituts, die Konsolidierung des Systems sowie auf Einzelheiten zum Audit eingehen.

11.1 Auswahl des Zertifizierungsinstituts

Für die Zertifizierung nach ISO 9000 muß das QS-System eines Unternehmens durch eine unabhängige Zertifizierungsstelle erfolgreich auditiert werden. Es gibt grundsätzlich zwei Arten von Zertifizierern: diejenigen, die durch die Trägergemeinschaft für Akkreditierung GmbH (TGA) akkreditiert wurden und die nichtakkreditierten. Im Januar 1994 enthielt die Liste der TGA achtzehn akkreditierte Prüfstellen (vgl. Anhang 1; da die Liste weiter wächst, ist es sinnvoll, die TGA um eine aktuelle Version zu bitten). Im Prinzip (und leider auch in der Praxis) kann sich jeder zum Zertifizierer ernennen und ISO-9000-Zertifikate ausstellen. Akkreditierte Prüfer werden jedoch streng überprüft und regelmäßig durch die TGA überwacht. Außerdem erfolgt die Akkreditierung nur für spezielle Wirtschaftsbranchen, für die eine entsprechende Erfahrung und Kompetenz nachgewiesen werden konnte (bekannt als „scope" der Akkreditierung).

Wir wollen noch darauf hinweisen, daß sich die Frage, ob ein akkreditierter Zertifizierer einem nichtakkreditierten Prüfer vorzuziehen ist, in der Praxis manchmal gar nicht stellt, da möglicherweise keine der Zertifizierungsstellen für Ihre spezielle Branche akkreditiert ist. Das ist der Fall, wenn Ihr Unternehmen ein „ISO-9000-Pionier" ist. Wenn sich kein anderes Unternehmen Ihrer Branche zuvor um ISO 9000 bemüht hat, ist es sehr unwahrscheinlich, daß es Auditoren gibt, die das TGA-Verfahren für die Akkreditierung durchlaufen haben. Aufgrund der zunehmenden Verbreitung von ISO 9000 wird diese Situation jedoch immer seltener eintreten – die größeren Prüfstellen erweitern ihren Akkreditierungsumfang ständig.

Sie haben die Auswahl zwischen allen Prüfstellen, die bereit sind, ein Audit in Ihrer Branche durchzuführen. Eine oder mehrere dieser Prüfstellen werden über eine Akkreditierung für Ihre Geschäftstätigkeit verfügen.

Unabhängig von ihrer Spezialisierung oder davon, ob sie akkreditiert sind oder nicht, arbeiten alle Zertifizierer im wesentlichen auf die gleiche Weise. Die Prüfung selbst teilt sich in zwei Phasen: eine Beurteilung des dokumentierten QS-Systems, um festzustellen, ob es die Forderungen der Norm erfüllt, und eine Prüfung vor Ort zur Ermittlung, ob das schriftlich beschriebene System verwirklicht wird. Damit ist ISO 9000 jedoch noch nicht beendet. ISO 9000 ist nicht mit dem Bestehen der Führerscheinprüfung vergleichbar: Unternehmen werden nicht für immer und ohne nochmalige Überprüfung zertifiziert. Nach erfolgreichem Audit wird von einem Unternehmen erwartet, daß es die nachgewiesene Qualität auch weiterhin aufrechterhält. Ob das tatsächlich der Fall ist, wird von den gewählten Auditoren durch regelmäßige Überprüfungsbesuche festgestellt. Einige gehen noch weiter und arbeiten in einem Dreijahreszyklus aus Prüfung, Überprüfung und erneutem Audit, während sich andere auf die Durchführung der Überprüfungsbesuche beschränken. In beiden Fällen besteht eine dauerhafte und lange Beziehung zur Prüfstelle, was bei der Auswahl bedacht werden sollte.

Die von Ihnen beauftragte Prüfstelle bietet eine Serviceleistung an, so daß sich der Prozeß ihrer Auswahl nicht wesentlich von der Auswahl eines Dienstleisters in einem anderen Bereich unterscheiden sollte, mit dem Sie einen langfristigen Vertrag eingehen. Sie müssen sicher sein, daß der gebotene Service in jeder Hinsicht Ihre speziellen Anforderungen erfüllt und daß Sie für die Ihnen entstehenden Kosten den entsprechenden Gegenwert erhalten. Wie immer im Einkauf bedeutet das nicht unbedingt die Suche nach dem Billigsten; entscheidet man sich jedoch für ein teureres Angebot, dann sollte das angebotene Produkt oder die angebotene Dienstleistung auch einen zusätzlichen Nutzen bieten. Als ersten Schritt im Auswahlverfahren empfehlen wir, eine schriftliche Anfrage an einige der TGA-akkreditierten Zertifizierungsstellen zu richten. Diese schriftliche Anfrage sollte folgendes enthalten:

- die Angabe des Bereichs, für den Sie zertifiziert werden wollen, das heißt ISO 9001, 9002 oder 9003,
- einen Hinweis auf Ihren Zeitplan, wie beispielsweise „wir beabsichtigen, unser QS-System am 1. Januar zu implementieren, und hoffen, bis Ende April oder Anfang Mai auditiert werden zu können",
- eine sehr kurze Darstellung Ihres Unternehmens und Ihrer Geschäftstätigkeit, wie zum Beispiel „wir sind ein Anbieter für Marktforschungsdienstleistungen und beschäftigen etwa 50 Mitarbeiter, die alle in einer Geschäftsstelle arbeiten",
- eine Bitte um Informationen über die Erfahrungen der Prüfstelle in Ihrer Branche.

Der für diese erste Kontaktaufnahme gewählte Zeitpunkt kann wichtig sein. Die meisten Prüfer haben einen vollen Terminkalender und sind vielleicht nicht in der Lage, innerhalb von drei oder mehr Monaten eine Prüfung bei einem neuen Kunden zu beginnen. Aus diesem Grund muß der Prüfer ausreichend lange vor dem geplanten Prüfungsdatum ausgesucht werden. Wie wir jedoch noch erläutern werden, ist zwischen dem Datum der Implementierung des QS-Systems und dem Audit eine Konsolidierungszeit zu erwarten. In der Praxis werden die meisten Unternehmen feststellen, daß diese gewünschte Konsolidierungszeit länger ist, als die von den Prüfern angebotene Zeitspanne. Es reicht somit im allgemeinen aus, die ersten Anfragen etwa zum Zeitpunkt der Implementierung zu versenden. Es schadet aber auch nicht, eher damit zu beginnen – und sei es sogar (wie in Kapitel 5 angeführt) direkt zu Beginn des Projektes.

Sobald die Anfragen verschickt sind, könnten die ersten Reaktionen der Prüfer, die Schnelligkeit und die Effizienz, mit der sie antworten, Faktoren sein, die Einfluß auf ihre endgültige Auswahl haben (warum mit einer Organisation arbeiten, die offensichtlich ineffizient ist oder in dieser Hinsicht „Qualität" vermissen läßt?). Einige der Adressaten antworten vielleicht ablehnend und teilen mit, daß sie kein Unternehmen in Ihrer Branche auditieren wollen. Meistens jedoch wird das Antwortschreiben Broschüren über die angebotenen Dienstleistungen enthalten sowie einen Fragebogen, der mit Daten zu Ihrem Unternehmen auszufüllen ist (um den Prüfer mit den Informationen zu versorgen, die er für die Erstellung eines Angebotes benötigt).

Nach Erhalt des ausgefüllten Fragebogens schlägt der Prüfer möglicherweise vor Unterbreitung seines Angebotes einen Vorabbesuch vor. Das ermöglicht der jeweiligen Prüfstelle natürlich ein besseres Verständnis des mit dem

Audit verbundenen Aufwandes. Ebenso gibt das jedoch auch Ihnen die Gelegenheit, mehr über die Auditoren herauszufinden, wie beipielsweise über die Detailgenauigkeit des Audits und die Erfahrungen in dieser speziellen Branche. Aus strategischen Gründen wird man besonders bei kleineren Firmen oftmals keinen solchen Vorabbesuch durchführen (und vielleicht behaupten, man gebe die so eingesparten Kosten in Form geringerer Prüfungsgebühren an die Kunden weiter). Ob ein solcher Handel – geringere Kosten für die eingeschränktere Möglichkeit, den wahrscheinlich gebotenen Service zu beurteilen – akzeptabel ist, muß der potentielle Kunde selbst entscheiden.

Die nächste Stufe in diesem Prozeß ist das Eintreffen der offiziellen Angebote von den potentiellen Prüfern. Diese werden alle Einzelheiten zum gebotenen Service enthalten (z.B. Anzahl der Besuche für die Prüfung, Häufigkeit der Überprüfungsbesuche, Strategie bezüglich einer Wiederholung der Prüfung), den Zeitplan – den frühesten Termin für das Audit (es ist im allgemeinen kein Problem, ihn nach hinten zu verschieben) – und schließlich die Gebühren und Zahlungsbedingungen.

11.2 Konsolidierung

Zu erwarten, daß das QS-System vom ersten Tag an perfekt oder auch nur zufriedenstellend arbeiten wird, wäre unrealistisch; einzelne Teile des Systems werden entweder schlecht oder gar nicht funktionieren. Auch für die Mitarbeiter wird es am Anfang trotz Schulung schwierig sein, das System zu befolgen. Für einige wird die Gewöhnung an ein formales QS-System länger dauern, wobei jedoch das wichtige Prinzip gelten sollte, daß selbst ein schlechtes Verfahren so lange befolgt werden muß, bis es verändert wird. Aus diesen Gründen werden sich nur wenige Unternehmen ihres Systems so sicher fühlen, daß sie sich um ein sofortiges Audit bemühen.

Und es gibt noch eine andere Überlegung. Die Prüfung basiert in erster Linie auf objektiven Belegen über die Einhaltung des QS-Systems: auf den Qualitätsaufzeichnungen, die am Anfang jedoch noch nicht existieren. Erst mit dem Ablauf der Betriebsprozesse im Unternehmen und durch Befolgung der Verfahren werden die Qualitätsaufzeichnungen erstellt. Es bedarf somit einiger Zeit, bis die Prüfer annehmen können, daß die Einhaltung des Systems nachweisbar ist.

Die Dauer der für die Erstellung ausreichender Aufzeichnungen benötigten Zeit hängt von der Art der Geschäftstätigkeit ab. Ein sich wiederholender

Fertigungsprozeß, der wöchentlich Hunderte von Serienprodukten erzeugt, unterscheidet sich in dieser Hinsicht sehr von einer projektorientierten Tätigkeit, bei der zur Durchführung der Aufgaben mehrere Monate benötigt werden.

Angesichts der erforderlichen Vervollkommnung von System und Implementierung sowie der Notwendigkeit, ausreichende Aufzeichnungen zu erstellen, streben nur wenige Unternehmen ein Audit in weniger als drei Monaten nach Einführung des Systems an; für viele ist eine Konsolidierungszeit von sechs bis neun Monaten wünschenswert. Im allgemeinen stimmt ein solcher Zeitrahmen auch gut mit der verfügbaren Zeit des Prüfers überein. Darüber hinaus werden Konsolidierungszeiten von drei oder mehr Monaten von den meisten Prüfstellen als angemessen erachtet; eine Prüfung bereits nach einem kürzeren Zeitraum durchzuführen, wird man kaum in Erwägung ziehen.

Diese Konsolidierungszeit ist keinesfalls nur nutzlose Wartezeit. Es ist vielmehr der Zeitraum, in dem an der Perfektionierung des Systems gearbeitet wird, damit es erste interne Vorteile zu erzeugen beginnt. Das Schlüsselinstrument hierfür ist das Ihnen bekannte Qualitätsdreieck, das aus den folgenden Einzelkomponenten besteht: den internen Qualitätsaudits zur Ermittlung der Systemeinhaltung, den Korrekturmaßnahmen zur Feststellung von Problemen und Erarbeitung von Lösungen sowie den Überprüfungen durch die oberste Leitung zur Entscheidung über Veränderungen und ihre Implementierung. Dieser Zyklus beginnt mit dem internen Prüfprozeß. Während der gesamten Konsolidierungsphase müssen interne Audits durchgeführt werden, damit Probleme ermittelt und Lösungen gefunden werden. Je eher dieser Prozeß beginnt, desto besser; außerdem sollten die internen Audits in dieser Zeit häufiger stattfinden, als für die Zeit nach der Zertifizierung vorgesehen ist. Wenn möglich, sollten das System und seine Implementierung vor der offiziellen Bewertung insgesamt wenigstens einmal vollständig überprüft worden sein.

Ein anderer Aspekt im Zusammenhang mit internen Audits in der Konsolidierungsphase besteht in der Vorbereitung des Unternehmens und seiner Mitarbeiter auf die externen Auditoren. Nehmen die Prüfer ihre Arbeit ernst, so wird ihre Tätigkeit der Arbeit der externen Prüfer sehr ähnlich sein: Begutachtung von Qualitätsaufzeichnungen, Beobachtung von Mitarbeitern bei der Arbeit und gezieltes Nachfragen über ihre Tätigkeiten.

Sowohl interne als auch externe Prüfer suchen den Nachweis über die Einhaltung des Systems in erster Linie in den Aufzeichnungen. Während der Konsolidierungsphase (und auch danach) sollte sich das Hauptaugenmerk deshalb auf die Erstellung korrekter Aufzeichnungen sowie ihrer sicheren Aufbewahrung richten. Wie in Kapitel 9 beschrieben, sollte ein spezielles Verfahren die Qualitätsaufzeichnungen entsprechend lenken. Die interne Prüfung sollte sich auch auf diesen Teil des Systems ebenso wie auf andere Verfahren zur Lenkung des Systems erstrecken (hierzu gehört auch die Überprüfung des Prüfungsverfahrens selbst).

Neben den internen Audits sollten während der Konsolidierungsphase auch die anderen Verfahren zur Lenkung des Systems befolgt werden; warten Sie nicht zu lange, bevor Sie damit beginnen. Es liegt auf der Hand, daß das Auditverfahren zu Korrekturmaßnahmen führen wird, und von den Problemen abgesehen, die der Beauftragte der obersten Leitung selbständig regelt, werden hierdurch Sitzungen zur Überprüfung durch die oberste Leitung notwendig werden. Solche Besprechungen der obersten Leitung sind jedoch nicht nur erforderlich, um über konkrete Maßnahmen zu entscheiden, sondern sie müssen regelmäßig stattfinden, um die Funktionsweise des QS-Systems während der Konsolidierungsphase (und auch danach) zu diskutieren. Wenn wir den Fachjargon der ISO-Normen einmal ausklammern, so bedeutet das, daß die leitenden Angestellten eines Unternehmens den Fortschritt eines größeren Projektes begutachten und Entscheidungen treffen, um jedes möglicherweise auftretende Problem zu lösen.

Es ist fast wahrscheinlich, daß während der Konsolidierungphase die internen Audits zu Veränderungen des QS-Systems führen werden. Fehlerhafte Verfahren werden einer Umgestaltung bedürfen, und möglicherweise müssen neue Verfahren hinzugefügt werden. Das offizielle Verfahren zur Lenkung des Systems und seiner Veränderungen wurde in Kapitel 9 besprochen. Weiterhin ist es jedoch wichtig, daß Systemveränderungen auch im Rahmen von regelmäßigen Mitarbeiterschulungen behandelt werden. Notwendige Veränderungen des Systems sollten nicht durchgeführt werden, ohne die betroffenen Mitarbeiter vorher zu informieren. Aufgaben, die sie nicht verstehen, können sie nicht ausführen. Oft bedeutet das in Praxis nicht mehr, als die entsprechenden Mitarbeiter von der Durchführung einer Veränderung in Kenntnis zu setzen und ihnen mitzuteilen, wo diese im Verfahrenshandbuch nachzulesen ist. Es ist nicht ausreichend, das veränderte Verfahren nur verbal zu beschreiben: Die Mitarbeiter sollten es in einem genehmigten Exemplar des Verfahrenshandbuches (welches nach Durchführung der Veränderung die neue Version des Verfahrens enthält und in welchem der überarbeitete Abschnitt auf die eine oder andere Weise gekennzeichnet ist) selbst vollständig lesen.

Im Idealfall sollte die Konsolidierungsphase so lange dauern, bis das Unternehmen sich des Funktionierens und der Einhaltung des Systems unter allen Umständen (bis auf Ausnahmen und besondere Situationen) sicher ist. Dann, und nur dann, sollte das Audit angestrebt werden. Da die meisten Unternehmen in der Praxis ISO 9000 eher früher als später haben wollen und da die Prüfung deutlich im voraus beantragt werden muß, ist ein Zeitpunkt festzulegen, an dem das Unternehmen für die Bewertung bereit ist. Es ist sehr viel einfacher, dieses Datum erst festzulegen, nachdem wenigstens ein Teil der Konsolidierungszeit verstrichen ist und einige Erfahrungen im Systemablauf gesammelt werden konnten.

Manche Unternehmen halten vor dem endgültigen Audit die Durchführung eines „Pre-Audits" für sinnvoll, was von einigen Prüfstellen als zusätzlicher Service angeboten wird. Falls für die Entwicklung des Systems ein Unternehmenberater hinzugezogen wurde, kann ein solches Pre-Audit manchmal auch im Gesamtpaket enthalten sein. Solche Vorprüfungen stellen im Grunde eine Generalprobe für die echte Prüfung dar. Sie ermöglichen die Korrektur von Problemen und verhindern, daß diese während der Prüfung als Nichtkonformität festgestellt werden, die möglicherweise zum Nicht-Bestehen der Prüfung (zumindest im ersten Versuch) führen können.

Abgesehen von möglichen Verzögerungen im Gesamtprozeß und den damit verbundenen zusätzlichen Kosten, ist es schwierig, Gründe gegen eine Vorprüfung zu finden. Die Kosten dieser Dienstleistung können im Vergleich zu den Gesamtkosten der Prüfung jedoch beträchtlich sein; wird die Vorprüfung von den Auditoren selbst durchgeführt, werden sie hierfür vermutlich etwa soviel berechnen wie für die eigentliche Prüfung. Auch sollten die meisten der in einer Vorprüfung ermittelbaren Fehler im Rahmen des normalen internen Audits entdeckt werden. Es läßt sich darüber streiten, ob die Kosten einer Vorprüfung nicht besser für die Schulung der internen Prüfer verwendet werden sollten, wobei die Vorteile langfristiger Natur wären.

Wir geben jedoch zu, daß jedes Unternehmen, das ein QS-System völlig selbständig entwickelt und implementiert hat, sich sehr unsicher fühlen wird, wenn es sich der Prüfung unterziehen soll, ohne daß ein Externer das System zuvor kritisch in Augenschein genommen hat. Wie wir in Kapitel 4 besprochen haben, kann Beratung tageweise eingekauft werden, und es gibt gute Gründe dafür, in dieser Situation vor der offiziellen Prüfung einen externen

Unternehmensberater für die gründliche Prüfung des Systems und seiner Funktionsweise zu engagieren. Die Prüfung erfolgt dann am besten in zwei Schritten: in einer Überprüfung des dokumentierten Systems während oder kurz vor der Implementierung, gefolgt von einer hausinternen Prüfung durch einen Unternehmensberater kurz nach der Implementierung. Dieses Verfahren entspricht der Vorgehensweise der externen Prüfer.

11.3 Prüfung am Schreibtisch

Die Prüfung findet in zwei Phasen statt. In der ersten wird ermittelt, ob das dokumentierte QS-System die Forderungen der Norm erfüllt. Dabei wird die Frage nach der Einhaltung des Systems auf später verschoben. Diese erste Phase, die als „Prüfung am Schreibtisch" bezeichnet werden kann, findet normalerweise deutlich vor der Prüfung vor Ort statt (findet das Audit beispielsweise in drei Monaten statt, kann die „Schreibtischprüfung" etwa sechs Wochen vor der Prüfung vor Ort durchgeführt werden).

Die Vorgehensweisen der einzelnen Prüfungsstellen sind unterschiedlich, doch im allgemeinen findet die Prüfung am Schreibtisch im Büro des Prüfers statt. Bald nach der offiziellen Beantragung der Prüfung wird man das Unternehmen, das sich um die Zertifizierung bemüht, bitten, eine Kopie der gesamten Qualitätsdokumentation zur Verfügung zu stellen (die Qualitäts- und die Verfahrenshandbücher), und nur auf der Basis dieser Belege wird bewertet, ob eine Konformität mit dem System gegeben ist oder nicht. Zusammen mit dieser Bitte geben die Prüfer vielleicht an, ob es sich um genehmigte oder nur um aktuelle, aber nichtgenehmigte Versionen handeln sollte; andernfalls sollte dieser Punkt geklärt werden. Es ist ein interessanter Diskussionspunkt, ob Dokumentationen, die an Dritte versendet werden, noch als genehmigt erachtet werden können oder nicht: Was geschieht beispielsweise, wenn Veränderungen am System vorgenommen werden, während sich eine Kopie der Dokumentation außerhalb des Zugriffs des Unternehmens befindet? Sie kann sicher nicht in der vom System vorgeschriebenen Weise verändert und aktualisiert werden.

Während der Schreibtischprüfung müssen die Prüfer ermitteln, ob die Forderungen der Norm erfüllt werden, und, falls das der Fall ist, ob die aufgeführten Verfahren hierfür ein praktikables Instrumentarium darstellen. Das sind zwei voneinander verschiedene Gesichtspunkte. Wenn sich ein Unternehmen um die Zertifizierung nach ISO 9001 bemüht, muß das QS-System einen Hinweis auf die Designlenkung enthalten. Wird diese Forderung nicht erfüllt, dann gibt es, so wie die Dinge stehen, keine Möglichkeit, ein Zertifikat für ISO 9001 zu erhalten. Darüber hinaus muß das System jedoch praktische Verfahrensweisen enthalten, durch die die Lenkung von Designarbeiten bei der täglichen Arbeit gewährleistet wird. In unserem Dokumentationsansatz haben wir eine klare Trennung zwischen einem Qualitätshandbuch und einem Verfahrenshandbuch vorgeschlagen. Ersteres enthält strategische Aussagen zur Berücksichtigung jeder einzelnen Forderung der Norm sowie Querverweise auf ein separates Verfahrenshandbuch. Letzteres ist ein praktisches Hilfsmittel zur Umsetzung dieser Strategien. Durch diese Struktur wird der Auditor in die Lage versetzt, die Schreibtischprüfung effizient durchzuführen. Das Handbuch ist die Brücke zwischen Norm und Qualitätspolitik des Unternehmens und bietet eine einfache Einführung in das Verfahrenshandbuch. Auf diese Weise kann der Prüfer, ohne mit der speziellen Geschäftstätigkeit vertraut sein zu müssen, das QS-System verstehen und die Erfüllung der Forderungen bewerten.

Bei der Schreibtischuntersuchung kann es nur zwei Resultate geben: entweder wird das QS-System als die Forderungen der Norm erfüllend erachtet oder nicht. Möglicherweise gibt es im ersten Fall Einzelheiten, die der Prüfer in Frage stellt oder die ihm unklar sind; sie werden dann vor der Prüfung vor Ort zur Sprache gebracht. Es kann jedoch angenommen werden, daß der Prüfer in diesem Fall davon ausgeht, daß alle derartigen Probleme entweder vor dem Besuch vor Ort oder kurz danach gelöst werden können und daß sie als solche nicht ernst genug sind, um die Erteilung des Zertifikates zu gefährden. Wo der Prüfer andererseits glaubt, daß eine oder mehrere Forderungen der Norm nicht erfüllt oder nicht angemessen berücksichtigt werden, gilt die Prüfung nur aus diesen Gründen als nicht bestanden. Unter solchen Umständen würde eine Prüfung vor Ort so lange sinnlos sein, bis eine umfassendere Überarbeitung des Systems abgeschlossen ist. Wie in dieser Situation verfahren wird und welche Konsequenzen sich daraus bezüglich zusätzlicher Gebühren ergeben, variiert je nach Prüfstelle. Diese Fragen sollten jedoch vor dem Audit und sogar vor Unterzeichnung des Vertrages mit der Prüfstelle geklärt werden. Wie immer man in dieser Situation verfährt, schlimmstenfalls sollte es lediglich ein Rückschritt bezüglich des Zeitplanes auf dem Weg zum Zertifikat sein. Das ermittelte Problem kann durch eine Veränderung des Systems behoben werden, danach wird die Schreibtischprüfung zufriedenstellend abgeschlossen und die verschobene Prüfung vor Ort vereinbart.

Fällt das Ergebnis der Schreibtischprüfung ungünstig aus, sind die meisten Unternehmen oft nicht in der Lage, die Probleme ausdiskutieren zu können. Unter besonderen Umständen – speziell wenn der Prüfer mit der jeweiligen

Geschäftstätigkeit nicht vertraut ist – kann es jedoch berechtigte Zweifel darüber geben, wie die Norm unter den besonderen Umständen anzuwenden ist. Ein Beispiel hierfür könnte die Erfüllung der Forderung *4.11 Prüfmittel* von ISO 9001 in einem Dienstleistungsunternehmen sein. Die Forderungen dieser Norm werden in der Praxis weit von den Fertigungsverfahren abweichen. Vielleicht stellt sich ein Unternehmen angesichts seines Unternehmenstyps auf den Standpunkt, daß die Notwendigkeit zur Anwendung dieser Forderung nicht gegeben sei. In derartigen Fällen kann es schwierig sein, zu einer Einigung zu gelangen. Der Auditor sollte mit dem Unternehmen über das Problem sprechen, bevor auf der Basis der Prüfung am Schreibtisch eine – möglicherweise negative – Entscheidung gefällt wird. Als letzte Zufluchtsmöglichkeit wird der Vertrag mit dem Prüfer vermutlich eine Einspruchsklausel enthalten, auf die sich das Unternehmen berufen kann, wenn es von seiner eigenen Interpretation der Norm überzeugt ist. Die meisten werden jedoch wahrscheinlich die vom Auditor als notwendig erachteten Veränderungen des Systems durchführen.

Kleinere Fragen, die sich im Rahmen der Schreibtischprüfung ergeben, sollten gründlich behandelt und die entsprechenden Veränderungen veranlaßt werden, bevor das eigentliche Audit im Unternehmen durchgeführt wird. Denken Sie jedoch daran, daß bei der Durchführung solcher Veränderungen das offizielle Verfahren eingehalten werden muß. Das bedeutet die Anregung zu einer Korrektur, die gegebenenfalls mittels Überprüfung durch die oberste Leitung zu einer genehmigten Veränderung des Systems führt.

11.4 Prüfung vor Ort

An der etwa ein bis zwei Tage dauernden Prüfung vor Ort sind bei einem kleineren Unternehmen im allgemeinen ein oder zwei Auditoren beteiligt. Natürlich variiert diese Auswahl in Abhängigkeit von der Unternehmensgröße und der Anzahl der Geschäftsstellen. Das Ziel dieses Prüfungsteils ist die Ermittlung, ob das Unternehmen sein eigenes QS-System praktisch befolgt, nachdem die Prüfung am Schreibtisch ergeben hat, daß das System als solches die Norm erfüllt.

Mit Hilfe der Dokumentation – insbesondere mit dem Verfahrenshandbuch – ermittelt der Auditor, was an einem bestimmten Punkt im Betriebsprozeß geschehen sollte, und sucht dann Belege dafür, daß genau dieses in der Praxis auch geschieht. Hierbei dürften kaum Grauzonen auftreten: Entweder wird ein bestimmtes Verfahren eingehalten oder nicht. Genau wie auch beim internen Audit werden diese Beweise in den objektiven Qualitätsaufzeichnungen gesucht, so daß der Prüfer viel Zeit darauf verwenden wird, diese durchzugehen. Die Auditoren können jedoch auch beobachten, ob die Tätigkeiten der Mitarbeiter mit den Verfahren übereinstimmen. Wenn die Verfahren zum Beispiel eine Eintragung auf einem Arbeitslaufzettel verlangen, wenn die Produktionsmenge die Abteilung verläßt, können Beobachtungen aufzeigen, ob das so erfolgt oder ob die Einträge (fälschlicherweise) erst danach vorgenommen werden. Der Prüfer kann auch die Mitarbeiter danach befragen, wie sie ein bestimmtes Verfahren durchführen; auf diese Weise ermittelt er, wie sehr sie mit den Verfahren vertraut sind. Wenn die Mitarbeiter nicht wissen, was das QS-System von ihnen verlangt, wie kann dann angenommen werden, daß das Unternehmen sein QS-System befolgt? Das heißt jedoch nicht, daß Mitarbeiter in der Lage sein müssen, Verfahren wortgetreu zu zitieren.

Eine wichtige Frage ist, ob für den Besuch des Auditors spezielle Vorbereitungen getroffen werden sollten. Die richtige Antwort lautet „nein". Die Mitarbeiter sollten im Umgang mit dem QS-System gut geschult sein, und mehr kann wirklich nicht getan werden. In der Praxis werden die meisten Unternehmen im Hinblick auf den großen Tag jedoch besondere Anstrengungen in Form peinlich genauer und nachvollziehbarer Aufzeichnungen unternehmen. Die Mitarbeiter erhalten wahrscheinlich auch besondere Hinweise zum Umgang mit den Auditoren. Hierzu ein praktischer Tip: Wenn Mitarbeiter während einer Prüfung zu einer bestimmten Tätigkeit befragt werden, dann hat die gesuchte Antwort eher etwas mit den Verfahren als mit den grundlegenden Prinzipien des Drahtbiegens oder was auch immer zu tun. Ist der Mitarbeiter bezüglich der korrekten Antwort nicht sicher, lautet die beste Entgegnung folgendermaßen: „Ich bin nicht ganz sicher, was wir unter diesen Umständen tun, so daß ich das entsprechende Verfahren im Handbuch nachsehen oder meinen Abteilungsleiter befragen würde."

Weiterhin wollen wir Ihnen den Tip geben, Mitarbeiter von weitschweifigen Unterhaltungen der folgenden Art abzubringen: „Wie wir diese Maschine einstellen? Ja, also das Verfahren funktioniert so ... usw. Zumindest ist es das, was wir tun sollen. In Wirklichkeit aber ziehe ich mein altes Notizbuch, das ich schon seit Jahren besitze, hervor. Darin steht genau, wie man es macht. Und damit das alles richtig ist, tragen wir die Einstellungen in das entsprechende Formular ein, wenn die Maschine läuft. Eine andere Sache ist..."

Auf allen Hierarchieebenen sollten die Mitarbeiter aufgefordert werden, die Fragen des Prüfers so gut wie möglich zu beantworten und dann nichts mehr zu sagen, bis die nächste Frage gestellt wird. Die meisten Unternehmen werden in letzter Minute solche Anweisungen erteilen, doch realistisch betrachtet werden die Effekte nur sehr begrenzt sein. Wenn Ihr QS-System bis zu diesem Punkt nur aus Lippenbekenntnissen besteht, lassen sich die Dinge nicht in ein paar Tagen in Ordnung bringen. Derartige Anweisungen bergen außerdem die Gefahr, daß sie die Mitarbeiter übernervös machen. Bei einem guten QS-System sollte niemand das Gefühl haben, daß die Zukunft des Unternehmens von seiner Antwort auf die Fragen der Prüfer abhängt.

Vor ihrer Ankunft werden die Auditoren vermutlich den von ihnen vorgesehenen Zeitplan bekanntgeben. Bei ihrem Besuch in jeder Abteilung müssen die entsprechenden Mitarbeiter anwesend sein, da eine Prüfung, beispielsweise der Vertriebsabteilung, nicht durchgeführt werden kann, wenn alle Kollegen auswärts auf Kundenbesuch sind. An dieser Stelle muß eventuell eine Unterbrechung des Tagesgeschäftes in Kauf genommen werden.

Im allgemeinen erfolgt der Hauptkontakt zwischen dem Unternehmen und den Prüfern über den Beauftragten der obersten Leitung. Er sollte während des Auditbesuches seine gesamte Zeit investieren. Abgesehen von Gesprächen über das Unternehmen im allgemeinen und über Aspekte, die ihn direkt betreffen (z.B. die Verfahren zur Systemlenkung, wie beispielsweise internes Audit und korrigierende Maßnahmen), begleitet er die Prüfer normalerweise während ihres gesamten Besuches, führt sie in jede Abteilung und stellt sie den Mitarbeitern vor.

Nur wenige QS-Beauftragte würden nicht selbst während der gesamten Prüfungszeit anwesend sein wollen. Da sie wahrscheinlich über die besten Kenntnisse des QS-Systems im Unternehmen verfügen, sollten sie in der Lage sein, den Auditor dabei zu unterstützen, die Belege im bestmöglichen Licht zu interpretieren!

Normalerweise erstreckt sich das Audit auf das gesamte Unternehmen und das gesamte QS-System. Dabei ist es sehr unwahrscheinlich, daß gar kein Problem festgestellt wird, doch eine einzige Abweichung oder selbst ein paar Mängel müssen nicht zwangsläufig zum Nichtbestehen der Prüfung führen. Es wird grundlegend zwischen größeren und kleineren Mängeln (oder Abweichungen) unterschieden. Eine größere Abweichung liegt vor, wenn ein beträchtlicher Teil des QS-Systems oder eine ganze Gruppe von Verfahren gar nicht befolgt wird. Ein Beispiel hierfür wäre es, wenn für die Schneide- und Biegeabteilung der Kleiderbügelfabrik keine Qualitätsaufzeichnungen aufbewahrt würden oder wenn es keine effiziente Lenkung der

Systemdokumente für die verschiedenen, im Gebrauch befindlichen Handbücher gäbe. Werden derartige Fälle von Nichteinhaltung vom Auditor entdeckt, wird das Zertifikat nicht erteilt. Das sollte jedoch kaum irgend jemanden überraschen. Durch interne Audits und Überprüfungen durch die oberste Leitung hätten diese Probleme bereits vor dem eigentlichen Audit ermittelt werden und das Datum der Prüfung entsprechend verschoben werden müssen. Das wäre bei weitem besser gewesen, als die Prüfung nicht zu bestehen.

Zu den Beispielen für kleinere Abweichungen gehören fehlende Einträge auf einigen Arbeitslaufzetteln, fehlende Bezeichnungen auf Konstruktionsplänen oder das gelegentliche Auslassen einer Prüfprozedur. In solchen Fällen vergibt der Prüfer „Strafpunkte". Ab einer bestimmten Anzahl wird dann das Zertifikat nicht erteilt – bis dahin ist es noch immer möglich, die Prüfung zu bestehen. Leider läßt sich nicht genau angeben, wie viele kleinere Abweichungen akzeptiert werden, doch ganz sicher wird die Situation bei zweistelligen Zahlen bedenklich. Das genaue Verfahren bei einer Nichterteilung des Zertifikates ist je nach Prüfstelle unterschiedlich und sollte bekannt sein, bevor eine Verpflichtung eingegangen wird (das heißt, lassen Sie es sich bei einem der ersten Treffen erklären). Es ist klar, daß es eine weitere Prüfung geben wird (zu nicht unerheblichen Kosten), doch je nach der beim ersten Besuch vorgefundenen Situation und der Strategie der Prüfer kann der Umfang der wiederholten Prüfung auf die Bereiche begrenzt werden, in der die Hauptprobleme aufgetreten sind. Falls das System überall bis auf die Abteilung für Schneiden und Biegen als funktionstüchtig eingestuft wurde, kann sich das Wiederholungsaudit auf diese Abteilung beschränken.

Ob es sich nur um einige kleinere Abweichungen handelt (nur selten gibt es keine) und das Zertifikat vergeben wird oder ob eine größere Abweichung mit der Notwendigkeit einer Prüfungswiederholung vorliegt – in beiden Fällen werden die Probleme ausdrücklich benannt. Sie werden nicht nur so, wie sie auftreten, mit dem Beauftragten der obersten Leitung besprochen, sondern in einem schriftlichen Bericht, bestehend aus Formularen, die im Grunde Formblätter für korrigierende Maßnahmen sind, festgehalten. Diese werden dem Unternehmen offiziell übergeben und sollten dann in exakt der gleichen Weise wie interne korrigierende Maßnahmen behandelt werden: Es wird eine Untersuchung durchgeführt, die zu einer Empfehlung führt, gefolgt von einer Entscheidung der obersten Leitung und, falls angemessen, einer Veränderung des Systems. Doch genau wie nicht alle internen korrigierenden Maßnahmen einer Veränderung des Systems bedürfen, geht es vielleicht auch bei den in der Prüfung ermittelten Problemen nur darum, die bestehenden Verfahren besser anzuwenden.

Wie auch immer die Lösung aussieht: Vom Unternehmen wird erwartet, daß es vor dem nächsten Besuch der Prüfer wirksame Schritte unternimmt, um die Fehler zu korrigieren.

11.5 Nach erfolgreich bestandener Prüfung

Lassen Sie sich nicht entmutigen: Wir mußten alle potentiell auftretenden Probleme ansprechen, doch tatsächlich besteht die Mehrzahl aller Unternehmen, die sich um das Zertifikat bemühen, die Prüfung im ersten Anlauf. Ein Grund dafür liegt darin, daß bei Befolgen des QS-Systems der Unternehmensleitung deutlich werden sollte, wann das Unternehmen für die Prüfung bereit ist. Wenn für das System nicht genügend Zeit zur Konsolidierung bestand, ist es sinnlos, sich einer Prüfung in der Hoffnung zu unterziehen, daß die Probleme über Nacht verschwinden oder am Prüfungstag nicht entdeckt werden. Im allgemeinen lassen die Prüfstellen die Unternehmen jedoch lieber bestehen als durchfallen. Natürlich müssen sie ihre eigenen strengen Verfahren befolgen und den von der TGA gesetzten Standard aufrechterhalten, doch jede Prüfstelle bemüht sich darum, die Liste der von ihnen erfolgreich geprüften Firmen zu vergrößern.

Ob Sie die Prüfung bestanden haben oder nicht, steht am Ende der Prüfung fest; wahrscheinlich wird der Prüfer es Ihnen mitteilen. Es wird jedoch noch etwas dauern, bis das Ganze nach Abschluß der Schreibarbeiten des Prüfers offiziell ist und das Zertifikat an Ihrer Wand hängt. Die dazwischenliegende Zeit kann frustrierend sein, da Sie, strenggenommen, nicht behaupten dürfen, das Zertifikat zu besitzen. Ganz sicher dürfen Sie es nicht in Pressemitteilungen oder bei anderen öffentlichen Auftritten bekanntgeben. Auf das, was man tun kann, sobald es offiziell ist, werden wir im nächsten Kapitel zu sprechen kommen.

Fest steht jedoch: Wenn alles gutgeht, sollten Sie eine Flasche Sekt aufmachen – Ihre Mitarbeiter haben sie dann mehr als verdient.

12 Die Vermarktung von ISO 9000

Dieses letzte Kapitel handelt davon, wie für die in das Zertifikat investierte Zeit und das investierte Geld der beste Gegenwert erzielt werden kann. Wenn Sie jedoch über eine eigene Marketingabteilung oder regelmäßig für Sie arbeitende Berater verfügen, werden Sie hier sicher einen ausführlicheren Rat erhalten, als den, den wir Ihnen auf den wenigen, nachfolgenden Seiten geben können.

Wir nehmen an, daß sich die Zertifizierung über das gesamte Unternehmen erstreckt. Wenn sich, was auch möglich ist, die Zertifizierung nur auf einen Teil des Unternehmens bezieht, müssen sich alle Marketingaktivitäten in Verbindung mit ISO 9000 natürlich auf den nach ISO 9000 registrierten Bereich beschränken. Der Hinweis auf ISO 9000 kann nicht in den Briefkopf des Unternehmens mit aufgenommen werden, wenn nur eine einzige Abteilung zertifiziert wurde; er kann jedoch in einer Broschüre verwendet werden, die sich nur auf diese Abteilung bezieht. Die praktischen Marketingprobleme, die sich aus einer nur partiellen Zertifizierung ergeben, können somit beträchtlich und ein guter Grund dafür sein, diesen Ansatz nicht zu verfolgen.

Auf den folgenden Seiten werden wir zunächst eine Marketingstrategie für ISO 9000 betrachten und einige der Hilfsmittel zur Erreichung der strategischen Ziele beschreiben.

12.1 Eine Marketingstrategie

Ein Vorschlag für eine Strategie ist in Abbildung 12.1 zusammengefaßt. Marketingaktivitäten können auf verschiedenen Ebenen stattfinden, von denen

Ebene	Ziel	Zielgruppe	Instrumente
1	Aufbau von Bewußtsein und Image	Kunden Potentielle Kunden Banken Lieferanten Der „Handel"	PR, Werbung Alltägliche Kommunikation
2	Erzeugung von Anfragen	Kunden Potentielle Kunden	wie 1 und zusätzlich: Direktwerbung
3	Umwandlung von Anfragen	Kunden Potentielle Kunden	wie 1 und zusätzlich: Angebotsunterlagen Broschüren usw. Persönlicher Verkauf
4	Verbesserung der Kundenzufriedenheit	Kunden	Weitergabe interner Vorteile Kundenzufriedenheit Überwachung und Handhabung von Reklamationen Kundenanschreiben

Abb. 12.1: Marketingstrategie zu ISO 9000

jede eine eigene Zielgruppe besitzt und unterschiedliche Instrumentarien verwendet. Auf allen Ebenen sollte sich die gemeinsame Botschaft auf die Vorteile durch die Verleihung des Zertifikates beziehen. Diese Botschaft kann unterschiedlich formuliert werden, sie sollte jedoch die in Abbildung 12.2 vorgeschlagenen Elemente enthalten (obwohl nicht jede Äußerung die gesamte Botschaft enthalten muß).

❑ Das Unternehmen hat sich der Einhaltung von Qualität verpflichtet.
❑ Das vorhandene QS-System demonstriert einerseits diese Verpflichtung und dient andererseits der Verbesserung des vom Unternehmen gebotenen Kundendienstes.
❑ Das QS-System wurde in bezug auf seine Erfüllung der strengen Forderungen von ISO 9000 geprüft.
❑ Qualität ist kein leeres Versprechen – die Einhaltung des QS-Systems durch das Unternehmen selbst wurde durch das Audit nachgewiesen.

Abb. 12.2: Die Werbebotschaft

Auf der ersten Ebene besteht das Ziel darin, Aufmerksamkeit zu erzeugen und das Image eines qualitätsbewußten Unternehmens aufzubauen. Die primäre Zielgruppe sind Kunden und potentielle Kunden – langfristig können durch eine Veränderung ihrer Wahrnehmung zusätzliche und vielleicht profitablere Geschäfte erzielt werden. Es müssen jedoch auch noch andere beeinflußt werden, und hierzu gehören die Institutionen, durch die das Unternehmen finanziell unterstützt wird, wie beispielsweise Banken, Zulieferer (vielleicht auch um die Qualität der ihrerseits gebotenen Leistungen zu verbessern) und die Branche selbst. Zu letzterer gehören Wettbewerber (aus welchem Grund auch immer wollen die meisten Unternehmen ihre Wettbewerber beeindrucken) und sogar potentielle Käufer des Unternehmens; ISO 9000 kann den Wert des Unternehmens erhöhen, wenn der Zeitpunkt für einen Verkauf gekommen ist.

Zu den auf der ersten Ebene verfügbaren Hilfsmitteln gehören Öffentlichkeitsarbeit (PR), Werbung in ihren zahlreichen Ausdrucksformen, Mailings und die alltägliche Kommunikation (hierzu gehört zum Beispiel auch der Hinweis auf ISO 9000 im Briefkopf).

Die Aktivitäten auf der zweiten Ebene verfolgen ein konkreteres Ziel: die Erzeugung von Anfragen. In diesem Fall besteht die Zielgruppe aus den potentiellen und denjenigen der bereits vorhandenen Kunden, deren Umsatzpotential möglicherweise noch nicht ausgeschöpft ist. Die Hilfsmittel entsprechen weitgehend denen der ersten Ebene, jedoch liegt der Schwerpunkt auf gezielten Aktionen wie Direktmarketing.

Das Ziel der dritten Ebene ist eine Steigerung der Umwandlung von Anfragen in Aufträge. Das ist nicht nur eine reine Frage der Quantität; es zählt auch der Abschluß profitablerer Aufträge. Durch das Zertifikat kann eine Firma auch Aufträge von Unternehmen erhalten, die aufgrund des Interesses an Qualität vorher nur kleine, wenn überhaupt, Aufträge vergeben hatte. Die Darstellung der Qualität der angebotenen Leistungen kann auch zu einer gerechtfertigten Preiserhöhung führen: Kunden sind oft bereit, mehr für etwas zu bezahlen, was sie als besser erachten. Die bei der Verfolgung der Ziele auf der ersten und zweiten Ebene verwendeten Hilfsmittel haben alle auch einen Einfluß auf die Umwandlung von Anfragen (der durch ein Mailing zu einer Anfrage angeregte potentielle Kunde hat bereits eine positive Erwartung hinsichtlich des angebotenen Service). Zu den hier verwendeten spezielleren Hilfsmitteln gehören die Unterlagen, die das Angebot einer qualitativ hochwertigen Leistung herausstellen sowie weitere Literatur über das Unternehmen, die zur Unterstützung eingesetzt werden kann. Vor allem muß die Qualitätsbotschaft auch in jeder persönlichen Verkaufstätigkeit vermittelt werden. Die Mitarbeiter im Vertrieb sollten gut instruiert sein und wissen, wie sie das Zertifikat für die Erhöhung des Umsatzes einsetzen können.

Auf der letzten Ebene geht es um die Verbesserung der Kundenzufriedenheit, was wiederum zu Anfragen und Aufträgen führt. Das wichtigste in diesem Zusammenhang verfügbare Hilfsmittel besteht im verbesserten Kundendienst als Folge eines ISO 9000 erfüllenden QS-Systems, denn Leistungen überzeugen mehr als Versprechen. Zu den ergänzenden Hilfsmitteln der Vermarktung gehört jedoch auch die kontinuierliche Überwachung der Kundenzufriedenheit (die in das System integriert sein sollte) und, falls doch einmal etwas „schiefgeht", der Umgang mit Reklamationen. Schließlich sollte in Form von Newslettern oder ähnlichem regelmäßig Kontakt mit den Kunden aufgenommen werden; die „ISO-9000-Qualität" ist eine eindrucksvolle Geschichte, die man weitererzählen sollte.

12.2 Öffentlichkeitsarbeit

Sie können Ihr ISO-Zeichen einfach per Post verschicken; besser ist jedoch eine offizielle Präsentation, die in Form einer Pressemitteilung ausgeführt werden kann. Eine solche Präsentation kann von fast jedem durchgeführt werden – auch von der Ehefrau des Vorsitzenden. Je bekannter jedoch der Präsentator ist, desto positiver sind die Auswirkungen auf den Artikel. Folgende Personen kämen als Präsentator in Betracht:

- ein Vertreter der Zertifizierungsstelle,
- ein bekannter „Vertreter" Ihrer eigenen Branche, z.B. der Vorsitzende des Industrieverbandes usw.,
- ein leitender Angestellter eines Ihrer größeren Kunden oder eines großen Unternehmens, das Sie beliefern,
- eine lokale Größe, wie beispielsweise der Bürgermeister; diese Art der Präsentation ist besonders geeignet, wenn Sie hauptsächlich auf dem lokalen Markt tätig sind,
- jemand, der bundesweit bekannt ist, wie beispielsweise ein Politiker – nicht unrealistisch, wenn Sie ihn davon überzeugen, daß die Präsentation auch ihm Vorteile bringt. Politiker schrecken vor positiver Publicity nur selten zurück.

Die Präsentation braucht nicht ausschließlich auf normalem Weg durchgeführt werden. Wenn Sie auch Ihre Mitarbeiter einbeziehen wollen, wäre eine

Aufbereitung mit Hilfe von Fotos eine geeignete Alternativlösung. Bitte sparen Sie jedoch nicht an der Qualität der Aufnahmen – ein halbes Dutzend mit einer Billigkamera aufgenommene Schnappschüsse bringt Ihnen keinen Nutzen. Engagieren Sie einen Profi.

Ein längerer Artikel muß für eine Pressemitteilung entsprechend aufbereitet werden. Dieser sollte nicht zu lang sein; ein oder zwei Seiten reichen aus, wobei möglicherweise verschiedene Versionen auf die Bedürfnisse unterschiedlicher Publikationen zugeschnitten werden können. Der Inhalt des Artikels hängt vom Unternehmen und seinem Betätigungsfeld ab, doch gehören folgende Themen ganz sicher dazu:

- ❏ Geschäftstätigkeit des Unternehmens und eine (sehr kurze) Darstellung der Unternehmensentwicklung,
- ❏ warum man sich um die Zertifizierung nach ISO 9000 bemühte,
- ❏ der Weg dahin (Sie sollten die harte Arbeit und Ihre Verpflichtung vermitteln; auch der Hinweis, daß viele der QS-Verfahren bereits in der ein oder anderen Form in Ihrem Unternehmen vorhanden waren, kann sinnvoll sein),
- ❏ was ISO 9000 für die Kunden bedeutet – das ist der wichtigste Aspekt überhaupt.

Wenn Ihr Unternehmen das erste ist, das in Ihrer Branche zertifiziert wurde, sollten Sie das ebenfalls angeben. Hierdurch werden Sie möglicherweise in den Medien besondere Berücksichtigung finden.

Zu den Zielmedien für die Pressemitteilungen gehören: die Fachpresse Ihrer Branche (hier sollten Sie erwähnt werden), die Fachpresse der wichtigsten Märkte, die Sie beliefern, sowie die lokale Presse. Schicken Sie an alle eine Version Ihres Artikels, der möglichst auf die jeweiligen speziellen Interessen zugeschnitten sein sollte (z.B. ein Bezug auf Ihre Region für die lokale Presse), zusammen mit einem qualitativ hochwertigen und beschrifteten Foto (Benennung der Personen). Sie können es natürlich auch in Publikumszeitschriften versuchen, doch wenn Ihre Aufmachung nicht besonders gut ist und Sie keine professionellen PR-Berater engagieren, sind Ihre Chancen nur gering.

Neben dieser Art der Präsentation gibt es auch andere Möglichkeiten, an die Öffentlichkeit zu treten. Eine besteht darin, der Fachpresse Artikel über die Vorteile von ISO 9000 für die Branche oder darüber, wie Ihre Firma die Zertifizierung erreicht hat, anzubieten. Wenn Sie das Gefühl haben, das Ihre im eigenen Hause vorhandenen Talente für diese Aufgabe nicht ausreichen, können Sie jedoch auch preiswert einen „Ghostwriter" engagieren. Eine andere Möglichkeit ist eine Veröffentlichung in der Rubrik „Briefe an die Redaktion".

Wenn Sie regelmäßig Pressemitteilungen versenden, sollten Sie darüber nachdenken, den ISO-9000-Aspekt auch bei anderen Inhalten einzuflechten. In einer Pressemitteilung beispielsweise über einen neuen großen Auftrag, den Sie erhalten haben, können Sie die Zertifizierung ebenfalls erwähnen und vielleicht eine Verbindung mit dem neuen Auftrag andeuten.

PR-Aktivitäten gehen über das reine Versenden von Pressemitteilungen hinaus. Fast alles, womit Sie Ihren Namen kostenlos bekannt machen, sollte in Erwägung gezogen werden. Die ISO-9000-Diskussion kann durch die Teilnahme an Seminaren und Konferenzen weiterverfolgt werden. Auch Ereignisse wie beispielsweise „Tag der offenen Tür für Kunden" kommen in Betracht.

Informationsunterlagen

In praktisch allen Unternehmen existieren Informationsunterlagen, die Sie im Hinblick auf ISO 9000 verändern sollten. Einfach nur ein Foto der ISO-9000-Urkunde einzufügen reicht jedoch nicht aus, da nicht alle Leser verstehen werden, was es damit auf sich hat. Sie sollten wenigstens einen kurzen Absatz über die Qualitätspolitik und was sie für die Kunden bedeutet hinzufügen. Die Kosten für Gestaltung und Neudruck können jedoch beträchtlich sein, so daß es besser sein kann, die neue Ausgabe erst dann vorzubereiten, wenn keine alten Exemplare mehr vorrätig sind. Alternativ hierzu könnte der Hinweis auf ISO 9000 auch eine gute Gelegenheit sein, die alten und ausgedienten Unterlagen zu ersetzen.

Wenn Ihr Unternehmen regelmäßig durch Anzeigen in den Medien vertreten ist, sollten Sie ISO 9000 in die Anzeige integrieren. Zum Zeitpunkt, an dem Sie die Zertifizierung erhalten, können Sie auch Sonderanzeigen schalten oder die zentrale Werbebotschaft Ihrer Anzeigen in Hinblick auf die Qualität Ihrer Leistungen verändern. Wenn Ihre ursprüngliche Anzeige professionell gestaltet wurde, sollten Sie den Hinweis auf ISO 9000 nicht einfach in den einzigen, noch freien Platz hineinzwängen, sondern sie vernünftig neugestalten lassen. Wurde sie ursprünglich nicht professionell gestaltet, besteht jetzt die Gelegenheit, das nachzuholen.

Neben der Aktualisierung bereits vorhandener Unterlagen, können Sie auch über spezielle „ISO-Unterlagen" nachdenken, die Sie in Form eines Sondermailings an Ihre vorhandenen und potentiellen Kunden versenden können. Inhaltlich könnten Sie hierzu Ihre Qualitätspolitik zugrunde legen. Derartige Unterlagen lassen sich attraktiv gestalten, wobei sie das Foto der ISO-9000-Urkunde beinhalten sollten. Sie können auch eine Sonderausgabe Ihrer Firmenzeitung in Betracht ziehen oder, wenn Sie keine haben, eine einmalig erstellen. In ihr können die Gründe für die Zertifizierung sowie der Weg dorthin erläutert werden; darüber hinaus eignet sie sich auch für eine Darstellung Ihres QS-Systems und die sich daraus ergebenden Vorteile für den Kunden. Selbst ein einfacher Brief an die Kunden ist bei weitem besser als gar nichts; Sie können von ISO 9000 keine höheren Umsätze erwarten, wenn niemand weiß, daß Sie die Zertifizierung erhalten haben.

Wie bereits in den vorherigen Kapiteln erwähnt, kann auch das Qualitätshandbuch (nicht das Verfahrenshandbuch) zur Verkaufsförderung eingesetzt werden. Es sollte jedoch nur für spezielle Anfragen oder nur einige wenige, größere Kunden verwendet werden. Das ist nicht nur eine Frage der damit verbundenen Herstellungskosten, sondern, um ehrlich zu sein, die Leser werden das Handbuch ein bißchen langweilig finden. Und nochmals: Lassen Sie es in hochwertiger Qualität drucken, auch wenn es genausogut im Hause selbst hergestellt werden könnte.

Ein anderes wichtiges Dokument, das es zu betrachten gilt, ist das Angebot. Je nachdem, um welche Branche es sich handelt, kann es sehr unterschiedlich aussehen, angefangen von einem einseitigen Brief bis zu einer langen, mehrseitigen Ausarbeitung. In allen Fällen sollte es als Verkaufsdokument und nicht nur einfach als Angebot für den Abschluß eines Kaufvertrages erachtet werden. Der Kunde braucht Gründe, bei Ihnen zu kaufen; deshalb sollten Sie ISO 9000 im Angebot erwähnen. Sie sollten nicht nur ein Bild Ihrer Urkunde zeigen, sondern auch etwas über Ihr QS-System sagen, was die Zertifizierung nach ISO 9000 bedeutet und welche Vorteile sich daraus für den Kunden ergeben.

Beobachtung der Kundenzufriedenheit

Die Überwachung der Kundenzufriedenheit und der Umgang mit Reklamationen ist Bestandteil Ihres QS-Systems, damit es einen externen Maßstab dafür gibt, ob Sie die Forderungen der Norm erfüllen oder nicht. Der daraus resultierende Kontakt zu den Kunden sollte jedoch auch als Chance für den Vertrieb gesehen werden. Das Versenden eines kurzen Fragebogens zur

Ermittlung der Kundenzufriedenheit ist eine weitere Möglichkeit, mit Kunden in Kontakt zu bleiben; er könnte in Form eines Anschreibens weiterverfolgt werden, das dann auf die Antworten der Kunden näher eingeht. Hiermit demonstrieren Sie die Wertschätzung, die Sie der Pflege der Kunden und dem Dialog mit ihnen entgegenbringen. Alles das braucht jedoch nicht nur per Post zu erfolgen. Zumindest die wichtigsten Kunden können durch einen leitenden Mitarbeiter persönlich aufgesucht werden, der die Notwendigkeit zur Überwachung im Rahmen des QS-Systems als Besuchsgrund anführen kann.

Einige Kunden werden trotz der Existenz eines effizienten QS-Systems reklamieren. Das löst einige QS-Verfahren aus, zu denen auch die Untersuchung einer langfristigen Lösung des Problems gehört. Die Tatsache jedoch, daß Reklamationen ernst genommen werden, sollte in einen Marketingvorteil umgewandelt werden, der dem Kunden glaubhaft vor Augen führt, daß bei Auftreten des Fehlers alles getan wird, um diesen zu beheben und eine Wiederholung zu verhindern.

Der Vertrieb

In den meisten Unternehmen ist der Vertrieb die wichtigste Quelle sowohl für die Erzeugung von Anfragen als auch für ihre Umwandlung in Aufträge, wobei die Abschlüsse von den persönlichen Verkaufsfähigkeiten der Vertriebsmitarbeiter abhängen. Somit ist es wichtig, sie so zu schulen, daß sie den Kunden die „ISO-9000-Geschichte" erzählen können. In welcher Weise das geschieht, bedarf gründlicher Überlegung, wobei auf derartige Schulungen ausreichend Zeit verwendet werden sollte. Hierzu gehört auch der Einsatz von Informationsunterlagen zur Betonung der Qualitätsbotschaft.

12.3 Ein letztes Wort

ISO 9000 kann ein gewaltiges Marketingpotential eröffnen; es kann jedoch auch zu einer Belastung werden, die ertragen werden muß: Ihrer Verpflichtung zur Qualität müssen Sie immer und überall nachkommen. Überall in der Geschäftswelt werden vollmundige Versprechungen gemacht, die sehr bald zu Unglaubwürdigkeit führen, wenn die entsprechende Leistung nicht nachfolgt. Es ist in Ordnung, wenn Sie Ihren Kunden mitteilen, daß Ihre Zertifizierung eine Verbesserung der Qualität des von Ihrem Unternehmen gebotenen Kundendienstes bedeutet – aber Ihre Kunden müssen das auch tatsächlich erfahren. Langfristig muß durch das QS-System eine kontinuierliche Qualitätsverbesserung aller Betriebsabläufe und damit der erzeugten Produkte oder Dienstleistungen erzielt werden. Durch die Aktivitäten des Marketings kann das Erreichte dann dem Umfeld mitgeteilt werden. Nur sehr kurzfristig kann Marketing eine Alternative für den echten Dienst am Kunden sein. Was immer Sie behaupten: Die Kunden finden es heraus, wenn das, was Sie tun, nicht dem entspricht, was Sie sagen.

Der Qualitätsbegriff muß auch auf die Marketingaktivitäten selbst angewendet werden. Es ist zum Beispiel falsche Sparsamkeit, die Aussage zur Qualitätspolitik auf einer billigen Fotokopie zu versenden. Sorgen Sie dafür, daß sich auch im Marketing ein Bewußtsein für Sorgfalt bis ins Detail – als Teil des QS-Systems – entwickelt. Unmittelbar nach Erhalt des Zertifikates wurde von einem der Autoren dieses Buches die Aussendung eines Schreibens veranlaßt, dem als Anlage auch ein Exemplar der Qualitätspolitik beigefügt war. Einem der Empfänger machte es großen Spaß, darauf hinzuweisen, daß in seinem Briefumschlag zwar der Brief, nicht aber die Beschreibung der Qualitätspolitik enthalten war. Vielleicht wäre eine Überarbeitung des Verfahrens zur Aussendung von Briefen erforderlich ...

Anhang: Akkreditierte Zertifizierungsorganisationen

TGA Trägergemeinschaft für Akkreditierung GmbH
Stresemannallee 13
60596 Frankfurt

Akkreditierung der Zertifizierungsorganisationen

TÜV-Cert. e.V.
Reuterstraße 161
53113 Bonn

Scope:
1, 2, 3, 4, 5, 6, 7, 8, 9, 10, 11, 12, 13, 14, 15, 16, 17, 18, 19, 20, 21, 22, 23, 24, 25, 26, 27, 28, 29, 30, 31, 32, 33, 34, 35, 36, 37

Verband der Sachversicherer (VDS) e.V.
Riehlerstraße 36
50668 Köln

Scope:
8, 9, 11, 15, 16, 17, 20, 22

DQS Deutsche Gesellschaft zur Zertifizierung von Qualitätsmanagementsystemen mbH
August-Schanz-Straße 21
60433 Frankfurt/Main

Scope:
1, 2, 3, 4, 5, 6, 7, 8, 9, 10, 11, 12, 13, 14, 15, 16, 17, 18, 19, 20, 21, 22, 23, 24, 25, 26, 27, 28, 29, 30, 31, 32, 33, 34, 35, 36, 37, 38

DEKRA AG
Zertifizierungsdienst
Schulze-Delitsch-Straße 49
70565 Stuttgart

Scope:
10, 11, 12, 15, 16, 17, 19, 20, 28, 34, 37

Germanischer Lloyd
QS-Zertifizierungsstelle
Vorsetzen 32
20459 Hamburg

Scope:
1, 3, 5, 6, 7, 8, 9, 10, 11, 12, 13, 15, 16, 17, 18, 19, 20, 21, 22, 23, 28, 29, 32, 37

LRQA Lloyds Register
Quality Assurance
Norfolk House
Wellesley Road
UK – Croydon CR 9 2 DT

Scope:
1, 2, 3, 4, 5, 6, 7, 8, 9, 10, 11, 12, 13, 15, 17, 19, 20, 24, 25, 26, 27, 28, 29, 30, 31, 32, 34, 36, 37

Landesgewerbeanstalt Bayern
Gewerbemuseumsplatz 2
90403 Nürnberg

Scope:
1, 2, 3, 4, 5, 6, 7, 8, 9, 10, 11, 12, 13, 14, 15, 16, 17, 18, 19, 20, 21, 22, 23, 24, 25, 26, 27, 28, 29, 30, 31, 32, 33, 34, 35, 36, 37

Staatl. Materialprüfungsamt
Nordrhein-Westfalen (MPA NRW)
Marsbruchstraße 186
44287 Dortmund

1, 2, 3, 5, 6, 7, 8, 9, 10, 11, 15, 17, 19, 22, 25, 28, 29, 36

Verein des Schienenfahrzeugbaus
zur Zertifizierung und
Warenkennzeichnung e.V.
Adlergestell 598
12527 Berlin

10, Schienenfahrzeuge aller Gattungen, Spurweiten und Umgrenzungsprofile

Dr. Adams und Partner
Unternehmensberatung
– Zertifizierungsstelle –
Königstraße 78
47198 Duisburg

Scope:
1, 4, 7, 17, 19, 34

TÜV Bayern-Sachsen
Westendstraße 199
80686 München

Scope:
1, 2, 3, 4, 5, 6, 7, 8, 9, 10, 11, 12, 13, 14, 15, 16, 17, 18, 19, 20, 25, 26, 28, 29, 32, 34, 36, 37, Software

NIS Ingenieurgesellschaft mbH
Donaustraße 23
63452 Hanau

Scope:
4, 6, 7, 8, 9, 10, 11, 15, 16, 17, 20, Software, Dienstleistungen

Det Norkse Veritas
Qualitätssicherungsservice
Schnieringshof
45329 Essen

Scope:
1, 2, 3, 6, 7, 8, 9, 10, 11, 12, 13, 14, 15, 16, 17, 19, 28, 29, 36, 37, Druckbehälter, Behälterbau, Kesselbau, Offshore-Anlagenbau

Bureau Veritas Quality
International Ltd.
70 Borough High Street
UK – London SE 1XF

Scope:
2, 3, 5, 7, 8, 9, 10, 11, 13, 15, 17, 19, 20, 21, 22, 25, 26, 27, 28, 29, 34, 37, 38

VDE Prüf- und
Zertifizierungsinstitut
Merianstraße 28
63069 Offenbach

Scope:
1, 15, 18, 20

RWTÜV Anlagentechnik GmbH
Institut für Informationstechnik
Zertfizierungsstelle IIT
Im Teelbruch 122
45219 Essen

Scope:
20, einschließlich Informationstechnik (Software) und Telekommunikation

Liste der akkreditierten Personal-Zertifizierer

Vector Technische Unter-
nehmensberatung GmbH
Kirchstraße 12
53840 Troisdorf

Scope:
Zerstörungsfreie Prüfung (ZfP)

SECTOR Cert
Gesellschaft für
Zertifizierung mbH
Kirchstraße 12
53840 Troisdorf

Scope:
Zerstörungsfreie Prüfung (ZfP)

Begriffe zur Beschreibung der Wirtschaftsbranchen

1 Elektrizität, Gas, Fernwärme, Wasser
2 Bergbauliche Erzeugnisse
3 Mineralölerzeugnisse
4 Spalt- und Brutstoffe
5 Steine und Erden, Asbestwaren, Schleifmittel
6 Eisen und Stahl (Erzeugnisse der eisenschaffenden und Ferrolegierungs-Industrie)
7 NE-Metalle und -Metallhalbzeug (einschl. Edelmetallen und deren Halbzeug)
8 Gießereierzeugnisse
9 Erzeugnisse der Ziehereien und Kaltwalzwerkzeuge und der Stahlverformung

10 Stahlbauerzeugnisse und Schienenfahrzeuge
11 Maschinenbauerzeugnisse (einschl. Ackerschleppern)
12 Straßenfahrzeuge (ohne Ackerschlepper)
13 Wasserfahrzeuge
14 Luft- und Raumfahrzeuge
15 Elektrotechnische Erzeugnisse
16 Feinmechanische und optische Erzeugnisse; Uhren
17 Eisen-, Blech- und Metallwaren
18 Musikinstrumente, Spielwaren, Sportgeräte, Schmuck, belichtete Filme, Füllhalter u.ä.
19 Chemische Erzeugnisse
20 Büromaschinen; Datenverarbeitungsgeräte und -einrichtungen
21 Feinkeramische Erzeugnisse
22 Glas und Glaswaren
23 Schnittholz, Sperrholz und sonstiges bearbeitetes Holz
24 Holzwaren
25 Holzstoff, Zellstoff, Papier und Pappe
26 Papier- und Pappewaren
27 Druckereierzeugnisse, Vervielfältigungen
28 Kunststofferzeugnisse
29 Gummiwaren
30 Leder
31 Lederwaren und Schuhe
32 Textilien
33 Bekleidung und konfektionierte Textilien
34 Erzeugnisse des Ernährungsgewerbes
35 Tabakwaren
36 Fertigteilbauten im Hochbau
37 Transport und Logistik
38 Bauleistungen

Stichwortverzeichnis

A
Aberkennung, 31
After-Sales, 105, 116, 133
Akkreditierung, 226
Aktivitäten, unterstützende, 42, 117
Amateure, 152
Anfrage, 227, 241
-schriftliche, 226
Angebot, 72, 87, 245
Anwendbarkeit von ISO 9000, universelle, 70
Anzeigen, 244
Arbeits-
-anweisungen, 121, 184f.
-laufzettel, 175
-methoden, 121
--Formalisierung von, 154
Audit(-), 82, 189, 198
-besuch, 236
-internes, 177, 230
-teams, 189
--interne, 75
Auditierungsfirma, 67
Auditoren, 60, 97
-Auswahl der, 75
-externe, 67
Aufträge, 58

Auftragsarbeiten, 44
Aufzeichnungen, 65, 118, 134
Ausland, 58
Aussagen, strategische, 122
Ausschußware, 16
Autorität, 92

B
Beispielverfahren, 164
Belastung, 66
Belege, 198
-objektive, 193
-schriftliche, 159
Berater, 72, 83f.
Beratungsfirmen, 86
Beschaffung, 48, 135
Betriebsprozeß, 42, 68, 103, 122
Binnenmarkt, europäischer, 58
Branche, 57, 96, 225
BS 5750, 37
Budgetplanung, 91, 101
Bürokratie, 65

C
Chancen, 57
Checkliste, 177, 198

D
DEKRA AG, 37
Design(-), 39, 42, 113
-aktivitäten, 130
-lenkung, 44
-prozeß, 42
Detailtiefe, 111
Dienstleistung(s-), 20, 115
-unternehmen, 131
DIN-Norm, 34
Direktversand, 113
Distribution, 113, 133
Dokumentation(s-), 30, 49, 168
-existierende, 159
-system, 173
Dokumente(n-), 148
-Lenkung der, 30, 139, 169
-liste, 175
-pflege, 188
-Überarbeitung der, 174

E
Eigentümer, 64
Einheitlichkeit, 169
Einkauf, 58
Einrichtungen, öffentliche, 74
Einsparungen, 73
Einspruchsklausel, 234
Endprüfung, 161
Entscheidung, 218
Erfahrung, 93, 231
Erstprüfung, 81

F
Fach-
-kenntnisse, 85
-wissen, 84
Fehler(-), 216
-ursache, 217
Finanzplan, 102
Firmenzeitung, 245

Flexibilität, 66
Flußdiagramm, 153, 155f.
Förderung, 74
Formblätter, 159
Formulare, 65
-ausgefüllte, 186
-leere, 186
Fragen des Prüfers, 235
Führungs-
-eigenschaften, 92
-formen, 62
-kräfte, 60
--Überprüfung der, 62

G
Gebühren, 71
-zusätzliche, 233
Geschäfts-
-beziehungen, 57
-leitung, Willkür der, 209
Gestaltung, formale, 82
Gewinne, 71
Grundlagen, notwendige, 210

H
Handbuch(-), 245
-kopien, 184
Handelsorganisationen, 37
Handhabung, 44, 47, 116, 133
Handlungsplan, 75, 89
-für die Unternehmensanalyse, 118
Hauptverantwortungsbereich, 191
Herstellungsprozeß, 108
Hierarchie, 62
Honorar, 85

I
Identifikation, 187
-von Produkten, 49, 136
Implementierung, 82, 189
Informationen, 109, 118, 134

Informationsunterlagen, 98, 244
Innovationspotential, 20
Input(-), 46
-Prozeß-Output, 68
Institutionen, staatliche, 74
ISO-
-9000, 28
-9001, 42
-9002, 53
-9003, 53

K
Kenntnisse, 93
Kern-
-aktivitäten, 103
-prozeß, 99
Konsolidierung(s-), 225, 228
-phase, 230
-zeit, 227, 229
Kontakte, lokale, 97
Kontinuität, 29
Kontrolle, 146
Kopien, 169, 171
-genehmigte, 169
-ungenehmigte, 211
Korrekturmaßnahme(n-), 51, 139, 173, 176, 200ff., 219, 230
-verfahren, 211, 215
Kosten, 21, 71
Kunden-
-bedürfnisse, 18
-dienst, 39, 44, 47, 133, 242
-wünsche, 22
-zufriedenheit, 242

L
Lager(-), 106
-haltung, 109
-kosten, 114
-menge, 114
Lagerung, 47, 114, 133

Langfristigkeit, 63
Leistungs-
-fähigkeit, 35
-norm, 36
Leitlinien, 38
Lenkung, 123, 134
-des QS-Systems, 42
-und Management, 118, 165
Lieferanten(-), 46, 48
-genehmigte, 58
-liste, 48
Lösungsvorschlag, 214

M
Management, 134
Marketing(-), 104, 111
-abteilung, 239
-aktivitäten, 129
-instrument, 168
-potential, 246
-strategie, 239
Markt, internationaler, 59
Massenmarkt, 18
Methoden, statistische, 49, 136, 138
Mitarbeiter(-),
-beteiligung, 94
-motivierte, 216
-schulung, 209
Modellverfahren, 166
Montage, 39
Musterverfahren, 147

N
Nachfrage, 113
Nachteile, 64
Nichtkonformität, 214
Norm(en-), 33
-ISO 9000, Bedeutung der, 59
-reihe, 38

O
Objektivität, 36
Öffentlichkeitsarbeit, 241f.
Organigramm, 103
Organisation, 70, 143

P
Personalkosten, 72
Planung(s-), 89
-prozeß, 148
-strategische, 104
Pre-Audit, 231
Pressemitteilung, 242f.
Produkt-
-design, 45
-merkmale, 20
-normen, 33
Produkte,
-beigestellte, 46, 110
-fehlende, 123
-Rückverfolgung der, 136
Produktion(s-), 39, 104
-linie, 110
-prozeß, 28
Projekt-
-leiter, 91, 190
-planung(s-), 79, 91
-phase, 95
-team, 81, 95
Prozeß-
-lenkung, 45, 126
-zykluszeit, 99
Prüf-
-aufzeichnungen, 161
-berichte, 200
-mittel, 48, 135f.
-status, 46, 123
-stellen, 225f.
Prüfung(s-), 45, 124, 193
-bericht, 195
-gebühr, 228

-Häufigkeit der, 196
-interne, 192
-Umfang der, 196
-vorbereitung, 197
-vor Ort, 234-wiederholung, 237
Publicity, 212

Q
QS-
-Forderungen, 38
-Syndrom, 138
-System(s), 22
--Lenkung des, 50
--Umfang des, 182
--Verwaltung des, 189
Qualifikation, 86
Qualität(s-), 15
-artikel, 16
-audit, internes, 52, 139
-aufzeichnung, 49, 136f., 188
--interne, 192
-begriff, 17
-daten, 49
-dokumentation, 142, 186
-dreieck, 52, 229
-handbuch, 80, 167, 180f.
-kontrolle, 24, 34
-konzept, 16
-management, 11, 39
-niveau, 58
-norm, 15
-pläne, 121, 184f.
-politik, 51, 77, 141ff., 181, 210
-prüfung, 46
-sicherung(s-), 11, 18, 24, 26
--system, 27, 39
-standard, 24
-verfahren, 80
-verständnis, 16
-verbesserung, 247

R
Recherchen, 96
Regeln, 27
Reklamation, 215, 246
Ressourcen, 91, 96, 117, 134
Revision, 172
-des Zeitplans, 100
Rückverfolgbarkeit von Produkten, 49

S
Schlüsselparameter, 34
Schnittstellenprobleme, 213
Schulung(s-), 49, 136
-phase, 210
-programm,
--externes, 72
-verfahren, 147
Software, 38, 96
Spezifikation, 33
Standardformat, 148
Status, gegenwärtiger, 125
Stichtag, 212
System(s)-
-einführung, 211
-Einhaltung des, 146
-Überarbeitung des, 233

T
Teilprozeß, 165
Teilzeitprüfer, 193
Textverarbeitungssystem, 96
Trägergemeinschaft für Akkreditierung GmbH (TGA), 37, 225
TÜV, 35
-Cert, 37

U
Überprüfung(s-)
-audit, 72
-durch die oberste Leitung, 144

Umlaufliste, 169
Umsatzsicherung, 73
Unternehmens(-),
-analyse, 79, 103
-berater, 66, 83
Unterprozesse, 165
Unterstützung, externe, 83
Untersuchung, 217

V
Veränderungsverfahren, 211, 218
Verantwortung der obersten Leitung, 139
Verfahren(s-), 27, 81, 124, 141, 217
-Anwendungsumfang von, 149
-Arbeitsanweisungen von, 149
-autor, 152
-Definition von, 149
-Dokumentation von, 150
-Einhaltung der, 61, 146
-Entwicklung von, 156
-format, 147
-gruppe, 123
-handbuch, 82, 132, 141, 147, 168, 182
-nichtdokumentiertes, 125
-Überprüfung von, 151
-Zweck von, 149
Verkaufsdokument, 245
Vermarktung, 242
Verpackung, 47, 115, 133
Verpflichtung, 30, 60
Versand, 47, 116, 133
Vertrag(s-), 112
-überprüfung, 44, 128, 129
Vertrieb(s-), 104, 111, 245f.
-aktivitäten, 129
-mitarbeiter, 246
Vorlaufzeiten, 81, 99
Vorprüfung, 231
Vorteile, 55

-externe, 59
-interne, 59

W
Wachstum, 63
Weiterverfolgungsprüfung, 201
Werbung, 110f., 243
Werk(-), 107, 111, 124
-verfahren, 132
Wert, 55
Wettbewerber, 241
Wettbewerbsfaktor, 21
Wiederholungs-
-audit, 31, 81
-prüfung, 36
Wirtschaftsverbände, 97

Z
Zeitplan, 87, 89, 98f., 196
Zertifikates, Nichterteilung des, 237
Zertifizierung(s-), 33
-institut, 225
-partielle, 239
-stelle, 37
Zielgruppe, 240
Zwischenprüfung, 160

Entscheidend mehr.

Sie möchten das Instrumentarium für Ihre Entscheidungsfindungen erweitern? Wir machen Ihnen auch Fremdes vertraut - in ausführlichen Reportagen und Recherchen, die weder an geographischen noch an kulturellen Grenzen haltmachen. TopBusiness hilft Ihnen, mehr als nur eine Klaviatur zu beherrschen. Vielleicht das entscheidende Mehr für Ihre Strategien.

Entscheiden Sie sich für mehr: 12mal TopBusiness – das Magazin für die Wirtschaft.

Entscheidendes
für Entscheider

Top-Business

**Probeheft oder
Kennenlern-Abonnement:**

TopBusiness
Leserservice
Ingolstädter Straße 22
80807 München
Telefon: (0 89) 3 50 93-159
Telefax: (0 89) 35 22 86

Zusehend erfolgreicher:
----- ▶▶ MANAGEMENT BY VIDEO

Lean Production
VHS, 2 Cassetten
2 x 45 Min. 395,– DM
▼

▲
Industriestandort Deutschland
VHS, ca. 60 Min. 248,– DM

▲
Das erfolgreiche Meeting
VHS, ca. 60 Min. 248,– DM

▲
Mitarbeiter motivieren und begeistern
VHS, ca. 60 Min. 248,– DM

▲
Mehr Zeit für das Wesentliche
VHS, ca. 60 Min. 248,– DM

◀
Deutschland und Japan im Wettbewerb
VHS, ca. 60 Min. 248,– DM

Fragen Sie Ihren Fachbuchhändler danach!

mi verlag moderne industrie